21世纪人力资源管理系列教材

跨文化人力资源管理

余建年 / 编著

Wuhan University Press
武汉大学出版社

21世纪人力资源管理系列教材　主编

关培兰
武汉大学人力资源管理中心主任、教授、博士生导师

人力资源管理概论

组织行为学

绩效考核与薪酬管理

职业生涯设计与管理

员工关系管理

人员测评的理论与技术

跨文化人力资源管理

人力资源会计

管理沟通

劳动经济学

劳动法

总 序

十几年前，人们称呼从事人力资源管理工作的人是"福利秘书"、"就业员"、"公司警察等"。也有人说"人事经理是虚情假意的欢迎者或热情过分的人，他们通过管理好公司的外出野餐、处理好救济金的使用流向、确保休养项目良好地进行，来使公司保持一种振奋的精神状态"。那时，他们的责任确实非常有限，通常仅仅处理诸如工人的工资、少数医疗、休养和住房问题，"人事"作为一种职业一般不被尊重，在组织机构中也是处在底层。当然，今天，在大多数组织中这种现象可能已经成为历史，"人力资源管理经理的职务不再是给那些在组织中无法胜任任何岗位的经理养老的职务"，人们愈来愈认识到人力资源部门会对组织的整体效率和获利能力产生重要的影响。有关研究资料显示，在美国，在拥有10 000多名员工的企业中，人力资源总经理的年薪（包括福利和奖励）为19.6万元；在拥有1 300～3 500名员工的企业中，人力资源经理的平均年薪为11.3万美元；在拥有不足2 500名员工的企业中，人力资源经理的平均年薪为10.9万美元，跟高级律师、会计师的平均年薪差不多。

那么，为什么人力资源部门的工作在公司中的地位愈来愈重要了呢？这是因为知识经济和网络时代的到来，人们的生活方式、工作方式、心理能量的发挥、管理的对象、组织的结构模式、生产的资源、经济增长模式等发生了根本的变化。为了应对和适应这些变化，为了使企业在全球经济中变得更加灵活和更具有生产力，用比尔·盖茨的话来说就是"关键是增强每个工作者的力量"。

为了提高人力资源管理的有效性，先让我们看看我们的管理对象、工作条件和环境等都发生了什么样的变化。

1. 计算机软件的应用，尽管很难达到对复杂事件形成意识和判断的水平，也不可能全部应对工作中的难题和挑战，但是IT行业的发展，新软件将会学习人的工作方式，了解人的需要，快捷方便地获得所需要的信息，可以帮助人提高工作效率。计算机在工作生活中的应用广泛性，使得人们将会像拿笔写字一样自然地去使用它。

2. 在信息时代，"无纸办公"、"流动办公"、"虚拟办公室"等全新的办公自动化概念，可以使人们更迅速、更全面地获得解决问题所需的各种信息，更高效更准确地做出决策，提高办事效率。传统意义上的工作场所、办公地点也发生了根本的变化，只要有台电脑，在任何地方、任何地点，都可以谈生意、发指令或聊天，在家办公也成为现实。据估计，美国约有1 000多家公司职员通过与公司连接的电脑从事各种远程的业务工作。电子农场的"农民"已经从传统意义上的体力劳动中解放出来，他们可以在家或办公室获取各种庄稼成长的信息。因为传感设备将土壤信息、肥料信息、水量信息、作物生长信息、成熟程度信息以及杂草、虫害信息传送给电脑，然后根据对上述信息的分析处理结果自动实施浇水、施肥、除草、收割等操作。当然，在家上班还要取决于电话的普及和家庭电脑的拥有量，尽管对我国来讲，还相差甚远，但是，我国潜在的在家上班的人数也非常可观，而且增长速度很快。

3. 知识经济、信息时代的到来，知识员工也逐渐成为主要的管理对象。知识员工与体力员工相比，具有明显的特点，比如，知识员工有较强的自主性、成就动机、创新愿望、不迷信重真理、流动意愿，他们的劳动过程和劳动成果难以控制。这就对我们的人力资源管理提出了新的挑战。

4. 互联网的发展使得管理过程愈来愈信息化，传统意义上的金字塔式的组织形式将转向扁平化和虚拟性。一个企业，可以依托于INTERNET/INTRANET的交往平台，对遍布100多个国家的几百个部门均可以进行有效的联系和管理。区域时空对沟通、贸易的限制作用微乎其微，员工之间、员工与管理者之间、管理者之间、商家与客户之间、商家之间等不受时间、空间的限制可以随时沟通或做生意。组织中的中间管理的作用将愈来愈小。人们通过互联网可以做任何自己想做的事情，人们参加网上虚拟团队的活动将愈来愈多。

5. 网络时代，不仅对我们的工作方式带来很大的影响，它也与人类的生存方式和生活方式休戚相关。在家里，就可以通过电脑、可视电话等进行工作，不用为交通问题而烦恼；只要按一下键盘，各类新闻、股票信息、天气预报尽收眼底，想参与讨论，发个电子邮件就可表达你的想法；科学家、学者不出家门、国门就可以与世界同行进行学术交流；如果想办银行业务，只需一张银行卡，轻按键盘，便可完成传统银行所执行的一切交易；如果想做一件合适的衣服，全息摄像会给你的体形量好尺寸，再把你的设计告诉电脑，所要的款式马上就会显示出来；如果你病了，通过你手腕上的一支表，医生就知道你有情况；网络远程教育，使得学习场所和学习方式都发生了变化。

总之，在这个知识经济、信息时代，科技与生产力的快速发展，与市场经济的公正、自由和竞争的社会原则相结合，使人的个性更加张扬，施展的空间更大。这种知识经济与市场经济互相影响、互相推动而形成的新的经济形态，它既不是知识经济，也不是市场经济，本人把它叫做新商业经济。这是因为，市场经济在西方发展几百年，为什么在知识经济、信息时代到来之前没有出现人才流动、辞职、跳槽如此频繁的现象呢？而现在跳槽的原因愈来愈复杂，对特殊人才来讲，工资报酬的多少再不是选择单位的主要原因了。这种现象，用单纯的市场经济或知识经济都无法解释。新商业经济是指遵照市场经济的运行规律、具有现代理念和最新专业知识的人，能够接受知识，运用知识，创造知识，并将知识转化为社会效益和经济效益，从而推动社会发展的经济。一句话，就是市场经济与知识经济的融合而形成的经济就叫新商业经济，它是科学技术发展和经济市场化相结合的结果，特别是经济市场化将规模庞大的劳动力队伍解放出来了。在这种新商业经济条件下，人们的价值观念、思维模式、生活习惯、工作方式和人际关系等都将发生重大的变化。作为上层建筑的管理科学，在管理理念和管理方式上都要与之相适应，人力资源管理更是如此。本人认为，在这样的情况下，未来人力资源管理将呈现出如下的趋势：

1. 创新管理

创新是未来人力资源管理的主旋律。研究证明，提升生产率的真正动力，不是信息技术，而是人力资源的竞争和管理创新；信息技术的作用是必要的，但不是充分的；比如ERP在企业的应用，很多企业应用时并没有对自己已有的经营方式进行调整，而是要求修改软件，让软件适应原有的经营方式，而不是利用软件提供的先进技术进行管理的创新；竞争迫使企业变革与创新，创新又帮助企业提高竞争能力。随着技术水平的不断提高，员工在企业中的地位越来越重要，满足员工工作、生活质量的要求将成为21世纪人力资源开发与管理的核心内容之一。员工不仅要得到公平合理的充足报酬，不仅要得到发展自我的机会和条件，而且还要得到职业安全保障。企业终将意识到员工需要的不是工作，而是职业。要改变传统的企业人力资源管理工作中作业性的内容，如考勤、绩效考评、薪资福利等行政性和总务性的工作。更加重视战略性项目包括人力资源政策的制定、完善，员工的教育、培训，组织发展规划和为业务发展开发提供人才支持等。企业应该营造一个宽松自由的创新环境，树立崇尚创新、鼓励创新的风尚，让企业的每一个成员都成为创新的源泉。

2. 目标管理

伴随着INTERNET在企业管理中的应用，目标的确定、实施和评价将成为企业与员工之间建立战略伙伴的关键。正如通用电器前CEO杰克·韦尔奇所言："没有高度信任，你不可能发掘最大的头脑潜力。"因为在当代，财富的创造不是靠手，而是靠头脑。你的成功将不是依靠你管理生产的能力，而是在于你能在多大程度上激发员工运用他们的创意、判断和努力。管理过程和管理成果难以控制，目标是明确的，具有强制性的，但管理确是柔性的和弹性的。员工要了解企业的目标，企业也要了解员工的目标。企业明确的战略目标即是对员工的吸引，也是企业成功的行为导向。企业是一个利益共同体，员工首先要对自己在企业的利益认同，进而才有对企业目标的认同。企业不仅要确立目标，还要进行目标教育。一个员工不知道自己企业目标的企业，是不可能形成企业精神和企业凝聚力的。

3. 差异管理

合资经营是未来企业不可抗拒的一种重要的经营方式。构成合资经营的组织因素是多元性的，而企业经营是需要一元化的或需要各种因素的融合。从市场需求来看，顾客对消费品的需求是多种多样的；从经营管理来看，员工对工作的态度、激励方式、处世原则等是不完全一致的；从经营环境来看，企业各个股东对资本、技术和产品的选择偏好是不一样的；从员工的性格、能力、职业趋向等特征来看，是千差万别的。所以，人力资源管理必须明确：工作岗位的最佳人选并不都是智力最高的，而是最适合工作要求的人。差异是客观存在的，承认和尊重差异是搞好企业管理的前提。承认和尊重企业差异，充分发挥企业优势；承认和尊重个体差异能做到量才使用，各尽所能；承认和尊重个体差异有利于培养创造型人才，不断保持企业的创新能力。差异是财富。

4. 选拔管理

人力资源的计划、招聘和选择是人力资源管理的重要内容和有效性的前提。在网络时代，E人力资源管理愈来愈重要，所以，开发全球人力资源信息系统非常重要。不管是计划、招聘还是选拔，人力资源信息系统可以为它们随时提供有效的信息。在劳动力市场上，人力资源管理者正面临着需要更高能力的新工作与实际接受这些工作的人之间不匹配的问题；还有招聘选拔中的偏见问题，也会使有能力的人不能得到重用，比如，认为"女性不想成为国际经营管理者"而不选派她们，实际上，在不多的女性国际管理者中，有97%的人工作得非常成功。所以，在招聘选拔中，性别歧视中的法律问题将成为人力资源经理关注的重点。

5. 员工关系管理

和谐的员工关系也是生产力。和谐的员工关系有利于增强员工士气，提高员工工作的积极性和主动性，最终提升企业服务质量；和谐的员工关系有利于鼓励员工参与，充分发挥企业人力资源的潜力，提高企业科学决策及民主管理水平；

和谐的员工关系有利于避免劳动纠纷，避免企业的声誉、形象在社会、客户和员工面前受到损害。遗憾的是，近几年员工与企业之间的各类劳动纠纷越来越多，因为劳动纠纷而劳资双方对簿公堂甚至大打出手的事件不时见诸报端。那么，究竟如何将员工纠纷消除在萌芽状态？如何在纠纷发展到无可挽回而劳资双方不得不对簿公堂之前将纠纷化解在企业内部？如何处理无法回避的员工纠纷与诉讼？人力资源经理必须拥有劳动法规知识和成为处理人际矛盾的高手；必须明确影响员工满意度的因素。尽管安全和健康问题是属于保健因素，但它毕竟是引起员工不满意的直接因素，所以，善于识别和解决这类问题，将矛盾消灭在萌芽状态，也是人力资源管理者的重要技能。

6. 人本管理

《纽约时报》曾经有一篇文章说道："在过去的50年里，经济已经由以生产为基础转变为以消费者为基础。它已经由理性的范畴升华到理想的国度，从客观变迁为主观，到达心理的王国。"这就意味着在当今世界上，了解"人"，满足"人"，发展"人"，以人为本，确实是成功的关键所在。可能有人会说：在目前我们国家这种"后发展"的环境下，连资本原始积累过程还没有走完，连泰勒制下面的"承包责任制"、"计件工资制"这样的原始科学管理模式还没能逾越，连无以数计的农民工还在为讨工资而疲于奔命、甚至哭诉无门的情况下，谈什么"企业人性化"发展，是否有点太"左"，太时髦，太不合国情呢？我不想争论。我只想问：当那些制造假冒伪劣产品的企业令你深受其害的时候；当你的朋友或者是你的朋友的朋友外出打工被老板坑害拿不到工资的时候；当你虽然天天工作着，却感到压抑苦闷没什么发展前途的时候；你会不会觉得我们今天的社会，在人们困惑、不满的背后，在一批又一批的企业产生和一批又一批的企业垮掉的背后，缺少些什么呢？一个企业，盈利自然会带来繁荣。但是，花簇锦绣般繁荣的企业，却未必能够持续发展。在我们国家，生命力旺盛而不长久的企业到处都是，这到底是为什么？要知道，企业里很多东西都不是永恒的，惟有人性是长久的。要知道，全世界不同的国家、不同的地区、不同的企业，很多东西都是不一样的，惟有追求人性的满足和人的发展与完美是一样的。那么，为什么还有很多企业仍然将"人本管理"只挂在嘴上、放在文档里呢？本人认为，有四个原因：一是企业经营者没有明白企业存在的价值到底是什么。是的，企业是经济组织，追求利益最大化天经地义，但是并不意味着就可以不关心人，不把企业当做员工价值实现的地方。世界知名的长青企业的案例是最有说服力的佐证。二是企业经营者没有认识到劳动者具有对自己劳动力的所有权。人不是商品，但劳动力是商品；只有劳动者个人才有对自己劳动力的所有权和使用权。劳动力是人的体力和脑力的综合；人才不是用人单位所有；用人单位只有合同所规定的对劳动力的使用权，而没有所有权。

劳动者具有自由选择工作地点、工作类型、工作单位的权利。《共产党宣言》指出："每个人的自由发展是一切人的自由发展的条件。"未来社会是"自由人的联合体"。人对自由的需要是不可抗拒的。员工流动、人才跳槽，这是很自然的现象。三是一些企业经营者将"趋利避害"等同于人人都是自私的，既然是自私的，当然要严加管制。趋利避害是人的本性，但并不意味着人人都是自私的。四是一些企业经营者将人力资源管理仅仅当做人力资源管理部门的事，如果是这样，怎么可能在全公司实现人本管理呢？过去对人的管理好像管理一座大坝，而今天则更像是疏导一条河流，其目标不是阻止水的流动，而是控制水流的方向和速度。知识经济不是以知识为本，而是以人为本。教育首先使人成为人，其次才是成为材。尊重知识，尊重人才不等于尊重人。仅仅尊重人才，不利于人的聪明才智的发挥，只有将人当做自由的、自立的个人加以尊重，人才才能发挥出自己的聪明才智。最适合人性的管理才最有利于激发人的创造力。

7. 组织人管理

企业的长久发展，需要的不是一个个人，企业需要的是组织人。所谓组织人，按照人力资源管理的观点，首先是人才与企业要有一个正式合同，然后需要与企业有个心理契约，最后对所在企业的文化有高度的认同感。只有这样，企业招来的人才能真正成为企业的核心竞争力。在现实中，很多企业认为只要和人才签订一纸合同，这人就是自己的了，而把招聘时的承诺丢到脑后。一个管理大师曾说过，企业主可以买到一个人的时间，可以雇到一个人到固定的工作岗位，可以买到按时或按日计算的技术操作，但你无法买到热情，买不到创造性，买不到全身心的投入。组织人在哪里？在用人单位的诚信和人才的心里。一个人只有把自己当成组织人，才能成为企业有用的人才。所以，最佳企业的成功之处在于他们不只是让员工快乐，而且让员工更加敬业；不只采取最花哨的做法，而是把人力资源的系统建设得很完善，把人力资源的根本理念贯彻得很彻底。因此，培养"组织人"将是未来人力资源管理者的重要任务。

8. 团队管理

在复杂多变的社会环境中，团队比传统的部门结构或其它形式的稳定性群体更灵活，反应更快。团队的优点是：可以快速地组合、重组、解散；团队适合担任需要多种技能、经验、创新性强、紧迫的工作任务；团队是真正的独立自主，它不仅注意问题的解决，而且执行解决问题的方案。显然，团队很适应网络时代的组织结构的要求。随着信息技术与全球网络化的发展，一种新的组织形式——虚拟团队应运而生。虚拟团队（也叫虚拟社区）是指基于互联网的人类共同体，并不共同拥有一个确定的物质空间或地理区域，但具有共同特质和归属感,并维持着一定社会联系和社会互动的群体。那么维系团队成员的纽带是参与者感到这个环境是讨论个人观点的适宜场所,有些人对所在的网络团队乐意奉献,他们之间的纽带远比现实中的团队成员的联系更为密切。想进就进,想退出就退出,谁也不知道谁是谁,之间没有直接的利害冲突,网络上流传很广的一句话是:"谁也不知道你对面坐着的是否为一条狗"。虚拟团队的维持、两极分化、冲突与合作、激励等问题都是需要认真研究的问题。

9. 权变管理

管理者所面对的人是千差万别的,所处的环境是千变万化的,管理的风格也要变化,这就是权变管理之意。对人,管理者究竟要用哪种管理方法,要考虑两方面的因素:一是当事人的个性特点;二是环境因素。工作任务模糊不清,员工无所适从时,工作型管理方式更有效;如果是日常性工作,目标和达到目标的途径都很明确,关系型管理可能更合适。如果目标和达到目标的方法已很清楚,管理者就不要唠唠叨叨,命令部下这样做那样做,而是要给予更多的关心和体贴,创造良好的心理环境。所以,管理是一种情景艺术,管理者不要试图改变员工的个性特征,但可以帮助他提高素质。最强有力的经理就是那些能适应特定环境和特定情况的经理。灵活和适应性是管理的灵魂,是网络时代最需要的管理模式。

10. 学习管理

人力资源管理的重要任务之一是将组织塑造成学习型组织。学习型组织是一种不同凡响的、更适合人性的组织模式,有崇高而正确的核心价值、信念与使命,具有强韧的生命力和实现梦想的共同力量,不断创新,持续变革。在其中,人们心手相连,相互反省求真,脚踏实地,用于挑战极限及过去的成功模式,不为眼前的近利所诱惑,有对共同愿景的认同感,以及与整体动态搭配的政策与行动,充分发挥生命的潜能,创造超乎寻常的成果,从而从真正的学习中体悟工作的意义,追求心灵的成长与自我实现,并与企业以外的世界产生一体感。人的素质的提高依赖于不间断的学习,同样组织素质的提高关键在于组织能否不间断的学习,在于组织的学习能力。

11. 薪酬管理

薪酬是人力资源管理中既复杂又非常重要的内容。公平是薪酬管理有效性的关键。特别在未来网络经济条件下,因为工作方式的变化,人的需求的变化,工作绩效评估和有效激励越来越难。直接经济报酬、间接经济报酬和非经济报酬的类别在现实中可以说是五花八门、八仙过海、各显神通。报酬方式的变化,固然重要,那么,价值创造、价值评价和价值分配体系的公平则是最重要的。心理契约在薪酬管理中的作用也应该引起学者们的关注。

12. 开发管理

人力资源开发是指资方为了提高员工的敬业精神、工作热情、业务能力和组织绩效而在政策、使用和培养方面进行的一种有计划的、连续性的工作。它是组织发展的要求，也是组织发展的基础和动力。但是，在现实中，人们对人力资源开发的理解有个误区，认为人力资源开发就是培训。培训与开发是很重要，培训可以使员工获得目前工作所需的知识和能力，开发可以使员工获得未来所需的知识和能力。可是，政策性开发和使用性开发也是开发的重要内容。可以想象，一个好的政策能让没有积极性的人成为有积极性的，没有能力的成为有能力的；如果政策不好，人才也会成为废品。一个很有组织才能的人，从来不给他施展组织管理才能的机会，这对他个人或企业来说不都是浪费吗？所以，培养性开发、政策性开发和使用性开发，对员工的职业生涯都非常重要。

13. 人力资源外包管理

由于市场竞争的加剧，许多公司都专注于核心业务而没有时间和资源来更好地管理人力资源业务，外包成为降低公司人力资源管理成本的另外一种选择。加上网络技术的帮助，人力资源外包服务提供商更是发展迅速。人力资源外包服务通常分为四个种类：PEO、BPO、ASP和网上服务。PEO（Professional Employer Organization）是指专业的服务提供商承担公司所有的人力资源管理职责。通过承担公司员工所有的法律责任（包括在聘用、解聘以及员工工资上都有最终决定权），专业的服务提供商成为公司员工的一个合作雇主。PEO在本质上与公司是合作伙伴，PEO管理所有人力资源方面的工作，而公司则专注于处理其它方面的业务问题。BPO（Business Process Outsourcing）指公司流程外包，是一个很宽泛的术语，指不仅在人力资源而且在所有领域进行外包。BPO与众不同的是通过引进新技术或提供现存技术以一种新的方式来改进公司流程。特别是在人力资源方面，BPO可以确保一个公司的人力资源体系是由最新技术支撑的。ASP（Application Service Providers）指应用服务提供商，是开发软件并租给用户的人力资源服务提供商。这些软件功能包括招聘管理、工资与福利管理等。网上服务是指那些以网络为基础的人力资源服务。一般情况下BPO和ASP都被人们认为是网上服务。

要记住，人力资源外包服务提供商是公司企业文化的延伸，因此要尽可能寻找一个符合公司形象的人力资源外包服务提供商。不要期望一个保守而主要靠财务制度和法律事务生存的人力资源外包服务提供商可以成为飞速发展中的企业的最佳搭档。这类公司可能不能吸引那些适合自己公司的人才，因为它不可能很好地理解公司的需要而与未来的求职者沟通。另外，外包类型的选择也要从实际出发。选择PEO还是混合外包公司取决于你需要外包的业务。如果更愿意将精力集中于公司的核心业务，或者公司缺乏人力资源核心能力，PEO或许很适合公司。PEO可以代表公司的利益招聘或解聘员工。对公司的员工来说，他是PEO的雇员，实际上是公司从PEO再雇佣员工，员工在为你工作，而PEO代公司管理那些员工及相关人力资源业务，包括从员工的档案关系到薪酬福利的管理。如果认为不适合把所有的人力资源业务都外包给PEO，或者公司不需要一整套的服务，可以考虑外包一部分耗时的人力资源管理事务性工作，如档案管理、员工保险等。例如，许多公司利用招聘代理商寻找合适的求职者，但保留调配人员的控制权诸如聘用和解聘。许多公司外包的另外一个关键职能是工资，这在国内不少企业看来是不可思议的。事实上，不少在华的外资企业将公司的薪酬管理交给专业的人力资源服务提供商。此外，公司还可以将人力资源服务以项目的形式外包。人力资源专业服务商提供各种各样的服务，诸如开发员工手册、建立公司的薪酬体系或者建立用以评估员工业绩的绩效管理体系等，这些工作可交由那些专业的人力资源机构管理，他们可能比公司人力资源部更专业，也更具有权威性。要说明的是，无论采取综合的解决方法，还是外包人力资源中特定的一些业务，与专业的人力资源机构建立一种稳固的关系是很重要的，公司需要与这些机构建立一个良好的合作过程，而且相信他们能完成公司的任务和达到要求。

总之，面对未来的发展，企业将部分作业流程外包出去的趋势不会消失，也因此，人力派遣公司的市场发展，仍具相当的成长空间；趋势专家与人力资源学者也预测，人力外包与派遣服务将是21世纪人力资源策略管理上最重要的人力运用形态。然而，企业在寻求人力派遣公司的服务时，还是应该重视内部的人力资源培训，避免陷入技术无法提升的难题。

14. 自我管理

在新商业经济时代，以个体为主的行为将会愈来愈突出。市场经济为人的自由发展营造了空间，INTERNET为人际自由交往提供了便利。每一个网站就是一个领导者，每一个人就是一个领导者，每个人要靠他的智慧、知识、能力，通过他的网络施展他的影响力。网络时代为个人的发展提供了广阔的前景，比如，一个人有音乐或其他方面的天赋，他就可以将他的曲子或其他作品通过网络传遍全世界。另外虚拟团队中的每个人，完全要靠自己来管理。在家上班，领导、同事看不见你，办公室的制度管不了你，全靠自我管理。所以，自我管理又是人力资源管理的热点和难点。自我管理虽然只管一个人，但它却适用所有的人。自我管理与其他管理相比有什么特点、自我管理应包括哪些内容、有什么方法、不同的人自我管理有什么差别，等等，都需要我们去探讨。管理发展的趋势将是人对自身的管理。

教材是学科发展成熟的结果。编写这套人力资源管理教材，并不表明我们在这个领域的研究造诣有多深，只是将我们在人力资源管理的教学中的体会写出来，便于学生学习，也便于与同行交流。在这套系列教材中，我们力求在人力资源管理的不同侧面既介绍基本理论，又反映学术前沿；更希望在准确把握人力资源发展趋势上有所贡献。

在编写过程中，吸收了国内外同行的研究成果，得到了武汉大学出版社的大力支持和帮助，在此，我们深表谢意。

关培兰

2005年8月于珞珈山

目 录

前言 ·· 1

第一章　人力资源国际化分工 ···································· 1
　学习概要 ·· 1
　第一节　走向国际化——跨国经营的动机和特点 ··············· 2
　第二节　劳动力的国际化分流 ·· 15
　第三节　跨文化人力资源战略 ·· 22
　小结 ·· 29
　思考题 ··· 29

第二章　以文化为导向的管理 ···································· 30
　学习概要 ··· 30
　第一节　跨文化人力资源管理的基本概念 ······················· 30
　第二节　人力资源管理中的跨文化认知 ·························· 36
　第三节　跨文化管理理论 ··· 44
　小结 ·· 55
　思考题 ··· 55

第三章　外派人员管理（上） ···································· 56
　学习概要 ··· 56
　第一节　跨国公司人员外派战略 ····································· 56
　第二节　外派人员的选拔 ·· 64
　第三节　外派人员的适应过程 ·· 76
　小结 ·· 83
　思考题 ··· 84

第四章　外派人员管理（下） ···································· 85

学习概要 ··· 85
　　第一节　外派人员绩效管理 ··· 86
　　第二节　外派人员薪酬管理 ··· 100
　　第三节　外派劳务人员管理 ··· 115
　　第四节　重返总公司——回国人员管理 ································ 117
　　小结 ··· 120
　　思考题 ··· 121

第五章　人力资源本地化战略 ··· 122
　　学习概要 ··· 122
　　第一节　人力资源本地化战略 ··· 122
　　第二节　影响人力资源本地化战略的因素 ···························· 127
　　第三节　人力资源本地化管理 ··· 134
　　第四节　本地化战略实施障碍与对策 ··································· 146
　　小结 ··· 149
　　思考题 ··· 149

第六章　跨文化冲突和人员整合管理 ·· 150
　　学习概要 ··· 150
　　第一节　跨文化冲突 ·· 151
　　第二节　人员整合过程 ··· 163
　　第三节　人员整合方法 ··· 167
　　小结 ··· 176
　　思考题 ··· 176

第七章　跨文化培训和开发 ··· 177
　　学习概要 ··· 177
　　第一节　跨文化培训的基本概念 ··· 177
　　第二节　外派人员培训 ··· 190
　　第三节　东道国本地人员的培训 ··· 200
　　第四节　跨文化学习与职业生涯计划 ··································· 207
　　小结 ··· 212
　　思考题 ··· 213

第八章　跨文化劳动关系管理 ... 214
　学习概要 ... 214
　第一节　跨文化劳动关系基本理论 ... 214
　第二节　跨文化劳动关系模型 ... 225
　第三节　集体协商制度 ... 229
　第四节　企业社会责任 ... 233
　小结 ... 238
　思考题 ... 239

第九章　跨国公司研发人员管理 ... 240
　学习概要 ... 240
　第一节　跨国公司研发战略 ... 240
　第二节　研发人员类型和管理原则 ... 249
　第三节　跨国公司研发人员管理功能 ... 253
　小结 ... 267
　思考题 ... 267

第十章　虚拟企业跨文化人力资源管理 ... 268
　学习概要 ... 268
　第一节　跨国虚拟企业的基本概念 ... 268
　第二节　虚拟企业人力资源战略 ... 271
　第三节　人员的规划和招聘 ... 278
　第四节　员工绩效评价和利益分配 ... 287
　第五节　虚拟企业的学习 ... 291
　小结 ... 295
　思考题 ... 295

参考文献 ... 296

前　言

随着企业国际化的步伐不断加快,在多元文化背景下,依据企业战略而实施的人力资源管理活动引起人们的广泛关注。长期以来,国际化企业的人力资源管理的研究领域主要集中在发达国家跨国公司外派人员管理的范畴,然而,随着经济全球化的深入,越来越多的发展中国家已经和正在参与这一进程,当今跨文化人力资源管理的任务和研究范畴已大大超出了这一狭隘的概念。

本书正是根据跨文化人力资源管理的新趋势,全面阐述了跨文化环境中企业人力资源战略和主要管理范畴,以劳动力的国际化分流为背景,以跨文化管理为导向,对跨国公司外派人员管理、海外公司人力资源本地化管理、跨文化培训与开发、跨文化冲突与沟通、跨文化劳动关系、跨国公司研发人才管理,以及跨文化虚拟企业人力资源管理进行了重点而深入的阐述,以全新的角度对跨文化背景下的企业人力资源管理的任务进行了归纳和总结。本书是第一本以教材形式出版的有关跨文化人力资源管理的著作,适用于本科生、研究生以及企业从事跨文化人力资源管理的朋友学习和参考。

第一章 人力资源国际化分工

学习概要
1. 企业国际化经营的阶段发展
2. 跨边界经营的动机和特点
3. 劳动力国际化分工和对劳动力市场的影响
4. 跨国公司的发展和组织结构的变迁
5. 跨文化经营环境是如何影响企业人力资源管理的
6. 跨边界管理中的人力资源战略

随着经济全球化的日益深入，各国在比较优势作用下不断扩展国际贸易，资本的跨国流动以及由此推动的全球产业结构调整等不但是经济全球化的重要途径，也是影响全球劳动力配置的重要途径。越来越多的企业正在走出国门，这种日益频繁的国际经济交往，不但使经济资源在全球范围内进行重新组合和配置，而且实现了劳动力的国际分工。

公司的国际化使内部组织拥有越来越多的各种外籍员工，获取无边界跨文化思维的能力和跨边界经营的领导力正在成为当今世界企业管理的新潮流。

于是，跨文化人力资源管理应运而生。所谓跨文化人力资源管理是指在多元文化背景下的人力资源管理，不仅包括国家与国家之间关系影响下的人力资源管理，也包含地区之间关系影响下的人力资源管理，是一种跨边界的对来自不同文化背景的人力资源的管理。因此，跨文化人力资源管理并不仅仅局限于文化范围，而且涉及与人力资源管理相关的方方面面，例如不同国家和地区政治经济、科学技术和自然环境因素等。一方面企业国际化经营战略深刻地影响了跨文化人力资源管理，另一方面跨文化人力资源管理也已经成为企业跨国跨地区经营战略的重要组成部分。

跨文化人力资源管理着重于不同文化背景下企业人力资源管理的战略。这一战略以经济全球化的大视野，审视企业国际化的趋势，探讨企业组织结构的变迁，以及在此影响下的跨文化无边界的企业人力资源管理的职能。当我们今天来研究这一领域的时候，仍然有很多的问题有待思索和开发。

第一节 走向国际化——跨国经营的动机和特点

经济全球化的主要表现就是国外直接投资，当前世界范围内公司国外直接投资呈现出前所未有的深度和广度。

走向国际化，企业跨国跨地区经营具有强烈的动机。企业国外直接投资的组织载体是跨国公司，直接投资的迅速发展促成了跨国公司的产生和发展，同时跨国公司的发展带动了直接投资的不断扩大。直接投资并非简单的资本流动，而是包括资本、技术、工艺流程和经营管理知识的总体流动转移。

生产要素在国际范围内的流动构成跨国公司形成的基础，同时也带动了劳动力国际范围的分工和流动，引发了跨国公司组织结构的变革，并直接影响了跨文化人力资源管理的战略和功能。

1.1 跨国公司的内涵

1.1.1 跨国公司定义

什么是跨国公司？这一看似简单的问题也有多种定义。传统上所谓的跨国公司有着严格的数量要求，一般只有拥有一定数量资产的，在本国以外的生产服务基地的企业才能称为跨国公司，因此许多中小企业虽然也拥有国外生产服务基地，但是由于没有达到数量标准和资产标准而不被认为是跨国公司。许多西方管理学家认为，跨国公司是指控制着一批在不同国家的公司的总公司，跨国公司拥有一批公司并能够使用共同的人力和财力资源，而且实施一个战略行动。跨国公司一般都有相当规模的地区分布，一个在本国基地以外只有一两个海外子公司或分公司的企业往往不被列入跨国公司的行列。

这些对跨国公司的探讨表明了人们对跨国公司的兴趣，然而这些对跨国公司定义的严格限制使许多在海外有直接投资的企业自身，企业所在国和东道国政府，以及其他有关部门感到定义过于狭窄，大量进行国际经营的企业被排斥在外，因此难以操作。此外，跨国公司的名称也具有多样性，最普遍的称呼有多国公司和跨国公司两种。多国公司（multinational corporation，MNC）是指能在本国以外不同地点进行生产和服务的企业组织。跨国公司（transnational corporation，TNC）则是指能够同时在多个国家和地区进行生产经营和服务的企业集团，跨国公司中的母公司（parent company）是在母国依照该公司法登记的法人企业，海外子公司（abroad subsidiary）则是由母公司出资（全资或合资）在东道国（host country）依照该国有关法律注册的法人企业。海外子公司与分公司有一定区别，子公司一般具有法人地位，能独立作出决策，包括人事决策等，和总公司之间的关系是松散的。分公司（branch）则指在法律上不具有法人地位的海外企业。跨国公司在东道国投资设点进行生产经营活动，在法律上实际具有独立法人地位，其母公司和子公司共同组成了跨国的资本联合体。

1973年，联合国制定的《世界发展中的多国公司》对跨国公司作出了界定：凡是在两个或更多国家里控制有工厂、矿山、销售机构和其他自称的企业都可以称为跨国公司。

从20世纪70年代起，联合国经济和社会理事会就开始对跨国公司进行探讨，其理事会组成的知名人士小组对跨国公司进行了重要的定义，该定义的陈述是：凡是能够在其基地所在国家以外拥有或控制公司生产经营、服务经营等活动的企业都可以称为跨国公司。跨国公司的所有制形式可以包括股份制公司、私人公司、合作社和国有企业。由于该定义包括了所有行业、各种规模以及不同比重的海外经营控制权的企业，因此，被认为是对跨国公司这一概念的重要阐释，是对跨国公司称谓的统一。与过去对跨国公司的定义比较，该定义具有以下优点：

一是可以直接利用多数国家政府公布的有关资料，而不必因各国企业在海外经营的规模和资产多少差异而无法进行比较研究。二是方便了人们对跨国公司的认识和管理。随着经济全球化的深入，跨国公司的触角伸向世界各个角落，形式也在不断变化和丰富。在发展中国家看来，任何在境内的外国公司都是外资企业，而无论其是否拥有一定数量的子公司，联合国的重新定义把过去的多国公司或国际公司等多种称谓都统一定义为跨国公司，使各国政府在制定有关政策时更加具有操作性和可行性。三是联合国对跨国公司的定义和该定义的广泛性使人们对跨文化环境中企业的经营活动，包括人力资源管理的研究有了更为方便统一的平台。①

综上所述，跨国公司是指以国际市场为导向，对外直接投资，在国外设立生产或服务设施，广泛利用国外资源，在一个或多个领域从事生产或服务经营活动，具有统一战略与组织结构的企业。一般地说，跨国公司具有以下重要特征：第一，跨国公司在两个或多个国家进行经营，通过内部组织进行跨边界的业务。第二，跨国公司在那些国家或地区所从事的工作是研发、制造和服务等经营活动。第三，跨国公司所有权既可以是多国性的（合资企业），也可以是一国性的（独资企业）。第四，跨国公司拥有各国员工，企业内部管理具有跨

---

① 本书也一律以跨国公司这一称谓作为标准，而不论经营活动是在国家之间（国内外）进行，还是在不同政治经济和文化制度的地区之间（境内外）进行。

文化特征。

1.1.2 企业国际化动机

激烈的竞争环境迫使国内企业向国际化方向发展，通过对外投资开发全球市场，以获取竞争优势。企业对外投资可以分为对外直接投资和对外间接投资。

所谓对外间接投资是指以知识、技术、股票、债券等形式进行的投资。间接投资者分析间接投资绩效，选择投资渠道，如购买股票投资等，通过考察投资企业的经营绩效，决定是否增加间接投资项目，从而达到对投资进行间接监控的作用。间接投资的形式还包括借贷资本输出以及证券投资等。

对外直接投资是指跨国公司以现金、实物和无形资产等形式在国外建立销售渠道、原材料基地，直接投资建厂或者拥有国外企业一定数量股权等，达到控制经营管理权，获取一定收益目的的活动。对外直接投资不仅增加投资输出国家的竞争优势，而且对投资输入国的财政收入、科技进步及劳动就业也具有重要意义。对外直接投资不是简单的资本流动，而是生产要素，包括资本、技术、经营管理知识的总体转移，是随着生产要素方面的移动而发生的工人技术培训、经营管理和市场营销等技能的转移，也是先进的生产力的转移，其实质是生产要素在国际范围内的流动，这种流动构成跨国公司形成的基础。

1.1.3 企业国际化阶段

美国学者帕尔马特（Palmet）认为，企业的经营方向可以分为三类：一是面向本国的，即民族中心，二是面向东道国的，即多中心，三是面向全世界的，即全球中心。[①] 企业从走出国门开始，其国际化阶段大致可以分为五个阶段：

第一阶段：国内运作阶段。企业经营的市场全部都在国内。

第二阶段：出口运作阶段。企业进入出口运作阶段，把市场扩大到其他国家，但是生产线和其重要科研设施仍然留在国内。

第三阶段：设立子（分）公司或合资经营公司阶段。母公司总部把物质设备资产等都转移到国外进行运作。

第四阶段：多国公司阶段。企业变成完整的多国公司（MNC），总公司或母公司把生产线和其他设施都分别放在几个国家或地区进行生产经营。子公司和合资企业可以做出一些决策，但是重要的人事决定仍然是在总部进行。

第五阶段：跨国公司阶段。海外子公司这时已经可以被称为跨国公司或全

---

① 帕尔马特. 多国公司的曲折发展过程. 哥伦比亚世界商业杂志, 1969 (4), p. 11. 转引自：刘研. 跨国公司与中国企业国际化. 中信出版社, 1992

球公司，因为公司和原发地母国之间的联系不再成为最重要的事情，公司生产经营的决策已经高度分散化，各个国家的分（子）公司都有人事任免权。母公司对子公司只有很松散的控制权。见图1.1。

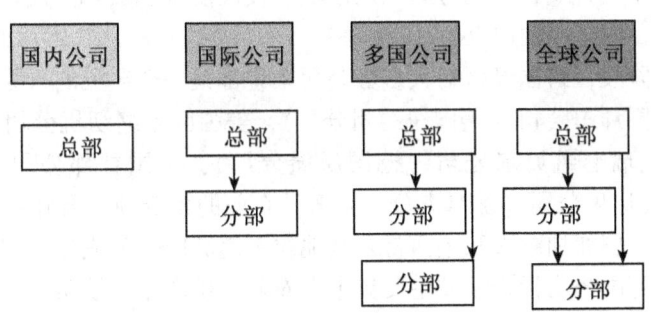

图1.1 企业国际化阶段

由于各个企业所处的环境不同，国际化经营的战略也不同。例如，有的企业首先在海外设立销售机构，然后进入国外生产阶段和建立子公司阶段，见图1.2；有的企业则直接通过外包，然后进入东道国进行投资建厂。

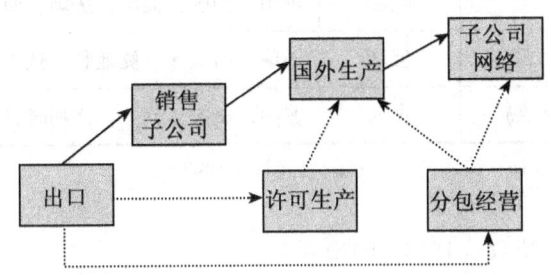

图1.2 跨国经营的形式和步骤：劳伦斯威尔奇图

跨国经营以何种形式为佳，应以自身情况而定。以中国为例，进入21世纪以来，中国跨国经营的模式就有多种形式。第一种形式是到当地设厂，冲破贸易壁垒，然后在当地树立品牌形象。例如，海尔模式就是通过在美国等多个国家设厂或公司，从而绕过贸易壁垒，成功地在国外经营。第二种是收购知名品牌的形式。例如TCL通过收购汤姆逊电视业务达到进入国外彩电行业的目的。第三种是同世界知名企业合资经营，进入市场。第四种是支持赞助的形式。通过参与国外各种文化和体育活动，从而走出国门。例如日本的精工、韩国的三星都是通过赞助奥林匹克运动会打造了自己的国际品牌。

1.2 跨国公司发展历史

跨国公司的历史可以追溯到公元17世纪，近代的跨国公司的发展则从19世纪六七十年代开始，大约分为兴起阶段、发展阶段和成熟阶段。

1.2.1 兴起阶段（1860~1914年）

在早期阶段，跨国经营对大多数公司来说都是一个罕见的行为，较为著名的公司有德国拜尔公司（美国纽约州分厂），美国胜家缝纫机公司（英国格拉斯哥分厂），瑞士诺贝尔公司（德国汉堡分厂），美国杜邦公司（加拿大分厂），美国爱迪生公司（加拿大分厂）等。企业的投资地主要在本国周边国家和发达国家，例如加拿大和墨西哥及其他拉丁美洲国家就成为美国对外投资的主要地区。跨国公司投资领域主要集中在农业、矿产品、铁路、石油以及制造业方面。表1.1列举了1914年欧洲主要跨国公司的海外生产地。

表1.1　1914年欧洲主要跨国公司海外生产地

公司名称	经营方向	国外基地
雀巢（瑞士）	食品	德国，美国，英国，荷兰，西班牙
西门子（德国）	电器	俄国，美国，英国，法国，西班牙，奥地利
圣哥班（法国）	玻璃	德国，西班牙，奥地利，意大利
尤尼人造黄油（荷兰）	食品	德国，美国，英国，比利时，丹麦

资料来源：李金轩. 跨国公司. 华龄出版社，1993

1.2.2 发展阶段（1914~1970年）

从第一次世界大战到第二次世界大战期间，跨国公司发展缓慢，数量增长有限。跨国公司主要分布于技术先进的新兴产业和生产大规模消费品的产业。跨国公司主要是对经济发达地区和较发达地区进行投资，而且投资额在不断增加。各个西方国家中，美国直接投资增长迅速（见表1.2）。

表1.2　1929~1968年美国跨国公司投资地区比较

	1929年	1949年	1959年	1968年
投资额总计（亿美元）	80	110	300	650
投资地区百分比（%）				

续表

	1929年	1949年	1959年	1968年
欧洲	19	14.5	16	30
加拿大	25	31	33	33
拉美国家	33	39	35	17
发展中国家	23	15.5	16	20

资料来源：李金轩．跨国公司．华龄出版社，1993

第二次世界大战以后，政治经济环境的巨大变化，生产力水平的不断提高，技术更新速度加快，运输通讯手段的不断改善，使跨国公司获得前所未有的大发展。其主要特征表现为：跨国公司对外直接投资规模不断扩大，跨国公司在国际贸易中的作用日益加强。可以说，跨国公司成为战后技术创新和技术贸易的发动机。

1.2.3 成熟阶段（1980年至今）

从20世纪80年代起，跨国公司作为适合现代化大生产的企业组织形式，已涵盖生产、商品流通、资本流动、科技转让、知识和信息交流等世界经济各个领域，跨国公司进入了成熟阶段。联合国经济及社会理事会1998年在题为《世界发展中的跨国公司》一文中，根据联合国贸发会议1998年公布的数据，列明1997年全球共有跨国公司4.5万家，其子公司25万家。这些企业控制了世界生产总值的40%~50%，国际贸易的50%~60%，国际技术贸易的60%~70%，产品研究与开发的80%~90%，以及对外直接投资的90%。

虽然从总体上看，跨国公司进入了成熟阶段，但是对于不同国家而言，跨国公司的发展是不平衡的。例如大多数发展中国家的跨国公司还处在迈入成熟阶段，有的甚至还处在萌芽阶段，而西方发达国家的跨国公司已经进入成熟阶段，尤其是巨型跨国公司的能量和作用更是日益凸显。

美国《财富》每年评出的全球500强，在数量上只占跨国公司总数的1%左右，其销售额却占全部跨国公司总销售额的90%。从行业集中度和其生产经营与其他跨国企业的相关性等经济指标看，全球500强都有着极强的代表性。表1.3是美国的50%以上收入来自非美国业务的跨国公司，这些公司一半以上的收入来自海外经营的结果。表1.4是1997年世界200强企业的经济效益，这些都说明跨国公司在经济全球化中所扮演的角色是惊人的。

表1.3　　　　　50%以上收入来自非美国业务的跨国公司

公　　　司	非美国收入占全部收入的百分比（%）
埃克森公司	75.9
吉利司公司	68.1
美孚石油公司	68.1
可口可乐公司	64.0
科尔盖特-帕尔莫利夫公司	63.8
银行家信托公司	63.6
IBM公司	62.3
数字设备公司	59.8
康柏计算机公司	57.6
摩托罗拉公司	55.9
惠普公司	54.2
西特公司	52.9
道化学公司	51.7

资料来源：联合国跨国公司研究中心（1999年）

表1.4　**1997年世界200强跨国公司所在国营业额和利润（10亿美元）**

200强跨国公司所在国家	公司数量	年收入	年利润	占全球收入%	占全球利润%
日本	62	3 196	46.0	40.7	18.3
美国	53	1 998	98.0	25.4	39.2
德国	23	786	24.5	10.0	9.8
法国	19	572	16.0	7.3	6.3
英国	11	275	20.0	3.5	8.0
瑞士	8	244	9.7	3.1	3.9
韩国	6	183	3.5	2.3	1.4
意大利	5	171	6.0	2.2	2.5
英国荷兰	2	159	9.0	2.0	3.7
荷兰	4	118	5.0	1.5	2.0

续表

200强跨国公司所在国家	公司数量	年收入	年利润	占全球收入%	占全球利润%
委内瑞拉	1	26	3.0	0.3	1.2
瑞典	1	24	1.3	0.3	0.5
比利时荷兰	1	22	0.8	0.3	0.3
墨西哥	1	22	1.5	0.3	0.6
中国	1	19	0.8	0.2	0.3
巴西	1	18	4.3	0.2	1.7
加拿大	1	17	0.5	0.2	0.2
总计	200	7 850	251	100.0	100.0
世界GNP		25 223			
200强跨国公司占世界GNP百分比					31.2

资料来源：联合国跨国公司中心（1997年）

1.2.4 跨国公司的形态演变①

跨国公司自产生以来，其组织形态逐渐演变，演变过程有以下几种形态：

1. 单母国型跨国公司，这是跨国公司的初期形态。公司的所有者只属于一个国家，具有清晰的国家产权界定范围。

2. 双母国型跨国公司。产生于20世纪初期，典型代表是英荷壳牌石油公司（Shell），1907年由英国壳牌运输贸易公司和荷兰皇家石油公司合并而成。公司成立后一直保持着双总部格局。另一个代表联合利华公司（Unilever）是1929年由英国的莱弗兄弟公司与荷兰的人造黄油尤尼公司合并而成，分别在英国和荷兰设有一个总部，该公司的利润是由英荷双方平分。

3. 多母国型跨国公司。产生于20世纪后期，典型代表是家具生产与零售厂商宜家集团（IKEA）。这是一个被称为"独立于任何一个国家的公司"。从20世纪80年代初开始，宜家集团逐渐形成全球结构：公司主要的所有者定居在瑞士，控股的基金会注册在荷兰，高层管理机构分处丹麦、比利时等地，瑞典只剩下少量工厂、一批连锁店和一个二级管理公司。

4. 无母国型跨国公司。20世纪与21世纪之交产生的新形态。无母国型跨国公司的名称有"transnational"，强调一个无特定母国的公司在其他国家活动

---

① 康荣平．新兴跨国公司的演变．环球企业家，2005

的特征。

随着跨国公司的成长，对跨国公司的研究和批评也在不断增加。联合国跨国公司研究中心的报告称：

（1）世界上最大的100家跨国公司之中有51个属于全球型，49个属于某一个国家。

（2）世界最大的200家跨国公司的销售收入超过世界经济活动的25%。

（3）世界跨国公司200强的总销售收入等于世界经济排名第9位到第191位国家的总收入。世界191个国家中除了美国、日本、德国、法国、意大利、英国、巴西、加拿大和中国以外，其他182个国家的GDP为6.9万亿美元，而跨国公司200强的总销售收入就有6.9万亿美元。

（4）世界200强拥有4/5贫穷人口收入两倍的经济规模。

（5）世界200强的总就业人口为1 800万，是世界总人口的3‰。

（6）在世界200强中，日本公司多于美国公司。

（7）世界200强的一般销售收入来自5个行业，行业集中度非常高。

（8）当通用汽车公司在公司内部进行贸易时能叫自由贸易吗？世界上1/3的贸易是内部贸易。

1.3 中国跨国公司发展趋势

作为发展中国家，中国企业的跨国经营发展是迅速的，其规模特点是从无到有、从小到大，其质量特征是从一般性中小企业到大型企业，从名不见经传的企业到成为世界知名企业。其中较为著名的企业有中国石油化工进出口公司、首钢集团公司、中国银行和中国信托投资公司等，它们都是较早进行跨国经营的企业。20世纪90年代，一批中国新型企业开始走出国门。1991年海尔集团开始向国外出口产品，推出国际化战略，到21世纪初海尔集团就已经在国外发展了49个经销商，销售网络3万多个，产品出口到102个国家和地区。海尔集团已经成为全球知名的跨国企业。

虽然我国企业在跨国经营中取得了一定成绩，但是无论是数量还是质量上与西方大跨国公司相比，都存在着很大的差距。到20世纪末，我国的海外企业中盈利的仅占55%，其中多为非生产性企业；收支平衡的占28%；亏损企业占17%，以生产性企业居多。从投资规模（平均每个海外企业投资额）看，中国为120万美元/家；发展中国家平均为260万美元/家；发达国家为600万美元/家。这种状况表明我国跨国经营的企业不但和发达国家的跨国公司比较有较大差距，而且和许多发展中国家的跨国公司相比也有很大的差距。因此，中国企业应该在认真学习、借鉴其他国家大跨国公司成功经验的同时，避免它们的缺点和错误，在平等互利的基础上发展同外国企业和客户的关系，实现双赢。

1.4 跨国公司组织结构

组织结构是协调公司内部各个部分之间关系的网络，展现了组织的形式、复杂度和决策权威的集中度；跨国公司组织结构是为实施跨国经营战略和适应东道国文化而设计的平衡机制，因而对管理过程影响极大。

国际经营环境的日益复杂，全球范围的竞争者、客户、供应商、生产工艺和服务产品的创新，以及生产和服务设施的转移等多种因素，促使跨国公司经营战略呈现多样化特点，并相应形成了不同的组织结构。

现代跨国公司组织结构的企业内部国际化分工特点越来越明显，跨国公司总部同东道国的子公司共同构成了国际化分工的有机组成部分，成为国际分工的载体，形成了全球价值链的复杂的生产经营网络环节。跨国公司在全球竞争的压力下，子公司被要求尽可能降低成本、增加价值，从而推动了子公司逐渐从一个附庸个体向财务中心或利润中心发展，其组织结构在产业链上的地位和作用有了很大的变化，子公司组织结构的部分性和功能依赖性特征向全面性和功能独立性发展，而跨国公司自身组织结构也逐渐从单一分散型向多功能综合型发展。例如多国组织结构中，子公司生产与母公司相同的产品并在当地市场销售，母公司给予子公司高度的自主权，对子公司的评价主要以盈利能力为标准。由于子公司是作为一个利润中心存在，因此其组织结构具有产业链上的完整性和高度自主性。

随着跨国经营战略的不断深化，企业组织结构也日益复杂，逐渐出现了混合式、矩阵式、网络式、多中心式和全球中心式等各种形式。在开展国际业务的初期，公司一般采取出口部和国外设立销售公司的组织形式。当企业在国外设立子公司时，母公司会成立专门负责国外经常化营运和以完成单一项目为核心职能的国际部。随着跨国经营的规模扩大，国外生产的产品和服务种类的增加，以及经营地区扩大，跨国公司转向全球性组织结构，出现了全球事业部制和全球网络式等组织结构。跨国公司各种不同的组织结构及形式影响了公司的人力资源配置与管理。

1.4.1 出口部

在国际化的早期阶段，企业开始通过出口输出产品，企业的跨国经营任务主要是出口贸易，只有将国外市场培育成熟后，才能逐渐将生产职能向消费市场转移。在这一阶段，改进生产手段和开拓国际市场成为企业突出的经营和管理任务，虽然存在产品出口，母公司对国外代理商的管理只是偶尔进行商务访问，基本不使用外派人员。因此，人力资源管理部门的对象是本国员工，没有国际人员管理职能，也没有专门的机构和人员参与跨文化人力资源管理，见图1.3。

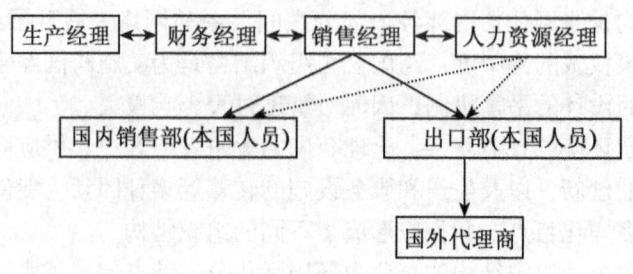

图1.3　企业组织结构——出口部

1.4.2　销售子公司

总公司直接投资，在国外成立销售子公司。销售子公司初期，公司的经营管理人员大多数由母公司派来人员担任，产生了外派经理人员的管理问题。此时人力资源管理部门开始介入国外公司的管理，例如参与外派经理的评价和选拔，但没有固定的管理职能，也缺乏管理经验，见图1.4。

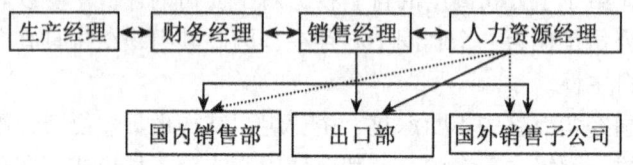

图1.4　企业组织结构——销售子公司

1.4.3　国际部

跨国公司在海外不仅设立销售子公司，还将生产和服务设施开始转移到国外，成立生产或服务子公司，在组织结构上成立国际部或者相应部门进行管理。人力资源管理部门参与的跨国经营管理活动逐渐扩展和深入，主要工作是开展外派人员的招聘、选拔、培训、考评和薪酬管理等，同时对国外子公司人力资源管理进行指导，见图1.5。

此时跨国公司出于经营战略、管理控制和技术转移后的安全控制等目的，大量使用外派人员，同时子公司的生产与营销活动需要考虑跨文化管理问题，因此也招聘和安置来自东道国人员到子公司营销部门或人事部门工作，人员本土化初显端倪。

在跨国公司设立国际部的组织结构中，公司人力资源管理部门对外派人员的管理主要通过公司国际部进行，管理对象主要是跨国公司外派人员，对东道国人员的管理则由当地人力资源管理部门负责。此时母公司人力资源管理的职能和范围都大大扩展，但是子公司人力资源部门的管理职能和权限尚没有完全独立。

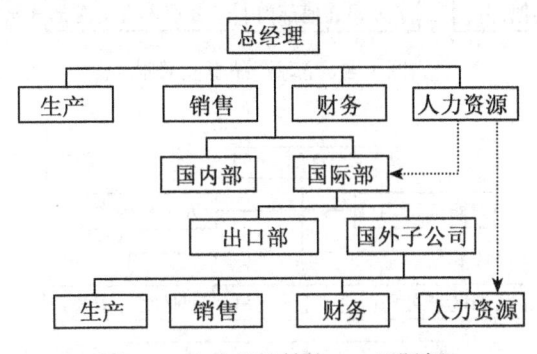

图1.5 企业组织结构——国际部

1.4.4 全球事业部制

随着产品市场与服务市场的发展进入成熟期，一方面，产品标准化使生产成本大幅度下降成为可能；另一方面，市场竞争的加剧要求企业将生产转移到要素价格低廉的国家。产品价格、生产成本、靠近消费市场位置成为决定跨国公司选址的最重要因素，为了适应当地环境，跨国公司实施产品事业部制和地区事业部制。产品事业部制按照产品和服务进行管理；地区事业部制则按照不同国家和地区进行管理，见图1.6和图1.7。

在全球事业部制的组织结构中，人力资源管理部门出于成本控制的目的，逐渐减少外派人员，尽量使用东道国人员，出现了人力资源管理本土化的高潮。同时，跨国公司继续维持人员外派管理，只是其比例和重要性在相对下降。跨国公司人力资源管理部门不但管理母公司外派人员，而且还指导和监督国外子公司人力资源管理活动，在全球事业部制的组织结构中，人力资源部门的地位得到进一步提高。

为满足企业国际化经营战略的需求，适应全球事业部制的组织特点，跨国公司赋予当地子公司更多的人员管理自主权，大大扩展了子公司人力资源部门的管理职能和管理范围。

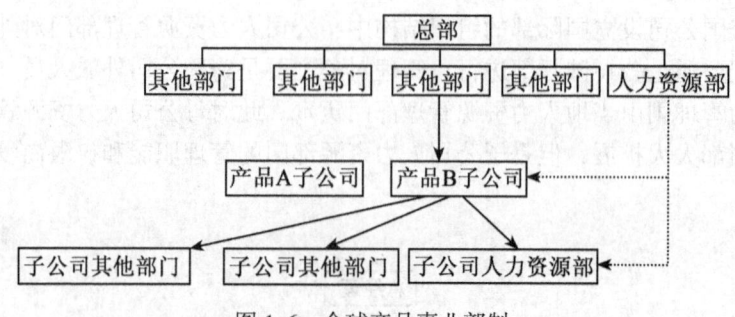

图 1.6　全球产品事业部制

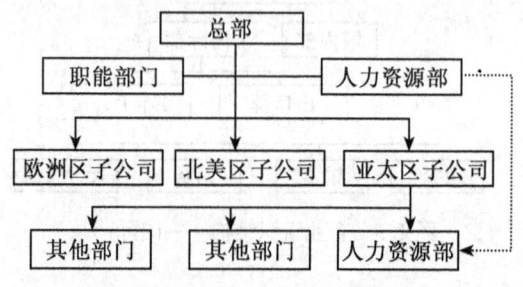

图 1.7　全球地区事业部制

1.4.5　全球矩阵——多维功能组织结构

建立跨国而且灵活的组织是跨国公司利用全球矩阵这一多维功能组织结构的主要动力，也是公司在面对思维全球化和运作当地化，母国规划和当地文化这两对矛盾时不断寻求解决的组织途径。跨国公司利用全球矩阵这一混合式组织结构，可以寻求平衡和协调，更好地实施全球化的战略，更全面地感受和反映全球消费者的复杂化需求。矩阵式通过多个层面整合运作以及双链信息传递通道，进行有效沟通和信息整合，推动跨部门跨地区的合作，见图1.8。

矩阵结构是跨国公司管理的重要组织形态，该结构主要有三个优点。一是资源共享。在矩阵结构中，人力资源得到了更有效的利用。有关研究发现，运用矩阵结构模式的企业比传统企业降低员工使用率达20%。二是有利于解决企业管理难题。通过矩阵结构可以在最短的时间内调配人才，组成一个团队，把不同职能的人才集中在一起，解决单一部门难以解决的问题。三是员工可以通过矩阵结构增加接触企业不同部门层面的机会，从而增强员工的凝聚力。

IBM就是实施"巨型多维矩阵"的跨国公司。传统IBM的组织结构是典型的金字塔格局，按照单一区域、业务职能、客户、产品等元素来划分部门，由于组织结构庞大臃肿，公司对市场和客户的反应迟钝，降低了企业效益和竞争力。通过著名的 IBM 矩阵变革，公司加强了横向联系，充分整合了各种资源，提高了反应速度和解决难题的质量。

全球矩阵组织结构能够弥补企业在进行单一划分时带来的不足，把各种企业资源的优势充分发挥出来。例如跨国公司对子公司进行产品和地域上的细分，就可以针对各地区市场的特点把工作深入下去。如果仅仅进行单一地域上的考察，对某一种产品而言，公司就不会全面了解该产品在各地表现出来的特点并进行比较，从而缺乏全球性眼光和战略。同时，每个子公司往往只看重本地区的产品和服务带来的经济利润，因而有可能忽视企业的全球利益；而矩阵式结构可以弥补这一缺点，增强了管理的柔性，形成刚柔相济的状态。但是，矩阵式这种组织机构在跨国经营中也具有较大的风险，主要是在多元文化背景下，可能由于多头管理和文化误解造成信息堵塞和行动迟钝，产生冲突和混乱。解决这一问题的主要方法之一是高效的跨文化人力资源管理战略，即通过多层次、跨地区、跨部门的人员合作和沟通，共同完成组织目标。

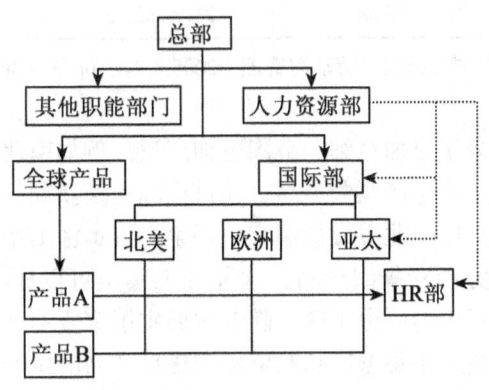

图 1.8　全球矩阵——多维功能组织结构

第二节　劳动力的国际化分流

2.1　生产国际化到劳动力国际化

在激烈的全球竞争中，每一个国家的企业都在提供具有竞争力的产品或服务，随着企业国际经营的发展，越来越多的跨国公司通过不同地区的优势布置生产服务，国外直接投资不但使产品质量和服务水平不断提高，而且促进了劳动力的国家化分流。表 1.5 展示了美国跨国公司中，非美国雇员的数量已经占到总体雇员的 1/3 左右。

表 1.5　　美国跨国公司 1995 年至 2003 年海外雇员统计

年份	雇员总数	在国内的雇员	国外机构雇员
1995	24.5 million	18.6 million	5.9 million
1996	24.9 million	18.8 million	6.1 million
1997	26.4 million	19.9 million	6.5 million
1998	26.6 million	19.8 million	6.8 million
1999	30.8 million	23 million	7.8 million
2000	32.1 million	23.9 million	8.2 million
2001	31.1 million	22.9 million	8.2 million
2002	30.5 million	22.2 million	8.3 million
2003	30.1 million	21.8 million	8.4 million

资料来源：美国全球分析局．劳动力管理，2005（7），pp.34～46

国际化使劳动分工更加精细，范围更加广泛。例如南北分工体系就是一种根据各国比较优势集中生产某些产品，通过国际交换获利的一种劳动分工、劳动力分流的体系。其中，北方发达国家主要生产资本密集型产品，而南方发展中国家则主要生产劳动密集型产品，这种分工甚至可以深入到多层次分工体系，具体到生产过程中的每道工序。随着发展中国家资本技术的积累和劳动力水平的不断提高，技术密集型产品和资本密集型产品的生产也逐渐增长，不论是国家还是企业，其竞争力都将增强。见图 1.9。

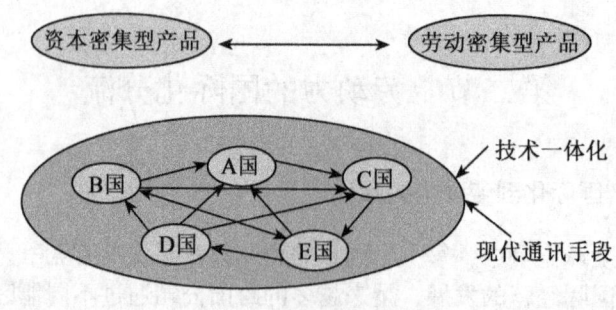

图 1.9　南北分工体系

2.2 经济全球化对劳动力市场的影响

经济全球化对各国劳动力市场产生了深远的影响。经济学家瑞克（Reich）在《国家的工作——21世纪资本主义的准备》一书中对跨国公司对发达国家劳动力市场的影响进行了描述。他认为根据世界新秩序理论，企业最重要的工作是满足市场需求并赚取利润。如果通过转移产品生产线可以降低成本，公司就应该也会这样做。然而，这种做法对公司所在的国家和地区的社会结构和繁荣影响是很大的。那些在国际经济活动中没有竞争力的国家将不得不关闭自己的公司和工厂，从而造成本国劳动力的失业。

2.2.1 对发达国家劳动力市场的影响

经济全球化，对发达国家劳动力市场的影响是双方面的。一方面那些没有廉价劳动力的国家不得不把劳动密集型产品的生产转向海外，而把本国生产力转向具有知识密集型和资本密集性的产品和服务上，这带来了对本国高素质劳动力的需求，从而带动对高水平教育的需求。另一方面，由于传统型企业的转移造成了低生产力的产业的相对萎缩，成千上万的低技能员工面对着其他国家劳动力成本低廉的员工的竞争而失去工作，从而带来低技能劳动力市场的萧条和失业问题，形成所谓双峰劳动力问题。双峰劳动力（见图1.10），是指劳动力的技能与市场需求两级分化造成的态势。一部分高技能劳动力在新兴产业需求推动下快速增长，他们就业有保障，薪酬水平高；而低技能工人由于传统型工厂的转移而大量失业，由于再教育和再培训需要时间，他们在劳动力市场上不具有竞争力。双峰劳动力反映了发达国家高技能和低技能劳动力在市场上的分布状态，是经济全球化和产业结构调整的产物。见图1.11。

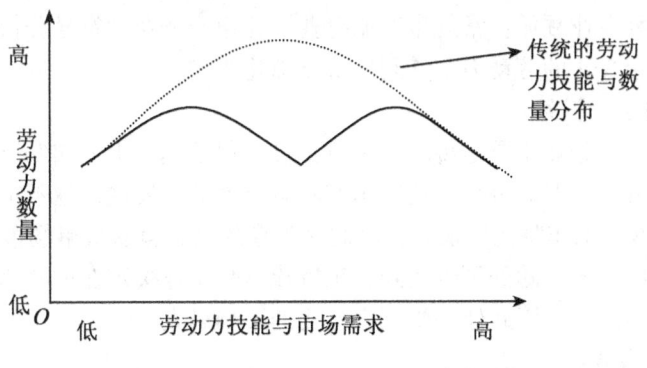

图1.10 劳动力的分化——双峰劳动力

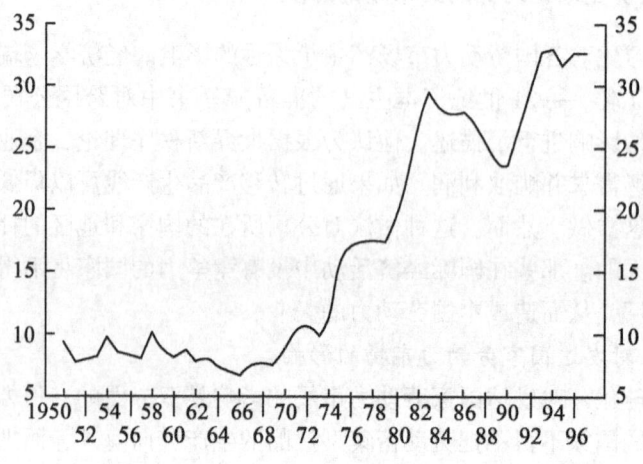

图 1.11　1950~1996 年 OECD 国家失业率

在国际经济活动中没有竞争力的国家将不得不关闭自己的公司或工厂，为此许多西方国家的政府纷纷采取各种措施，如行业津贴、保护性关税或其他各种手段进行保护性干涉，同时大力发展各种形式的教育，以提高劳动技能和可就业能力。各国政府认识到未来的繁荣依靠教育，希望通过发展教育，推动职业技术培训，对劳动力实施开发战略来增加劳动力就业。新教育应针对全体国民而不仅仅是 25% 的高收入者，全民教育体制建立十分有必要。唯一的问题是由谁来付学费？政府？企业？还是个人？显然三者都应该为新教育付出学费。

经济学家瑞克（Reich），根据产业是否受到环球经济影响进行分类，将产业划分为三种专业领域：常规生产服务业、普通服务业和符号分析服务业。他认为发达国家 3/4 的劳动力均受到经济全球化影响。

1. 常规生产服务业

常规生产服务业主要是传统制造业，员工包括熟练工人和低层管理者，工厂直线管理者，一般职员等。这些工作随着技术的发展越来越不重要，岗位需求也越来越少，工作替代性很高，因此该类型的员工容易被市场淘汰。更由于这种员工在各界各地随处可以找到，工资成本是企业决定在世界哪个国家雇员唯一要考虑的因素，因此他们受到全球化的影响最大。

2. 普通服务业

普通服务业的人力资源主要是熟练工人，他们不需要很多的培训即可上岗工作，如销售员、理发员、餐厅服务员、清洁员、收银员等，普通服务业员工的工资水平一般较低。同常规工业员工相比较，服务业员工的工作优势是，他们直接面对的是客户，工作地点必须是在客户生活的当地，因此工作就业具有一定竞争力，他们除了合法和非法的外国移民，不必害怕发展中国家低成本工人对他们的竞争。但是，服务业员工的工作容易受到技术进步的威胁，特别是计算机自动化的替代威胁，如自动取款机就取代了成千上万的银行职员的工作。同时，由于常规生产服务业正在大量裁员，这些失业员工正在努力跻身于不需要太多培训的服务业，因而在劳动力市场上同原服务业员工形成竞争的现象也十分普遍。此外，普通服务业工作十分依靠客户的经济条件，如果经济不景气，客户的需求就少，消费就少，这将影响服务业的劳动力市场需求。

3. 符号分析服务业

符号分析服务业的工作性质是识别、分析和解决问题，例如研究人员、工程师、咨询工作者等，以及建筑师、音乐家、编辑等。这一职业的特点是高度专业化，员工需有较高的人力资本，必须受到一定专业的教育，绝大部分的员工要求有大学文凭和专门培训，因为他们生产的是高附加值的产品和服务。符号分析服务业的工作地点，不像常规工作的员工必须在公司工作场所工作，符号分析服务业专业人员的工作可以无固定的地点，只要有通讯工具、交流手段，他们就可以在世界任何国家的公司进行工作。符号分析服务业的工作的特征是专门技术而不是工资，因此他们的工作不会自动转移到低工资的国家。

从全球经济角度看，世界未来经济发展对发达国家的低技能员工非常不利，因为他们同本国符号分析服务业员工比较，并不拥有高技术；他们同发展中国家低技能员工比较，又不具有低成本的优势，发展中国家的员工可以干同样的工作，但是他们的成本要低得多。这使发达国家大量的低技术工人处境不利。全球化也带来了新的差异，社会低层阶级在增加，收入差异在增加，不但影响了经济发展，也带来了政治不稳定。因此应付劳动力分流的负面影响成为发达国家政府的重要任务。以下三种经济政策被认为是可供选择的解决方案。

1. 国家零和主义

解决经济全球化带来的问题的第一个办法是零和主义。例如许多常规生产服务业在全球化情况下只提出两个可能性，或者他们赢，或者我们赢，因此最好我们赢。国家零和主义者认为，国家应该抵制经济全球化以保护自身利益。零和主义者要求国家对低生产力的产业实行津贴、高关税保护，对此，发达国家的常规工业和普通服务业的员工十分赞成。但是，企业和投资者却得不到利益。从长远来看，国家零和主义对绝大多数人民也是不利的。

2. 大同世界政策

自由贸易是大同世界政策的核心思想，主张完全的自由经济和自由化的人力资源配置。世界各国经济通过自由贸易而得到改善。产品在最便宜的地方进行生产而最终使东道国客户获得利益。然而，所谓大同世界政策仅仅是一个理想，是一种未来世界各国人民应该采取的态度而非目前的现实。

3. 积极的国家经济政策

积极的国家经济政策是自由贸易思想和国家干涉主义思想的结合，其主导思想是：每一个国家都应该为增加国家经济实力和提高自身的生产力而努力，但是这一努力不应该以牺牲其他国家特别是发展中国家的利益为代价。积极的国家经济政策的具体做法是，政府积极投资教育和基础设施，对生产高附加价值产品的企业实行津贴，而不论企业的所有者是国有企业还是外资企业。为防止国家间为吸引这些高附加价值企业而互相争斗，应通过谈判来进行分配。例如世界贸易组织就为各国直接所给予的企业津贴提供谈判平台，这包括允许有大量低技能劳动力的国家给予企业更多的津贴，其津贴数额可以超过那些拥有更多高技术员工和专家的国家。通过这种分配，各个国家的大多数人民可以分享繁荣。其次，通过国家的主导地位，积极开展产业结构的调整，使劳动力向服务型产业和符号分析型产业转移。要从消费观点看待经济全球化的影响，认识到今天东道国（发展中国家的）廉价的劳动力有希望成为明天的消费者，成为发达国家第三产业繁荣的动力。例如，墨西哥的消费者在美国的消费如果提高100亿美元，将为美国提供35万个就业机会。因此，从长远的观点看，经济全球化对发达国家劳动力市场的繁荣是有利的。

2.2.2 对发展中国家劳动力的影响

跨国公司对发展中国家劳动力市场的影响是巨大的。第一，发达国家跨国公司直接投资主要在制造业，属于劳动密集型企业，其早期动机是寻找更加廉价的劳动力。比如20世纪80年代，跨国公司在马来西亚子公司人力资源部门需要给一位当地打字员90美分的工资，而在中国只要花40美分。随着东道国劳动力素质水平的提高和跨国公司生产附加价值更高产品的需求增加，跨国公司的动机转向寻找性能—价格比更加合理的劳动力资源。成千上万的跨国公司，正在获取从中国到印度等一系列发展中国家的低成本劳动力带来的利润，同时也推动了当地国家劳动力资源的结构转化。例如跨国公司在中国的投资主要是第二产业和第三产业，由此而来带动了第一产业的劳动力向第二、第三产业流动。根据中国商务部2003年的报告，国外投资企业中，第一产业约12 217家，产值为157.59亿美元；第二产业为310 279家，产值为5 242.86亿美元；第三产业有101 700家，产值为2 880.15亿美元，见图1.12。第二，通过跨国公司资本和技术的注入，带动了发展中国家的生产工艺、生产流程和管理水平的提高，促进了当地员工劳动生产率的提高。第三，由于具有新技术和新

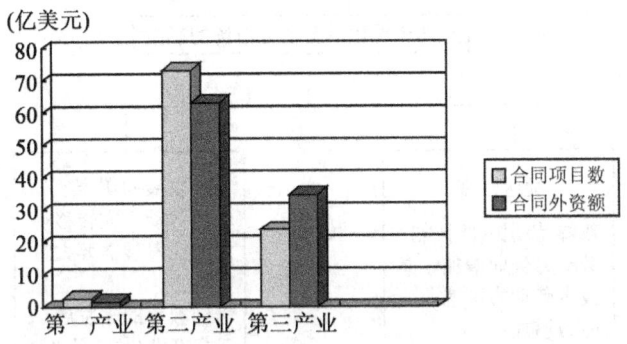

图 1.12　截至 2002 年我国外商直接投资产业结构

的管理制度，跨国公司必须培训当地雇员，从而促进了职业培训和管理人才培养，有利于发展中国家人力资源的开发。

然而，发达国家跨国公司对发展中国家劳动力市场的影响同时也是复杂的。第一，跨国公司为了自身利益和竞争优势，对发展中国家的投资仍然保持封锁和垄断，例如培训员工的技能往往只能运用于跨国公司内部，难以运用于当地企业；或者阻止当地人才进入高层次的管理部门，限制了当地管理人才的发展。第二，大型跨国公司由于资本雄厚，工作人员的薪水相对较高，因而对高素质人员很有吸引力，很多跨国公司在海外子公司、分公司所招聘的中高级人员是当地的高素质的劳动力，与当地企业进行人才争夺，对当地人力资源流动和人力资源分布产生较大的影响。第三，数量众多的中小型跨国公司中有许多是来自新兴国家和地区，这些中小型跨国公司投资规模小，企业跨国经营战略主要是成本战略，借助东道国有利的优惠政策，雇用了大量的非熟练工人。由于生产成本的稍微变动，就会产生巨大影响，因而工厂容易关闭，从而经常产生失业，同时许多中小型跨国公司还经常拖欠当地员工的工资，人力资源管理极为不规范（王飞等，2001），这些都成为当地社会的不稳定因素。

总之，经济全球化促进了劳动力的国际化分工，对发达国家劳动力和发展中国家劳动力都产生了深远的影响，见图 1.13。不论是发达国家还是发展中国家，都必须通过提高人力资源管理和开发的水平，加强民主与法制建设，以及不断完善劳动力市场等途径来迎接经济全球化的挑战，从而获取竞争优势。

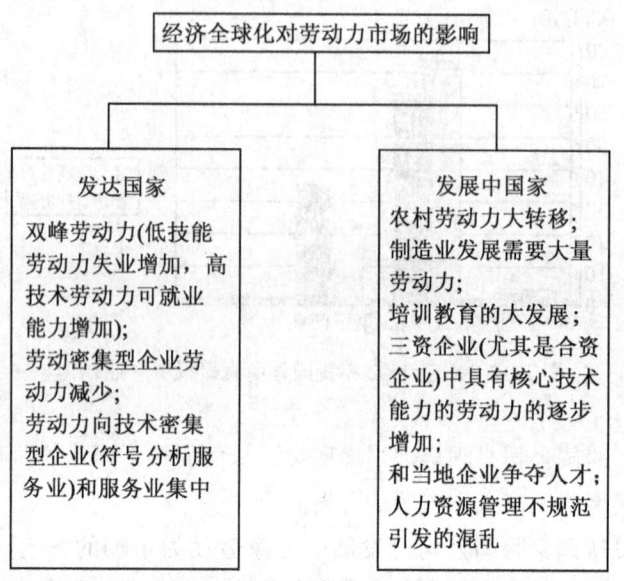

图 1.13　对外直接投资对发达国家和发展中国家劳动力市场的影响

第三节　跨文化人力资源战略

3.1　跨国经营中的企业战略

企业战略是企业根据经营的外部环境和内部环境的实际条件，以及存在的风险和机遇，分析自身的弱势和强势，制定出的未来工作方针与行动计划。跨国经营中，公司要生存、发展和竞争，就必须从实际出发，适时地提出中期和长期的发展战略。

3.1.1　跨国经营中企业战略的特点

在经济全球化的大潮中，各个行业、各种类型的企业都在不断尝试着在全球市场建立竞争优势，由此而产生了众多的企业战略。从跨国经营的角度看，这些战略主要有以下三个共同之处：一是追求全球规模的效率和效益，二是具有东道国环境和文化的适应性，三是具有在全球经营过程中不断学习的能力。

跨国公司追求全球规模的效率和效益，主要包括两个方面。一是获取全球一体化的利益，即通过国际分工，降低生产和服务的成本，从而得到规模经济效益。二是跨国公司能够针对不同国家在市场定位、工业结构、营销系统、政府法规等方面的特点和差异,制定出不同的经营战略。

跨国适应性是指跨国公司在多变的环境中具有识别经营风险和机遇的能力,这些风险包括:战争和灾荒等宏观经济的风险、利率和汇率的金融风险、东道国政府政策变动带来的政治风险、资源风险、文化习俗差异风险以及其他不确定因素带来的风险等。跨国公司只有认真观察和研究跨国经营中的环境背景,发现风险,并及时对此做出反应,制定出具有适应性的企业战略,才能灵活地应对不同的国际环境。

全球性的学习能力是指跨国公司能够在世界范围的运作过程中,通过利用自己的技术、管理、产品等方面的核心能力来获取利益,通过在不同产品、市场或业务的组织结构中的学习,在不同国家和地区社会文化中的学习,有效地对公司的经营管理进行调整和创新。

3.1.2 跨国经营的战略

根据跨国公司经营的方法,企业战略可以分为以下几类:多国战略、全球战略和跨国战略。

1. 多国战略

多国战略注重国家的差别,例如消费者的偏好、工业产业特点、政府法规等,根据这些差别进行反应,生产和提供具有差别化的产品和服务。跨国公司通常采用以本地资源进行本地化的创新来满足当地市场和消费者的需求。例如联合利华公司、雀巢公司等都是通过鼓励海外子公司进行从研发、生产到销售的同时也是相对独立自主的经营活动,满足当地市场的需要。

2. 全球战略

实施全球战略的公司主要分为两类。一类是那些具有技术核心竞争力的企业,公司在母国进行技术创新以后,就采用各种方法和途径,通过子公司进行全球性的分散,提高子公司在国外的竞争能力。许多公司,比如宝洁公司、美国通用电气公司等,都是依靠母国开发出的新产品,转移到国外发展中国家,从而建立起自己的竞争优势。但是,如果公司没有这样的技术就无法获取集中化的大规模生产经营带来的效率。另一类采用全球战略的公司则通过集中化的全球规模的运营来建立优势,进而依靠其产品的成本和质量优势来提高全球的竞争力。例如日本的松下公司、丰田公司和佳能公司等,这些公司均实施在一个国家或地区的集中制造方法和研究方法,使自身的成本或技术获得最佳的定位。

3. 跨国战略

采用跨国战略的公司认为,各种已有的跨国经营战略都有其长处和短处,因此,为了获得全球竞争优势,公司应该考虑多种方案,例如成本的收益、效率和创新等。通过资产、资源、能力的组合达到最大的效益和效率。

以上三种战略是企业面对复杂的环境时做出的相应反应,也是企业获取全球竞争优势的选择。不论是哪一种战略都会对企业人力资源管理产生深远的影响,并形成跨文化人力资源战略。

3.2 跨文化人力资源战略

跨国经营中,人力资源战略是企业战略的重要部分,是帮助企业制定和完成战略目标的基础,对企业跨国经营战略的实施会产生关键性影响。

跨文化人力资源战略是指,跨国公司为实现跨国经营战略目标而获取、配置和利用人力资源,所制定的未来方案和计划。

跨文化人力资源战略是在跨国、跨地区、跨边界的多元文化环境中的人力资源战略,主要体现在对人力资源的获取、培植和利用三个方面。如图1.14所示(P.V.摩根,1986年),跨文化人力资源战略包含了三种人力资源管理功能:获得、安置和利用;三种人力资源管理活动范畴:东道国、母国和第三国;三种国际企业人力资源来源:东道国人员、总公司派出人员和第三国人员。

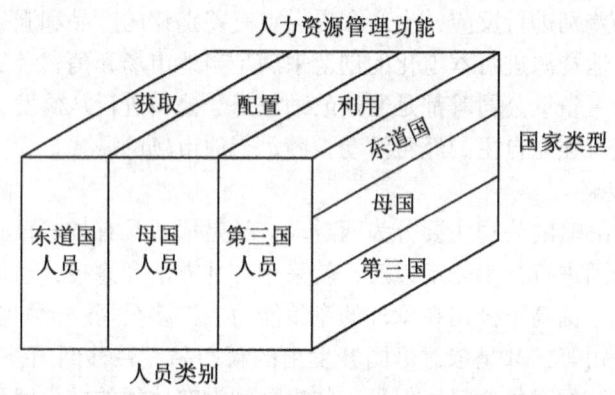

资料来源:P.V.摩根.国际人力资源管理,事实还是虚幻.人事管理杂志,1986(3)

图1.14 跨国公司人力资源战略构成

跨国公司为获取全球竞争优势,必须采用适合自身条件和环境的人力资源战略,以适应企业在跨国经营中的不断发展。跨文化人力资源战略和国内公司人力资源战略比较,具有以下特点:

1. 更多的职能和活动。为了有效获取、配置和利用人力资源,需要从企业战略、经营范围、文化认知、服务对象、跨文化敏感性和战略决策方案等方面进行管理，人力资源管理职能更加丰富，运行更加复杂。

2. 更广泛的国际视野。在国内环境中，企业常规人力资源战略主要包括：员工招聘和选拔、培训开发、劳动报酬、绩效考评、劳动关系等，跨国经营中人员管理具有更多的战略性功能，例如对外派人员和东道国政府的关系问题，或者不同国家员工工作目标差异性引发的冲突等，因此跨文化人力资源的方案计划必须考虑人员的国际化背景，以及如何更加有效地利用全球范围的人力资源，更多地参与员工的个人生活。为了帮助员工适应复杂的国际环境，公司要积极参与员工的生活，特别是外派人员的个人生活，帮助他们克服困难，尽快适应当地环境。

3. 具有更高的风险性和受到更多的外部环境影响。由于跨国经营中存在着控制与多样化的矛盾，以及当地文化敏感性问题，因此，跨国经营中人力资源的多元化可能带来许多难以预料的风险。

在跨国经营中，人力资源战略决定了企业人力资源管理的职能、政策与实践，如图 1.15 所示，跨文化人力资源战略是跨国经营战略整体框架模型中的重要组成部分。

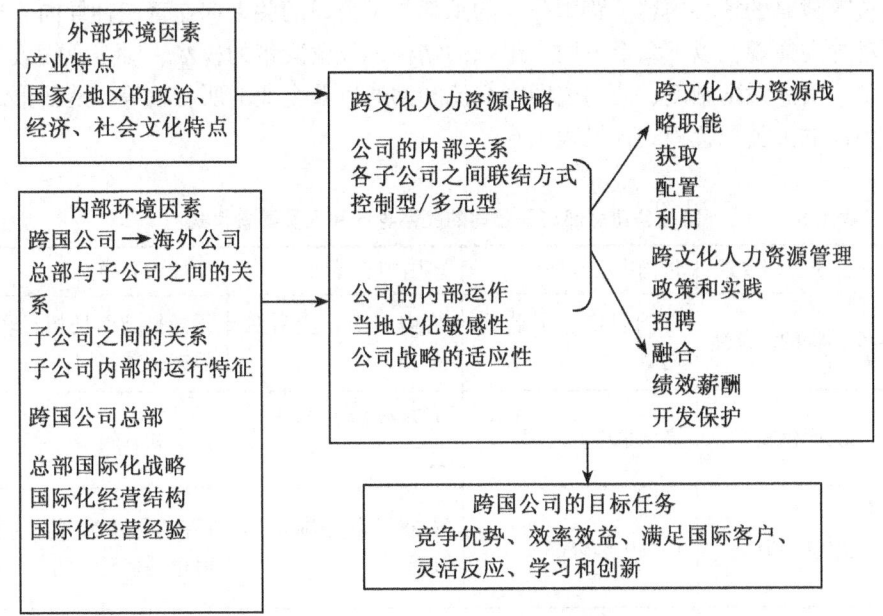

图 1.15　跨文化人力资源战略的整体框架

从模型中可以看出，跨文化人力资源战略有别于国内企业战略的核心问题主要有两个方面：一方面涉及到企业全球战略下的公司关系，即海外子公司和总部之间、子公司之间的关系是控制型还是多元型的问题；另一方面是子公司内部的运作问题，即当地文化适应性和公司战略适应性问题。

企业外部环境和内部环境，例如所在国的政治、经济、社会文化特点和产业特点等外部因素，企业国际经营结构，总部国际化倾向，核心竞争力和国际化经营经验等内部环境因素，都深刻影响了企业人力资源战略职能和政策实践。同时，跨文化人力资源战略也影响了跨国公司的战略目标任务的实现，包括企业的优势竞争力、效益效率、当地客户市场的反应、企业的灵活适应能力和学习创新能力。由于跨国经营中企业的竞争优势主要来源于企业内部优质、特异的资源，因此跨文化人力资源战略的制定要认真分析自身的优势和劣势，结合外部环境的机会和威胁，找到本公司与众不同的人力资源，解决公司内部关系和内部运作的问题，最终形成企业具有优势竞争力的人力资源。

3.3 企业人员配置战略

人员配置反映了企业战略的指导思想、经营理念和态度，因此是跨文化人力资源战略的核心内容。跨国公司的总部与子公司的关系存在着三种导向，这三种导向体现在以下六个方面：组织的结构、经营决策的权威、对企业绩效的评估、奖惩激励制度、公司之间的交流和沟通以及企业的所有权等，从而形成了不同的人员配置模式，见表1.6。

表1.6　　跨国公司总部与子公司的关系导向和人员配置模式

公司组织要素	母国中心导向	多国中心导向	全球中心导向
组织结构的复杂性	母国复杂，子公司简单	结构多边，相对独立	逐渐复杂而且相互联系越来越密切
决策权威	高度集中在总部	主要分散在各个子公司	民主和有效
绩效评估	用母国的标准	子公司自己制定和实施	标准既是统一的，同时也是多元化的
激励制度	对人员的奖惩在总部的执行高于在子公司	子公司自己来决定并执行	以全球目标任务完成为导向的奖惩制度

续表

公司组织要素	母国中心导向	多国中心导向	全球中心导向
沟通交流	总部对子公司大量使用不当命令和建议	和总部之间及其他子公司之间的交流都比较少	总部和子公司之间，子公司之间都是团队关系，充分沟通
企业所有权	强调母公司的国籍	东道国的国籍	超越国家所有权
人员配置	母国人员占领了所有关键岗位	主要由本地人员担任关键岗位	任用人员以能力、绩效为主，不考虑国籍因素

3.3.1 母国中心配置战略

母国中心配置战略的特点是把跨国企业母国人员安置在海外各分支机构中关键岗位或主要职务上。现实中，许多企业选择这一模式是为了显示其在国外子公司的经营管理中，总部"存在"的必要性和重要性。由于国外分公司的高级管理人员和关键岗位的人员均由总部任命的外派人员担任，本地员工（东道国员工）很难获得高级岗位。由于总部对子公司进行战略决策，子公司主要的任务是执行总部的意图，因此母国人员被认为是可靠的、可以执行这一任务的最佳人选。而非母国人员往往被认为是能力不足的或不够可靠的。以美国公司为例，很多美国跨国公司愿意任用母国公司人员担任子公司的总经理或总会计师。特别是在企业国际化经营的早期阶段，使用母国人员作为分公司的高级管理人员被认为是最有效的人事安排。

3.3.2 东道国中心配置战略

东道国中心配置战略的特点是以提高子公司效益为前提，开发当地人才资源，任用东道国的人员担任关键岗位的职务，管理当地的公司。虽然子公司中当地人员占有重要地位，但是总公司仍然由母国人员管理，是一种总部和子公司之间关系稀疏的人员配置导向。跨国公司中的子公司基本具有独立实体地位，可以进行一定的战略决策，但是总公司和分公司之间很少进行人员交流。一方面，总部人员很少派往分公司工作，另一方面，子公司人员也很少有机会担任总部的高级职位。奉行这种战略的行业包括饮料、餐饮业、服装、广告代理和商务管理等。这些行业的服务对象是当地人，获取当地利益是跨国经营的主要动机，因此经营管理中，当地市场知识的重要性促使服务行业的跨国公司大量启用本地人员担任管理职位。

3.3.3 全球中心配置战略

全球中心配置战略的特点是人力资源开发与管理的决策主要从公司的全球利益出发，公司的单一民族性在降低，人事选拔范围在扩大，公司的管理和研发等关键岗位均从世界范围的员工而不仅仅是母国人员或东道国人员中选拔，员工能力和业绩成为首要考虑条件。人员选拔中，不分国籍，只要能胜任工作，符合公司的用人标准就可以，全球中心配置战略的目的是组建具有国际性的管理班子。例如飞机制造、化工、计算机、家用电器和汽车制造等行业里，其经理人员日益呈多国籍趋势。实施这一人力资源战略模式的原因是，跨国公司在全球范围内合理地利用自然资源、财务资源和技术，经营的重点是在全球范围内寻求成本减少的最佳点，把全球作为一个统一的大市场看待，在节点的安排下寻找最佳生产、销售点，从而使整个企业获得最大经济利润。全球化公司在国际市场上合理地利用人力资源，同时相应地造就和涌现大批世界性管理人员以及其他各种公司所需要的人员。

以上三种人员配置导向，反映了公司跨文化人力资源的战略导向。实践表明，不同国家或地区的跨国公司在人员配置方面表现出很大的差异。根据有关研究（Christopher A. Bartlett & Sumantra Ghoshal, 1995），美国、欧洲和日本跨国公司不但在组织结构上有差异，而且人力资源的战略配置也各有重点。美国跨国公司的国外分支机构人员本土化程度最高。日本跨国公司国外分支机构依然倾向于使用总部外派人员，是比较典型的母国中心导向。欧洲国家跨国公司在国外分支机构的本土化程度差别明显，但基本上居于美日两个极端之间。例如，一项针对美国公司国外分支机构的调查发现，大多数高层主管职位都是由东道国人员担任，在所考察的44家企业中，高层管理人员本土化比例超过一半的企业达到33家，只有1家公司在高层主管职位上没有雇用东道国人员。在同时考察的19家日本跨国公司中，有15家公司（比例高达78.9%）在高层主管位置上没有聘用东道国人员。相对而言，欧洲跨国公司国外机构高层人员本土化比例虽然不如美国跨国公司那样高，但显著高于日本公司。另一项针对日本和美国跨国公司的调查发现，在54个被调查的跨国公司中，在美国的日本子公司高层管理者31%为美国人，在日本的美国子公司高层管理者80%为日本人，而且拥有较多自主权。显然，基于不同跨国公司的经营战略理念，各个国家或地区的跨国公司的组织结构和人员配置战略具有差异性，这种差异反映了跨国公司人力资源战略的分歧。

跨文化人力资源战略对人力资源管理产生深远的影响。实践表明，战略中的文化要素具有核心的作用，只有通过跨文化人力资源管理，跨国公司才能取得竞争优势。在人力资源管理中，设计组织战略和战术总是较为容易的，但是完成战略和战术则十分困难，涉及跨文化管理问题。当组织战略战术同组织文化对立时，一般总是组织文化取得胜利，没有组织文化的支持，企业战略和战术的实施很难把握，来自多元文化背景的员工冲突的显性和隐性表现也难以克服和预防。跨国企业只有认真分析环境的要素，对组织文化进行变革和管理，制定好企业跨文化人力资源战略，才能完成企业经营战略目标。

小　　结

本章的目的是为跨文化人力资源管理提供一个背景认识。

经济全球化使国内市场全球化，即以国家边界分割的国内市场向无边界的一体化国际市场发展，并最终形成全球统一市场。经济全球化使生产要素配置全球化，资本、技术、知识以及人力资源等生产要素趋向于跨国界自由流动。

跨国公司的发展历史说明人力资源战略是企业国际化战略的重要组成部分，发挥着越来越重要的作用。

劳动力的国际化分流对发达国家和发展中国家劳动力市场产生了深远的影响，同时也深刻影响了跨国公司人员配置战略。如何通过包括母国中心、多国中心和全球中心战略的实施，以实现人力资源全球范围的合理优化配置，并对来自不同文化背景的员工进行管理，正是当代跨文化人力资源管理所面临的挑战。

思　考　题

1. 企业跨国经营的动机是什么？
2. 跨国公司对发达国家劳动力市场的影响是什么？
3. 跨国公司对发展中国家劳动力市场的影响是什么？
4. 跨国经营如何影响了企业的组织结构和人力资源战略？

第二章 以文化为导向的管理

学习概要
1. 解释跨文化人力资源管理的特征功能和意义
2. 了解国际企业人力资源管理的文化变量
3. 学习跨文化管理的有关理论流派

跨国经营中，企业人力资源部门的使命是帮助企业完成跨国经营的任务，提高企业效益，为此，根据企业不同的经营目标和阶段性特征，实施跨文化人力资源管理。

跨文化人力资源管理建立在对跨文化变量的认知基础之上。本章的要点就是阐述跨文化人力资源管理的相关概念，分析跨国经营管理活动中涉及到的多元文化现象，介绍跨文化管理的理论流派，从而加深对跨文化人力资源管理活动的内部机理的理解。

第一节 跨文化人力资源管理的基本概念

随着经济全球化的发展，跨国经营已经成为企业发展的重要潮流。越来越多的企业以国际市场为导向，直接对外投资，在国外设立分支机构，广泛利用国内外资源，在一个或多个领域从事生产经营活动。通过跨国经营，企业摆脱了一国单纯的地域界限，成为面向世界各个地区乃至全球的国际化企业。国际化企业拥有多国员工，他们是跨国公司最重要的生产要素，是企业经营成败的基础。如何搞好跨文化人力资源管理已经成为企业国际化经营的核心问题。

1.1 什么是跨文化人力资源管理

什么是跨文化人力资源管理？在给出跨文化人力资源管理的基本定义以前，我们首先对人力资源管理的基本功能进行介绍。

一般来说，人力资源管理的功能包括了对企业内外人力资源进行培植管理的方法、政策以及相应的管理活动，是招人、育人、管人和留人的过程。这些职能活动主要包括以下几个方面：
- 人力资源的战略规划
- 员工招聘
- 绩效管理
- 培训和开发
- 薪酬方案与福利
- 劳动关系

本书第一章已经阐述了跨文化人力资源战略主要包括的三个维度，即国家的差异（母国、东道国、第三国）；三种功能：获取、配置和利用；以及三种类型员工（母国员工、东道国员工和第三国员工）。人力资源战略除了涉及人力资源管理活动，还涉及跨文化的经营环境，因此在跨文化人力资源管理中经常表现出三种文化心态：民族中心态度（ethnocentric attitude），认为母国的人员和做事方式是最好和最先进的，海外公司的管理方法应全部采取母公司的；多中心态度（polycentric attitude），认为在海外经营中，只有当地经理最了解如何对当地公司进行运作；全球中心态度（geocentric attitude），认为只有以世界优秀人才为导向的管理才是人力资源管理的真正途径，企业最好的员工并不局限于某一国家或地区，而是来自全世界各地。由于企业国际化水平和国际化阶段不一样，因此，企业跨国经营中的人力资源管理活动也处在不同的发展阶段，跨文化人力资源管理从本质上看是指在跨国经营条件下对不同国家地区员工进行的管理和开发，是人力资源管理活动、员工类型和企业经营所在国类型这三个要素之间的组合与互动。

综上所述，跨文化人力资源管理是指企业在国际化经营中对来自不同文化背景，具有文化差异的人力资源进行获取、融合、保持、培训、开发和调整等一系列的管理活动和管理过程。

1.2 跨文化人力资源管理特征

在企业国际化经营中，跨文化的环境、企业国际化运营的特征以及跨国公司管理人员的态度，对跨文化人力资源管理产生重大影响，形成了多元性和变革性的特征。

1.2.1 多元性特征

跨文化人力资源管理的多元性特征，是指以跨国公司人力资源的多种民族文化并存的特征。首先，跨国企业的员工来自不同文化背景，存在着文化差异，对跨国公司管理目标的理解、执行和评价都可能不一样，因此国际化员工所组成的工作群体容易形成不同文化派别，使人力资源管理更加复杂和困难。

其次，从管理环境和过程看，企业的国际化过程就是从单一文化环境向多元文化环境的转化过程。最后，由于跨国企业人力资源管理对象是来自不同文化背景，具有不同文化特征的员工，因此，人力资源管理的任务既包含了对多元文化背景人力资源的管理，也包含了管理方法和管理内容的多元化，多元化成为跨国公司人力资源管理的主要特点。

1.2.2 变革性特征

从企业国际化运营过程看，在不同国际化运营阶段，人力资源管理具有不同的任务和目标。国际化初级阶段和发展阶段，跨国公司实施的是母公司战略下的人力资源管理和多国战略下的人力资源管理；前者以总部的外派人员管理为主，人员的招聘选拔、工作分析、工作业绩考评和薪酬管理主要针对来自母国和第三国的总部外派人员；而后者重视多国市场的发展，对当地人员的管理成为更为重要的核心任务。在全球化阶段，跨国公司实施全球战略，全球性招聘和人员管理是管理的主要任务。总之，跨文化人力资源管理的重点对象在不断变化。

从国际化管理的技术手段看，传统的面对面管理仍然是主要的途径，但随着跨国虚拟企业的发展，人员虚拟管理方式正在不断更新跨文化人力资源管理的手段。

从跨国公司管理人员的态度看，随着经济全球化的纵深发展、社会文化变化和价值观变化，跨国公司思想观念和管理哲学都发生了重大的变化，从只重视总部人员管理的种族中心管理意识和态度，向重视东道国及当地人员的多国中心管理理念倾斜，并朝着全球中心和无边界人员管理理念发展。这些思想观念上的转变对跨文化人力资源管理产生了深刻的影响，表明了跨文化人力资源管理的变革性特征。

总之，跨文化人力资源管理，无论是管理的对象、管理任务，还是管理方法，其多元性和不断变革性的特征所带来的复杂性大大超过国内企业人力资源管理的难度，成为当代最具挑战性的管理工作。

1.3 跨文化人力资源管理范畴

跨文化人力资源管理是依据企业国际化经营的战略而实施的，是企业国际化战略的重要组成部分。跨文化人力资源管理的功能范畴除了包含了一般企业人力资源的所有功能，即人力资源的获取、培训开发、绩效评估、薪酬激励、劳动关系等功能外，还有更重要的战略功能——从跨文化角度对来自不同文化背景的员工进行管理开发。

长期以来，企业国际化的主要发生地都在发达国家，发达国家是跨文化人力资源管理的主要实施者,因此跨文化人力资源管理范畴,人们认为就是跨国公司外派人员管理,尤其是发达国家跨国公司外派人员的管理。然而,随着经济全球化的深入,越来越多的发展中国家已经或正在参与这一进程,因此跨文化人力资源管理的对象已经大大超过这一狭隘范畴。

当代跨国公司人力资源管理除了包括母公司外派人员管理,更包含了东道国本地人员的管理以及全球化的人力资源配置和管理。从总体上看,跨文化人力资源管理的管理范畴包括以下八个方面:

1. 跨国公司外派人员管理
2. 海外公司人力资源本土化管理
3. 跨文化培训与开发管理
4. 跨文化冲突与沟通管理
5. 跨文化劳动关系管理
6. 跨国公司研发人才管理
7. 跨国购并中的人力资源管理
8. 跨文化虚拟企业人力资源管理

1.4 跨文化人力资源管理的意义

21世纪是公司全球化的世纪。进入21世纪,跨国公司的经济总量占全球经济的比例已经达到40%。跨国经营中的人力资源战略、跨文化人力资源管理已经成为企业国际化的重要内容。综合起来看,跨文化人力资源管理的重要意义主要体现在以下几个方面。

1.4.1 提高企业国际竞争力

企业的国际化竞争本质上也是人力资源的国际化竞争,在跨文化的环境中开展人力资源的管理是提高企业国际竞争力的重要基础。

首先,跨文化人力资源管理有助于企业树立跨国意识,掌握跨文化管理技能。环境的变化,要求企业在跨国经营中必须重视不同国家和地区的文化差异,以及文化差异对人力资源管理的影响。跨国公司企业经营的经验表明,一个国际化企业的成功取决于该企业的"跨文化管理能力",即企业存在着的基于跨文化理解的统一价值观体系,以及在该体系下形成的"核心技能"(core skill),其中跨文化沟通理解是核心技能的重要部分。跨文化人力资源管理可以帮助企业人员正确理解他文化和自文化,掌握跨文化沟通技巧与技能,促进文化关联理念的形成,帮助管理者和员工摆脱自身的狭隘文化束缚,克服狭隘的认知类同趋势,达到文化的大同。

其次,通过跨文化人力资源管理,跨国公司可以建设具有"合金"特色的企业文化,即提高管理者和员工对文化的鉴别能力和适应能力,在文化共性认识的基础上,根据环境的要求和公司战略的需求,建立起公司的共同经营观和强有力的公司文化。跨文化人力资源管理,通过促进个体与组织相互作用,把来自不同文化背景员工的思想与行为同公司的经营业务和宗旨结合起来,形成新的企业文化,从而在国际市场上建立起良好的声誉,增强企业的国际竞争能力。

再次,人力资源管理作为企业管理的重要组成部分,也是企业战略的重要支柱。虽然跨文化人力资源管理和国内企业人力资源管理的职能基本相同,包括了对人员的规划、招聘测试、选拔、培训、绩效评估、薪资方案设计、劳动关系处理等多种人力资源管理的业务领域,但是,跨文化人力资源管理具有更为广泛的视野,侧重在跨文化的角度,对跨国公司或跨国经营的企业中人力资源的特殊性进行重点管理,因此在很多方面比国内企业人力资源管理的内容更加丰富,管理方法和形式更加具有灵活性和创新性。

最后,跨国人力资源管理有助于企业形成自身的管理优势。企业国际化战略指导跨文化人力资源管理功能的实施,不同的企业战略,导致不同的经营管理行为,形成各具特色的人力资源管理偏好。例如中国海尔公司在走向国际化的"三部曲"中,企业经营战略就形成了不同的管理任务:本土化认知阶段、本土化扎根阶段、本土化名牌阶段,每一阶段都制定了相应的本地化人力资源战略,这些战略对海外企业的运营发展产生了深远的影响,也充分体现了海尔公司跨文化人力资源管理的侧重点,说明了跨国经营的市场战略和跨文化人力资源管理战略的密切关系(见表2.1)。只有实施有特色的跨文化人力资源管理和开发,才能达到为企业战略服务的目的。

表 2.1　　　　　　　　企业战略和跨文化人力资源管理偏好

市场战略	管理行为	HR 文化偏好
海外进入战略 产品市场狭窄稳定 探索和效率导向	内部稳定性 有限的环境侦察,集中化控制系统,标准化运作	外派员工 以母公司外派人员为主,基层管理者和员工本地化,重视技能培训、员工参与和忠诚
集中化战略 追求新市场 维持目前市场	弹性 严密和全面的规划 提供低成本独特产品	各国专业员工 以母公司专业人员为主,培养创造性员工 培训和引进,人才本地化

续表

市场战略	管理行为	HR文化偏好
探索者战略 持续寻求当地新市场 外部导向 产品市场创新者	不断改变性 广泛的环境侦察，分权控制系统，快速资源配置，非正式化组织结构	不需培训的各国人员 不承担员工技能的培训；只雇用具有岗位所需技能且能够立即工作的母国和当地员工，短期合同

1.4.2 满足利益群体的需求

跨国公司的生存和发展是以满足下列利益相关群体的需求为核心任务的：满足客户的需求，他们希望获得高质量的产品和服务；满足股东的需求，他们希望跨国投资能够得到回报；满足东道国政府的需求，它们希望促进本国本地区的经济发展，提高就业率；满足外派人员和东道国员工需求，他们希望获得有兴趣的工作、令人满意的报酬和个人成长的机会。跨文化人力资源管理作为跨国管理的重要组成部分，是以满足企业员工，包括总部外派人员和国外子公司东道国员工这一利益相关团体的需求来为企业国际化战略服务的。

图2.1以综合评价方式展示了评价跨文化人力资源管理绩效的各类指标，包括：衡量员工生产率的财务指标，衡量员工生产的产品与服务质量的客户满意度指标，衡量员工的工作知识和技能水平的内部业务指标，以及衡量员工创新与发展的学习指标。

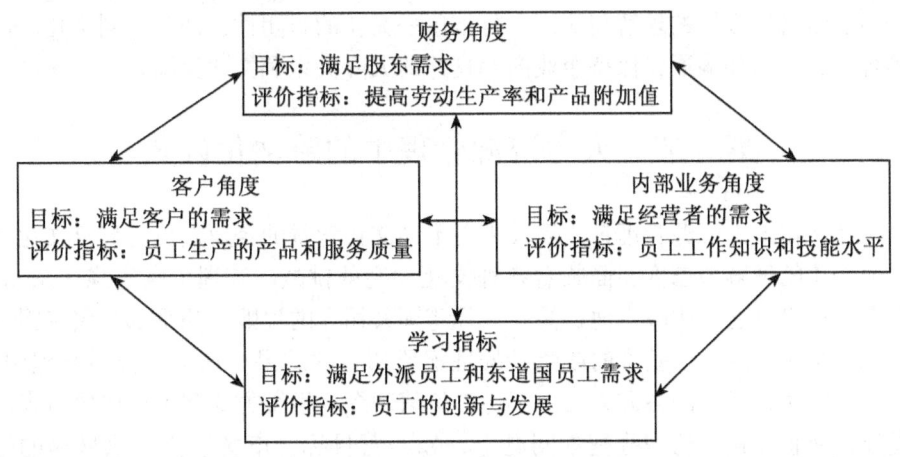

图2.1 跨文化人力资源管理绩效的综合评价

以学习指标为例，涉及跨文化培训与国际企业员工的职业发展。通过对东道国员工的跨文化人力资源培训，包含对文化的认识与敏感性训练、语言学习、跨文化沟通及冲突处理等各种方法，可以造就高质量国际管理、研发和生产服务人才。通过对总部外派人员的跨文化开发活动，可以帮助外派人员在跨文化环境中，由被动适应转向主动适应，提高个人工作业绩，从而减少外派失败。

跨文化人力资源管理就是通过满足来自不同文化背景的员工的需求，满足股东对国际企业价值增长的需求和客户对国际企业高质量产品和服务的需求。

1.4.3 减少冲突，加强合力

在跨国管理中，来自不同文化背景的员工由于文化差异以及其他原因，容易发生冲突，从而对跨国公司的管理和发展产生不利影响。跨文化人力资源管理的任务就是识别文化差异，发展文化认同，培养员工跨文化沟通理解的技能与技巧，从而减少冲突，加强组织的合力。

跨国企业内部冲突的形式是多种多样的，冲突涉及的人员既有跨国公司总部的外派人员，也有国外子公司的东道国人员。长期以来，传统人事管理的重点是解决发达国家跨国公司的外派人员的冲突问题，而对东道国员工在跨文化环境中产生的冲突问题则重视不够。

现代跨文化人力资源管理不但重视解决总部外派人员遇到的文化冲突问题，帮助外派人员迅速适应当地环境并发挥有效作用，而且也十分重视国外子公司东道国人员的文化冲突问题，认真分析各种冲突现象，从战略高度改进人事管理工作。跨文化人力资源管理通过促进外派人员和东道国本地员工对跨国公司经营管理方针的理解与认同，打破单一文化的封闭性，加强不同文化之间的合作、联系和沟通，保持企业内部良好的人际关系和文化氛围。

第二节 人力资源管理中的跨文化认知

跨文化人力资源管理首先涉及来自不同文化背景的企业人员对自身文化和其他文化的理解与态度，面临着各种文化冲突的挑战。管理学家戴维·A.利克斯就指出过这一挑战，他认为：大凡跨国公司大的失败，几乎都是仅仅因为忽视了文化差异——基本的或微妙的理解所招致的结果。在跨国公司管理中，来自不同文化背景的各方人员由于各自价值观念、思维方式和习惯作风带来的差异，在企业经营的一些基本问题上，如经营目标、市场选择、原材料的选用、管理方式、处事作风、作业安排、变革要求等，往往会有不同的理解，产生不同的态度，从而给国际企业的经营埋下危机。以文化为导向的人力资源管理侧重于人的认知,是建立在个体跨文化认知基础之上的管理,了解跨文化认知的各种特征有助于企业跨文化人力资源管理。

2.1 跨文化认知

所谓认知,是个体认识事物的方法和途径,是个体对外界信息刺激进行收集、组合、评价、接收的过程。认知模式是个体对事物的认识过程以及通过这个加工活动而形成的结构,这一结构反过来又对外部世界进行进一步的加工,并制约着个体的行为模式,跨文化认知是个体对其他文化信息的收集整合、评价和接收的过程。由于个体的已有的认知结构决定了个体对外界信息的选择和加工方式,因此也决定了他对其他文化的态度偏好,从而成为跨文化冲突产生的个体基础。

跨国公司是跨文化认知发生的环境,在这一环境中,伴随着个体对环境的不断熟悉及适应和认知水平不断提高,个体认知过程经历了从一般感知、文化震颤、文化碰撞、文化认识到文化认同和否认的过程(见图2.2)。

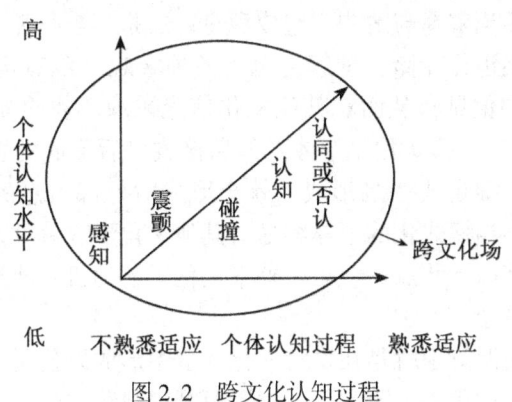

图 2.2 跨文化认知过程

2.1.1 跨文化认知率

跨文化认知率是个体对其他文化了解掌握的程度,通过计算企业跨文化管理中存在的相关文化知识的数量和员工对相关文化知识所掌握的数量之间的比例(见公式2-1),得出员工个体的跨文化认知率。

$$跨文化认知率(\%) = \frac{个体对跨文化知识认知数}{跨文化知识数} \times 100\%$$

或

$$Rc = Kc/K \quad (0 \leq Rc \leq 1) \tag{2-1}$$

其中：K——跨文化知识数，Rc——跨文化认知率，Kc——个体对跨文化知识认知数。

了解和掌握员工对其他文化的掌握程度是开展跨文化人力资源管理的基础，也是衡量跨文化人力资源管理水平的指标。通过跨文化认知率有助于了解企业员工在跨文化环境中认知的水平。例如，外派管理人员所掌握的有关部门东道国企业的组织结构层次、职务薪酬的知识信息和东道国企业自身组织结构层次和职务薪酬的知识信息之间是有差异的，二者之间的比例，反映了外派管理人员的跨文化认知水平，认知率越高，说明外派管理人员对信息的掌握水平越高，越有利于改善外派人员在实际管理工作中的态度和行为，从而提高工作业绩。

2.1.2 跨文化认知障碍

跨文化环境中，人们相互之间常常发生误解，这种误解主要是由跨文化的认知障碍造成的。所谓跨文化认知障碍是指对不同文化认知的偏差。跨文化的认知障碍有三种表现。一是不当解释，即基于自身利益和偏好而对其他文化信息进行的不符合实际情况的解释。特别是在相互信息封锁，没有沟通的情况下，很容易形成不当解释与猜测，造成敌意。二是不当归类。个体的认知模式对外信息通过分类进行存储和理解，由于各种客观（没有沟通渠道）和主观原因（已经形成的偏见）从而对其他文化信息采取不符合实际的分类。三是不当模式化（定式）。模式化是个体对信息接收以后形成的思维模式，即一种思维定式。这种思维定式一旦形成，就会形成对外部信息的自动化分类、归纳、判断。具有不当模式化的个体容易对其他文化形成偏见。导致跨文化认知障碍的原因主要有以下几点：缺乏对外来文化了解动机、缺乏相关知识、不正确的假设和文化自恋。

跨文化人力资源管理就是在多元文化环境中形成以公司价值观为核心的企业文化过程，这一过程中，跨文化人力资源管理与跨文化认知分不开，其中涉及的文化认知概念有：文化指认、文化反衬、文化区域和文化震颤。

2.2 跨文化反衬与跨文化指认

在多元文化背景下，管理首先是对文化的识别。所谓文化识别，也叫文化指认，是把自身文化作为参照系去衡量其他文化的特征；所谓文化反衬是指文化特征上的对照，通过对照指出其差异性和共同性。跨国经营人力资源管理的文化差异认知总是基于自身文化，这种差异知觉首先可能导致语言、行为等沟通上的障碍，接着会深化到经营理念、管理哲学和价值观念等深层次的问题上。

沙因在《企业文化与领导》一书中指出，文化就像一只透镜，通过它我们观察另一种文化。就像水包着鱼一样，文化扭曲着我们对世界的看法，也扭曲着世界对我们的看法。沙因认为：文化是一些基本假设所构成的模式，这些假设是由某个团体在探索解决对外部环境的适应和内部环境的适应问题过程中发现、创造和形成的。

通过沙因的阐述，我们发现，文化对个人来说是一种背景，在一种背景下生活的人们往往忽视它的存在。只有在其他文化的反衬下，自身文化的特点才容易被指认出来并加以研究，指出其异同。例如，A和B是两种不同的文化，在各自文化参量（维度）的衡量下，A文化和B文化具有不同的特征，并且显示出各自的差异程度，这种差异是在互相比较下发现的，是一种反衬。通过反衬，人们可以指认出不同文化的特点和差异。这种对不同文化变量的辨别，正是文化指认的主要作用，也是跨文化人力资源管理在认知上的基础。

2.3　跨文化区域

跨文化区域性是指包含不同文化撞击点和交汇点的范围。如图2.3所示，跨文化区域是一个包含多个可比较的文化体系的区域。在其区域内不同的文化体系由于受到各自经济、政治、社会、法律、习俗和语言等因素的影响，形成文化差异，造成文化的撞击和交汇。

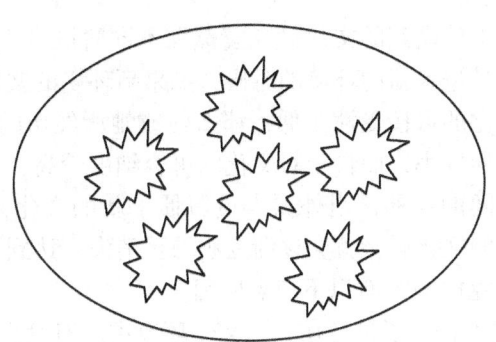

图2.3　包含不同文化撞击点的跨文化区域

从文化角度看，跨国公司是在不同的文化地域进行经营的国际企业，作为"一种多文化的机构"（Drucker，1974），公司内部必然会面临来自不同的文化体系的文化域的摩擦与碰撞。可以说跨国企业正坐落在一个"跨文化区域"中，即处在不同文化交汇与撞击的区域内。因此，企业在跨文化区域的经营要比在国内经营时复杂得多。

企业在进行跨国经营时具有不同的文化地域和背景的特征。在这个区域中，不同的文化体系以及相关联的经济、政治和社会等因素，是形成文化差异的根本原因。由于文化的演变是一种漫长而缓变的过程，这种文化差异对企业来讲，在一段时间内是不会消失的，并可保持稳定，因此势必会在企业员工中造成文化震颤和文化冲突。例如外派经理人员在进入东道国时心理上形成"文化休克震颤"（cultural shock）焦虑反应，以及东道国本地人员对外来文化的敌视，都是跨文化区域内部文化撞击点的反映，对企业跨国经营形成挑战。跨文化区域的存在是企业进行跨国经营所必须面对的现实，也是需要重视的问题，它是企业中文化差异与文化距离产生的基础，是国际企业跨文化冲突与困惑的真正发端，也是跨文化人力资源管理存在的基础原因。

2.4 跨文化震颤、冲突和融合

2.4.1 跨文化震颤

在跨文化区域的环境中，企业员工经常会发生心理上的"文化休克震颤"。"文化休克震颤"这个概念最早是由世界著名文化人类学家欧贝格（Kalvero Oberg）在1960年首先提出的。欧贝格把这一概念界定为"由于失去了自己熟悉的社会交往信号或符号，对于对方的社会符号不熟悉，而在心理上产生的深度焦虑症"。

跨国经营中员工感受到的文化休克震颤在不同阶段有不同的反应。例如，当母国公司外派人员进入新的环境的时候，如果新环境的文化多元性和差异性较大，而个体对文化的可接受性较低，那么他或她所经历的文化震颤就较大；相反，如果文化差异性小，而自身对文化的可容纳度较高，那么跨文化休克震颤就较小。随着时间的推移，当外派人员习惯了新的文化，对新环境逐渐适应，那么他所经历的文化震颤就会逐渐变小乃至消失，达到了文化认同阶段。

引发"文化休克震颤"有以下三点原因：

1. 在异国文化中丧失了自己在本国文化环境中原有社会角色的某些特点，造成社会角色模糊，情绪不稳定。例如习惯于命令式指挥的管理人员在另一文化中需要改变这一态度，从而在心理上产生抵触。

2. 价值观的矛盾和冲突。长时期形成的母文化价值观与异国文化中的一些价值观不和谐或相抵触，造成认知上无所适从。

3. 异国文化中，生活方式、生活习惯等方面的不同使得身处异乡的人难以适应，造成心理和行为上的不适应。

在跨国公司里，不仅是外派人员会产生"文化震颤"，而且配偶家属也会产生这一现象。由于外派经理或其家属的"文化震颤",不得不终止国外工作任务而回国的例子不胜枚举。这不仅给公司造成巨大经济损失和时间浪费,同时还给这些失败的外派经理心理和家庭造成创伤,摧毁了外派人员的职业发展期望,损害了外派人员的职业通道。同时,海外任职失败损失还会丢失业务机会,破坏组织内部的结构和运作,损坏与当地客户、当地企业,当地政府的关系,并最终损坏与东道国之间的关系。

2.4.2 跨文化冲突

在经济全球化的浪潮里,一方面人类趋向全球化的共性越来越高;另一方面保留各自原有文明的个性也越来越明显,跨文化人力资源管理面临着多种民族文化互相磨合和冲突的挑战。

文化冲突是文化的多元性、文化差异性和个体对文化的可接受性的产物,当人们到另一文化环境里去工作或定居时,会体验到不同程度的心理反应、撞击和震动,并作出判断,考虑是否接受新文化,如果既不理解也不接受,将会引起文化冲突。因此文化震颤对跨文化冲突有重大影响。由于文化冲突是文化多元性、文化差异性和个体对文化可接受性三种因素相互作用的产物,因此可以把文化因素和个体因素看成文化冲突的关系函数。一般说来,文化多元性和文化差异性越高,个体对不同文化可接受性越低,文化冲突的可能性就越大;反之则冲突可能性较小。

2.4.3 跨文化融合

跨文化融合是企业跨文化人力资源管理的基础。跨文化融合的基本前提有三个:一是规则的确认。规则的确认是指多元文化相互作用过程中各方对应遵守规则的指认,确定哪些应该改进,哪些应该扬弃,哪些应该提倡,哪些应该废除。规则的确认是跨文化融合的基础。二是理解。在规则确定之后需要相互理解,即多元文化之间的了解和认同。在文化融合过程中不应强调所谓对错、先进与落后的概念,而应把重点放在是否符合企业文化和企业规则,是否有利于现行企业发展的选择上。如果强调强势文化和弱势文化之分,在弱势文化背景下的员工可能会产生挫折感,并由此产生一些非理性行为,从而破坏融合。三是顺应,即对不符合企业发展,不符合文化融合的思维方式进行改革。顺应虽然指的是改变各方跨文化认知的模式,但是强调的是不论本土文化还是外来文化,不论是强势文化还是弱势文化,都不能强加于人,而应通过沟通、学习、理解和改革达到文化融合。

2.5 从单一文化到多元文化

在跨文化的区域中,不同文化的比例和影响力是不一样的。在相互影响交融中，形成了各种不同纯度的文化关系团体，这些文化关系依据纯度，依次排列为：单一文化团体、象征性点缀团体、两种文化团体和多元文化团体，见图2.4。

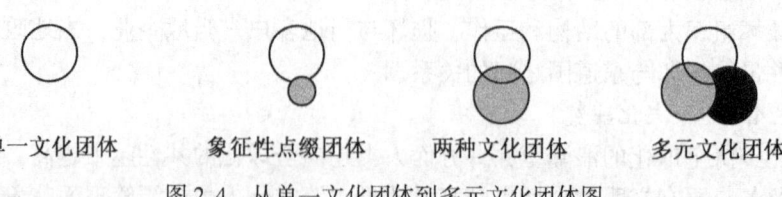

图2.4　从单一文化团体到多元文化团体图

如图所示，单一文化团体是一种单纯的文化圈，没有其他文化的夹杂。在经济全球化的今天，这种单纯的文化圈是越来越少了。第二种是象征性点缀的文化团体，这种文化团体的特点是企业中大文化占据主导地位，小文化可以生存，但是不能成为团体的主流文化。第三种是两种文化团体圈，反映了两种文化在数量上和地位上是对等的，不存在谁吃掉谁、谁居于主导地位的问题。多元文化团体则反映了超过两种文化的关系现状。无论是象征性点缀团体，两种文化团体还是多元文化团体，都可以通过相互影响、相互作用，逐渐形成既保持特有文化，又发展出新文化的团体。

在经济全球化形势下，从单一文化团体到多元文化团体，一种文化对另一种文化的进入是无法阻挡的潮流。企业在实施跨文化人力资源管理中应避免纠缠于原有文化的地位，而应着重建立属于自身的企业文化，这种文化是形成企业的核心价值观和员工认同的行为规范标准的总体，能够促进各种有效的制度建设，强化组织调控和平衡，并创造出属于自己的企业形象和品牌。

一项以中法合资企业为对象的调查研究发现，处于跨文化区域中的中国和法国员工作为东西方文化的代表，具有较大的差异（见图2.5）。在合资初期，双方在各个人力资源管理的目标上经常发生文化碰撞。然而，人们也发现该中法文化有许多相同之处。如图所示，在中国和法国的文化圈中，有重合的地方，即文化相似点。这些重合相似点的信息可以解读为以下内容："对等级、权威的积极关系，对良好的风度、社会礼仪和含蓄举止的重视，愿意回顾历史，或用引语表达意见，重视财产，节俭，资源匮乏，新教工作伦理和儒家的工作伦理的共同性"等。这些文化的相似点使合资企业能够更好地理解对方，使企业经营管理具有共同的基础。作为中法两种文化的共同体，反映了两种文化在数量上和地位上是对等的，不存在谁吃掉谁、谁居于主导地位的问题。

通过整合，各自企业文化既失去了自身一些特质，又从异质文化中吸收对等级、权威的积极关系，对良好的风度、社会礼仪和含蓄举止的重视，愿意回顾历史，或用引语表达意见，重视财产，节俭，资源匮乏，新教工作伦理和儒家的工作伦理的共同性

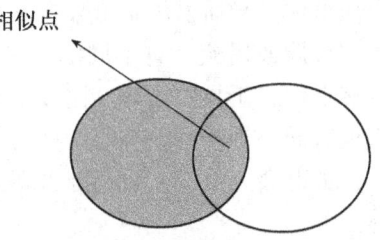

图 2.5　中法两种文化比较图

了新的元素，从而形成一种新的企业文化体系。新体系在价值目标、行为规范、人际关系氛围等方面都表现出新的特点。在跨文化环境中虽然人们期望没有一种文化可以居于主导地位，希望各个文化地位和作用也是平等的，但是实践中那些强势文化由于拥有较高的社会知名度，更能对其他文化产生较大的凝聚力和整合力。

2.6　同质群体和异质群体

企业员工的构成对企业经营管理产生复杂的影响，是跨文化人力资源管理首先要考虑的因素。国内企业基于本国、本地区的同一性，因而在特征上属于同质群体。构成同质群体的指标除了民族性、种族、性别和年龄以外，还可以包括教育、兴趣等其他多种指标。通过在本国、本地区招聘人才，继而采用与本国文化一致的选拔、绩效评估、培训和开发等人力资源管理方法，企业就形成某种程度的同质群体。外派人员的到来和公司总部战略的实施带来了多元文化，在对东道国本地员工这一同质群体进行跨文化管理的时候，外派人员经理就可能遇到各种文化震颤、沟通麻烦和心理对抗，从而对管理绩效产生影响。

同质群体对企业管理产生的影响是复杂的，既有积极影响的一面，又有消极影响的一面（表 2.2）。

表 2.2　　　　　　　　同质群体对企业管理的影响

项　目	积极影响	消极影响
工作绩效	潜在生产能力提高	融合困难，能量损失
内部关系	新的方法，尝试，换位思考	冲突的可能性
技术创新	借鉴学习，消除封锁	降低效率

在大多数跨国公司内部，员工构成不是来自同一个国家或同一地域，因而形成了异质群体。异质群体是由来自不同文化背景员工构成的人群集合体，他们来自不同种族或民族，有不同的语言、沟通方式与社会习俗。在跨国企业中，有许多群体属于异质群体。比如东道国企业的车间、部门的员工来自本地区，他们说着同一种语言，有同一种文化规范和相近的思维模式，但是职能部门的人员，如财会人员、人力资源管理人员则来自其他国家地区，因而形成了异质群体。

异质群体由于具有地域带来的民族、种族、语言、文化等差异，因而形成多元文化。异质群体对企业管理同样具有复杂的影响（见表2.3）。

表2.3　异质群体对企业管理的影响

项目	积极影响	消极影响
工作绩效	有提高竞争力的潜能	误解增加
内部关系	互补的关系	形成分裂小团体
技术创新	发挥特长，发现人才	封锁与垄断

跨国公司虽然是一个异质群体，但是内部也包含了小的同质群体，对企业管理产生了复杂的影响。跨文化人力资源管理要根据不同质的群体特征，采用有针对性的管理方式与人事政策，从而达到扬长避短、提高企业经营管理绩效的目的。

第三节　跨文化管理理论

从文化角度看，跨国公司是对来自不同地域、不同文化背景人员进行跨国管理所形成的国际企业，是"一种多文化的机构"（Drucker，1974），它必然会面临来自不同的文化体系的摩擦与碰撞。由于文化的演变是一种漫长的过程，这种文化差异对企业来讲，在一段时间内是不会消失的，而会长期存在。

对跨文化管理的研究已经有较长历史并形成了多个流派，以下三种流派对跨文化人力资源管理有较大的影响：一是文化维度流派，研究多种文化要素以及对管理的影响；二是个性特征流派，研究跨文化企业中个体的个性特征的影响；三是文化标准事件流派，研究跨文化企业中人员管理的各种行为以及文化冲突类型和程度。这三种流派形成了相应的研究系统：价值/文化系统（维度流派），特征/个性系统（个性特征流派）以及行为/社会系统（文化标准事件流派）。

3.1 文化维度理论

文化维度流派是以企业文化中的要素来研究跨文化管理的流派。主要代表人物有霍夫斯泰德、豪斯、霍尔、达蓬那和克拉科恩等人，其中霍夫斯泰德作为开创性人物，对本流派具有重大影响。

3.1.1 霍夫斯泰德

霍夫斯泰德（G. Hofstede）曾任荷兰文化协作研究所所长，他对文化差异的研究加深了人们对于世界各地工作的人员在组织心理上形成的差异的理解，并对跨文化人力资源的管理产生了重要影响。霍夫斯泰德认为文化是一个环境中的人的"共同的心理程序"（collective mental programming）或"精神的集体定义"。文化不是一种个体特征，而是具有相同的教育和生活经验的许多人所共有的心理程序。不同的群体、区域、国家，这种心理程序具有差别。不同的文化价值观是基于人们心理程序在多年的生活、工作、教育中形成的，因而具有不同的思维模式和行为方式。

霍夫斯泰德根据一个社会群体和另一个社会群体区别开的共有的要素，提出文化差异的重要假设，这些假设包括四个文化维度：权利距离，个人主义与集体主义取向，男性化与女性化，不确定性的规避，以后又增加了长期/短期取向性的变量。

所谓权力距离，是指权力在社会或组织中不平等分配的程度，例如社会差异和等级地位；不确定性的规避则指一个社会考虑自己利益时受到不确定的事件和模棱两可的环境威胁程度，是否通过正式的渠道来避免和控制不确定性，在组织中是否讲求正式关系和结构规则；个人主义与集体主义取向是指社会更加关注个人的利益还是关注集体的利益，例如是自我决定个人成长，还是依赖集体讲求和谐；而男性化与女性化则是指社会是否对男性特征，例如控制关系冲突行为、进攻、武断等进行赞赏，还是对其他女性特征进行欣赏，以及对男性和女性职能的界定等。霍夫斯泰德在跨文化管理研究领域做出了开创性的工作，对跨文化人力资源管理的研究方法产生了非常深远的影响。

3.1.2 其他流派

美国文化人类学家克拉科恩（1961年）从文化要素角度对跨文化进行了描述，提出了文化模式理论。他在对160个文化定义进行了广泛而深入的分析之后，认为："文化是由各种外显和内隐的行为模式构成的，这些行为模式是通过符号习得和传播的，它们构成了人类群体的独特成就，其中包括体现在人工制品方面的成就。文化的本质内核是由传统的（即历史衍生的和选择的）观点，尤其是其所附带的价值观构成的。文化体系从一方面来讲，可被视为进一步行动的制约因素。"克拉科恩认为，跨文化要素包括人性导向、人类导向、时间导向、行为导向和相对主义，这些要素涉及文化圈内成员的自我认识与自身所处环境的关系、不同文化背景的员工的价值结构、与他人关系中的态度（集体主义还是个人主义）以及对个人贡献的定义。在深层次的个人信念上，不同个体在时间导向上具有差异性（昨天/保守，今天/生活，明天/未来），在空间导向上也具有差异（公共生活重要还是私人生活重要）。

豪斯（House）等人认为跨文化的要素主要有绩效导向、未来导向、自信、人员导向、性别平等、权利距离、制度集体主义、团体集体主义、风险避免性等。

霍尔（Hall）等提出了时间要素、信息流要素、高结构关系/低结构关系、空间理论。

特姆朋纳（Trompenaars，1993）则把跨文化要素确定为地位、成就、归属、时间、情感性、特殊性、弥漫性等。

施瓦兹（Schwartz，1992）认为，文化要素包括自我表现导向、激励、快乐主义、成就、权力、安全、归属、传统、精神、仁爱和世界主义。

以上的表述虽然不同，但具有共同之处，都把文化看成是一种混合物，影响着团体以及与团体密切相关的事务。当社会成员行动时，所产生的行为仅限于社会成员认为合适范围和可接受的范围内，即文化的范围内，因而对其他文化圈内的行为产生好奇或抵触。

此外霍尔在1966年创造的"空间关系学"理论中提出的高关系文化（high-context cultures）和低关系文化（low-context cultures）观点也备受瞩目。霍尔认为，高关系文化犹如两个从小一块长大的个体之间的关系，二人密切交往使他们不用规章制度就可以取得各种工作效益，如日本企业中的文化关系；而低关系文化犹如两个律师在一间审判室里的关系，两个政治家起草一份文件的关系，是一种契约文化，如美国文化。在高关系的文化中，非言语和情景消息覆盖了原始含义，个人身份等级决定关系；而在低关系的文化中词语决定最初含义，非言语信息是第二位的，建立商业关系时的术语或规章制度是形成关系的基础，因而十分重要（见表2.4）。

当代跨文化研究流派的代表者之一是美国密执根大学商学院邓尼森（denison）教授，他从企业文化强势和弱势的基本评估进行研究，他和同事花费15年时间对大约1 000多个公司进行调查，在此基础上形成跨文化管理的研究模型，创建了邓尼森文化模式。该模式总结了企业文化的4种特性和12种企业

表 2.4　　　　　　　　　跨文化研究流派比较

豪　斯	霍夫斯泰德	特姆朋纳	霍　尔	施瓦兹	克拉科恩
以绩效为导向	长期期望和短期期望				行为导向
未来导向 人类导向		时间导向	时间导向	传统	时间导向
性别平等主义	男性化与女性化			仁爱主义	人性导向
权力距离	权力距离	社会地位/成就/归属		权力和成就	
集体主义	个人主义与集体主义	个人主义/集体主义		安全归属	关系导向
人类本质和关系		文化弥漫性和特殊性		一致性/广泛性	人类导向
风险规避	不确定性的规避		低关系环境/高关系环境	安全性	

管理实践。这 4 种特性是：企业对客户需求要求的理解程度以及对客户需求的反应和责任感；组织对未来的前景、任务、战略方向的清晰程度；每位员工是否积极参与，以帮助企业进步；企业价值观、制度和管理过程对企业愿景、目标任务和战略的支持等。12 种企业管理实践由外部因素和内部因素构成。外部因素包括创新改革、客户中心、组织学习、组织战略方向、组织目标和愿景。内部因素有：授权、组织开发能力、团队活动、核心价值观、人际关系、协调等。邓尼森认为企业文化不论是固有的还是外来的，对企业战略实施和企业绩效都具有举足轻重的意义。以上有关文化管理的理论有助于人们了解跨文化环境中个体的认知内容和认知方向，为解决跨文化冲突问题，促进跨文化融合，加强跨文化人力资源管理提供了思路。

3.2　个性特征理论

3.2.1　个性特征分析的意义

随着经济全球化，对文化变量的研究具有广泛的实践意义，企业管理中如果忽视文化对个性形成的作用，不仅仅是不合适宜，而且还会引起许多个体适应问题，导致国际企业的失败。在一个新的环境中，跨文化管理的重要任务就是帮助员工积极而非消极地适应不同的文化，这始终是跨国企业管理者要面对的挑战。只有通过跨文化学习，才可以开发出更有创造性、更有成效的管理方法。一项关于跨国公司员工行为的研究认为，员工的行为导向决定了跨国公司的工作风格和建设优秀团队的文化策略，因此调整和优化组织成员的行为十分重要。好的行为习惯，例如主动进取、友好合作、敬业、服务、谦虚低调、主导、结果导向、法制精神等是提高企业生产力的基础，跨国公司员工的工作习惯决定了生产率水平和企业的竞争力。

3.2.2 跨文化管理中的个性特征

所谓个性特征，是指个体独特的稳定的表现出来的心理特征。人的个性特征是其意识的反映。有关研究表明，在跨文化管理中个体的显性部分只有10%左右，主要是资历、教育、职务、工作经验、外表形象和行为特征，而个性却占了90%，包括了个体的思维方式，职业兴趣、价值取向、性格气质等。见图2.6。

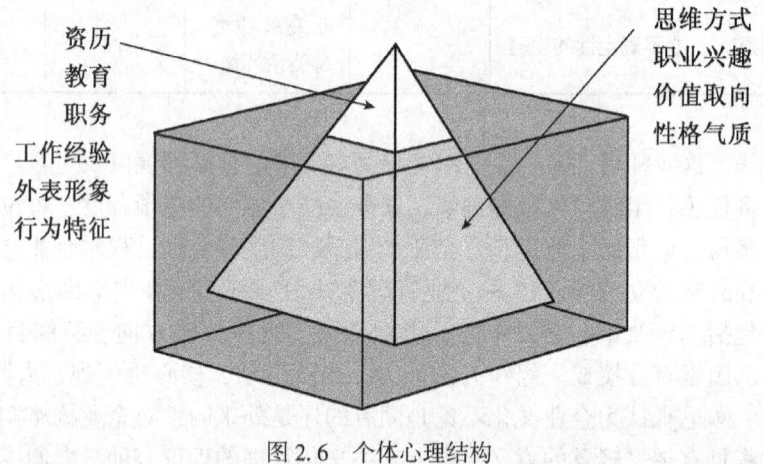

图2.6 个体心理结构

跨文化管理中员工的心理现象，主要表现在以下两个方面：一是个体对不同文化的认知模式、个体情感及其情感表达方式以及与新的文化环境交往过程中的个体意志过程。二是个体表现出来的心理活动的速度、强度和平衡度。

个体心理特征和跨文化环境的有机结合，影响了跨文化人力资源管理的效果。跨国管理中各种失败现象的发生，如公司总部人员外派工作的失败、东道国人员的冲突等，往往与人员心理特征具有联系。

跨文化环境和个体心理的联系主要体现在两个方面：首先是跨文化环境对个体个性的影响，包括环境对个体认知模式、解释方式、个人评价标准、个体之间相互理解的方式、交际过程等都产生了影响，使个性心理特征具有文化差异性，从而产生了个体文化适应性的问题。例如在母国公司总部显示出强势领导作风的管理人员在一个权利距离较小的文化环境中，就很可能遭受员工的反对，新环境不但要求管理者的工作方式必须改变，而且以个人心理特征为基础的个人行为方式也要改变。

其次，在同样的环境中，不同的个体表现出不同的反应。人们发现，最能适应跨文化环境的人员是那些个性上具有开放性、理解性和容忍性特征的人。例如，优秀的跨国公司管理者，在具体的管理过程中，总是能够较好地分析跨文化情境中的相关因素，根据来自不同文化背景员工的特点，提出人员管理的具体任务、目标，选择具有针对性的管理方式，建立解决问题的方案。优秀的管理者还能根据员工绩效表现，寻找管理的差距，加强薄弱环节，巩固已有的成效，真正地发展和完善跨文化管理的方法，提高绩效。

3.2.3 基于定式文化的个性特征偏好

对个性的研究来自个性特征变量。这些变量主要有：感觉、知觉、记忆偏好、思维模式、情感情绪、需要动机、信念信仰等。在跨文化管理中，关于个性因素有很多模型，当前应用得较多的是五大因素模型（five factor models; McCrae & Costa, 1997）。该理论认为世界范围内人的个性特征可以包括五大因素：神经质（neuroticism），外向性（extraversion），负责性（conscientiousness），和悦性（agreeableness）和开放性（openness）。

虽然五大特征概括了人的个性特征，但是不同地区和文化环境中的人员，对同一变量的解释和理解是不同的。例如在五大个性因素中，开放性和跨文化人力资源管理的联系最为密切，个体开放性特征具有以下六大要素：

新颖性——喜欢尝试新事物，能够面对新的挑战。

多样化——喜欢尝试不同的工作经验，能够用不同的方式处事。

多元化思考——能够从不同角度探讨问题。

艺术性——欣赏艺术作品和具有文艺气质的事物。

容忍度——能够接纳与自己背景和观点不同的人。

人际敏感性——对别人的感受能够体会，换位思考。

但是根据有关研究发现（香港大学张妙清等人）开放性特征在不同地区人员的心理反应上有所不同。亚洲企业员工，特别是华人对开放性的定义中，更加重视人际沟通和关系的层面。亚洲人认为，所谓开放的人是那些愿意接受与自己不同背景和思想的人,他们人际触觉比较敏锐,善解人意。他们认为,这些开放性特征,分别与其他个性特征结合,反映开放性的人愿意容纳别人。在亚洲人对开放性个性特征定义中,开放性有偏向人情世故的表现,而容纳性和人际取向的个性因素,亦分别包含开通的思想及敏锐触觉的成分。

在西方文化中,个人层面的开放性特征最重要,包括了对新事物的好奇、勇于创新、对文化艺术感兴趣、思维抽象及多层次。而且这些特征本身并非独立,而是与领导倾向、开拓性及外向性结合,反映赋有这些开放特征的人,通常都是善于交际、不怕冒险、愿出主意和勇于牵头带领别人。整体来说,西方个性中的开放性个性特征反映的是典型的领袖风范特征。

相关研究还认为中西方对同一文化变量具有不同的侧重,例如 McCrae & Costa 的五大因素中的开放性因素,着重个人的经验、思维、兴趣和感受。在西方文化中,这些个性特征,对个人的性格描述及行为的预测有其明显的作用。但在东方文化中,这些特征并非独立,而是配合其他个性特征才产生意义。开放性的概念除了个人层面的特征,更包括人际关系层面的特征。从东西方关于个性特征的研究可以看出,个体的个性特征具有文化的差异性,是基于定式的东西方文化个性特征的偏好产生的。

对不同国家和地区的个体个性特征及其类型进行归纳,可以帮助人们识别来自各个文化背景员工的跨文化差异性,深入到跨文化管理中的个体层面,增加人们对跨文化环境中不同管理方式对各国员工产生不同影响的理解,有利于提高人力资源管理的绩效。

3.3 关键文化事件理论和 Z 组织理论

3.3.1 关键文化事件理论

关键文化事件是指在特定的跨文化环境中形成的影响管理绩效的关键事件,例如合资双方的经营方向和人力资源的配置经常发生冲突,从而成为企业跨文化管理的关键事件。关键文化事件的内涵包括两个方面:一是关键文化事件是受到跨文化影响的关键事件,是特指在跨国公司跨文化环境中产生的关键事件。二是这些文化事件和管理绩效密切相关,文化事件影响了企业绩效。

文化事件理论主要研究重点包括:哪些因素影响了关键文化事件,企业管理中的关键文化事件的形成机制是什么,以及文化事件如何影响了企业的管理绩效。为此,关键文化事件理论从以下四个方面进行探讨:

首先,分析跨国公司中员工的价值观、文化标准和个性特征,以及它们和员工个体行为之间的联系,这些因素和因素之间的联系是关键文化事件产生的个体基础。

其次，分析跨国公司内部不同国家、民族的员工的文化价值观的差异，分析不同文化背景的员工评价关键文化事件的差异性，因为，多元文化对管理职能和员工业绩具有深刻的影响。

再次，分析在跨文化管理互动中，各国价值观和来自不同背景员工的行为之间是否有联系，如果有联系，并影响了企业业绩，就可以成为跨文化管理的关键文化事件。

最后，分析关键文化事件对管理绩效的影响和对跨国公司战略目标实现的意义。在跨文化管理中，需要制定一定的标准以便解释和评价关键文化事件的意义，评价关键文化事件对企业绩效产生的影响。

在企业管理中，关键事件是如何受到文化因素的影响而成为关键文化事件的呢？实践证明，首先应归因于企业核心文化的打造和释放功能。企业内部的文化知识可以产生出一定量的，通常是少数的、有价值的难以复制的资源，即核心文化；其次，应审查这些核心文化是否有助于开发来自不同文化背景的人员，强化了他们的学习，影响了他们对关键事件价值的判断；最后，关键文化事件是否促进了跨国公司内部的经验获得，从而提高员工的工作业绩。

表2.5列举了关键文化事件的形成基础和评价标准。

表2.5　　关键文化事件的形成基础和评价标准

关键事件	价值观	行为规范	评价标准
外派人员招聘选拔	母公司中心、多国中心、全球中心，公平/优先	外派人员的选拔标准	减少外派失败
本地人员招聘选拔	母公司中心、多国中心、全球中心，公平/优先	东道国人员的选拔招聘标准	员工平等感、降低人工成本、东道国政府的满意
外派人员薪酬体系	劳动价值体现	工资和津贴规定	激励、促进外派
本地人员薪酬体系	劳动价值体现	工资规定	需求满足、公平感

在跨国公司人力资源管理中，以关键文化事件和文化评价标准为基础，可

以建立起跨文化管理胜任力和工作业绩之间的相互关系。图2.7是一个跨文化管理胜任力和工作绩效关系的单一模型，从模型图中可以看到，文化标准和个体特征都是形成个体行为的基础，而个体行为又成为影响关键文化事件的重要因素。所以，要提高跨文化管理的绩效，需要分析跨国企业中各国员工的文化素质和文化规范，处理好个体和企业文化之间的关系，解决跨文化管理中的各种冲突，从而使关键文化事件有利于企业绩效的提高。

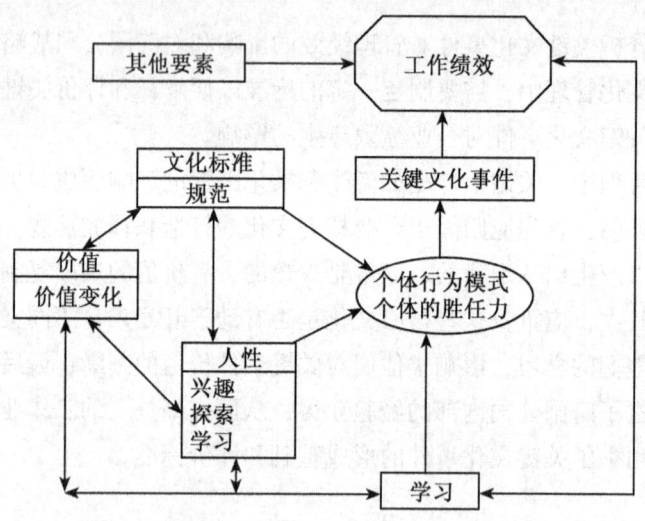

图2.7 跨文化管理胜任力和工作绩效关系模型

以胜任力和工作绩效关系单一模型为基础，综合模式图展示了更为复杂的跨文化管理能力和工作绩效之间的复杂关系，从图2.8可以看到，具有自身文化标准和规范的个体形成了其价值观和行为模式，在跨文化变革环境中，个体通过跨文化学习，在和其他文化背景员工的互动中形成行为模式，影响了关键文化事件，最终影响跨文化工作绩效，所以，只有通过跨文化学习和培训，才能够有效地提高跨文化管理的绩效。

根据关键文化事件理论，跨文化人力资源管理的业绩可以分成四个层次即四级水平：第一级是最高绩效，即管理者认识到多元文化的差异性和复杂性、各国人员的多元化，能公平地对待每一个员工；第二级是管理者能够和各国员工建立积极的关系；第三级是当企业决策影响到员工利益的时候，企业管理人员应该征求他们的意见；第四级是简单地对于出色的员工给予物质奖励的行为。见图2.9。

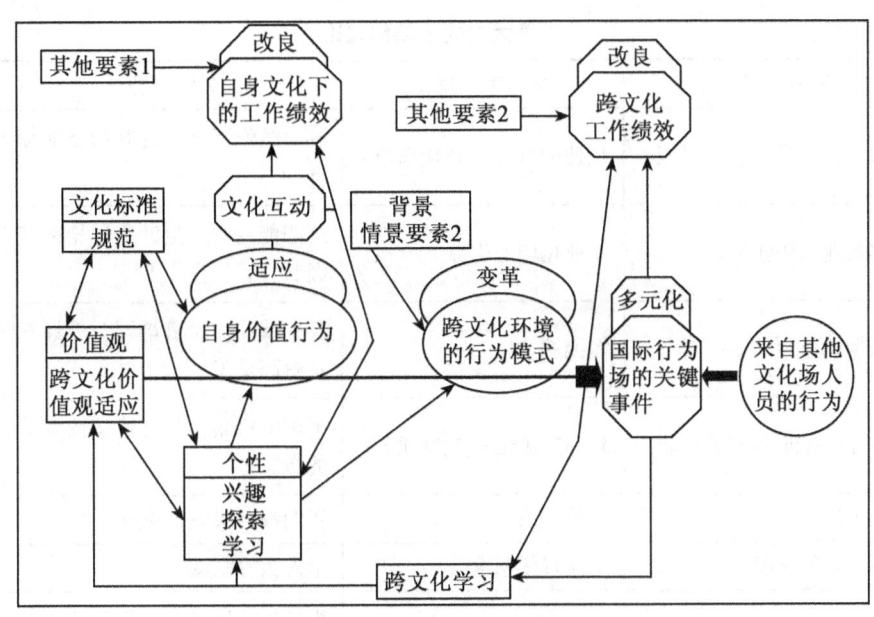

图 2.8 跨文化管理能力和绩效的综合模式

```
高 ↑    第一级：认识到文化的差异性，人员的多元化，公平地对待每一个员工
关键文化事件  第二级：和员工建立积极的关系
绩效考核层级  第三级：当企业决策影响到员工利益时，征求他们的意见
低 ↓    第四级：对于出色的员工给予物质奖励
```

图 2.9 跨文化人力资源管理评价标准

3.3.2 Z 组织理论

美国管理学家威廉大内，根据日本文化和美国文化的特点，总结出的 Z 组织理论（见表 2.6），集中涉及对现代企业管理的文化建设问题，对今天的跨文化人力资源管理的影响较大。

企业文化理论是人们对各种重要要素（包括文化、价值和心理因素）进行的一种整合，通过这种整合使企业形成一个独具个性化的管理模式，从而以文化的力量推动着企业的长期发展。日本企业的崛起，引起了人们对企业文化的兴趣，发现不同的企业文化对企业管理的影响是有差异的，当一国的文化与另一国的文化相互交融时就产生了跨文化管理问题。

表 2.6　　　　　　　　　　威廉大内的 Z 组织理论

日本组织特征	美国组织特征	Z 组织特征
缓慢的晋升（工作时间）	快速的晋升（技能绩效）	相对缓慢晋升，晋升和技能绩效挂钩
非专业化职业生涯	专业化职业生涯	跨职能的职业生涯通过轮岗获得经验
长期就业	短期就业	长期就业，大量培训，不景气时不解聘员工
内部控制机制（自我控制）	外部控制机制（制度建设）	平衡的机制，制度建设依赖员工的自觉
集体决策	个体决策	咨询参与决策，决策民主
集体责任制度	个体责任制度	个人负责制度
总体全面考虑	部分考虑	为员工总体考虑，而不是个别重要人物

资料来源：威廉大内.Z 组织理论：美国企业可以迎接日本挑战.1981

在一个拥有来自世界各国不同国度员工的跨文化企业里，人们对待事物的看法具有很大的差异，不同文化如同一个透镜，使人们看待的事物具有不同的颜色和形状。跨文化影响了人们信息加工的方式，影响了管理过程，对国际企业管理的功能产生极大的影响。在跨国公司中，一旦人们了解了文化的共性和差异，那么他们就能够很好地采取适当方式进行差异性处理。已有的研究表明，在一个多元文化的团队里，管理者和团队成员比单一文化团队的成员更加富有创造性和创新性。

跨文化管理是针对不同的国籍、阶级、历史和地理因素所造成的系统差异而进行的组织管理活动，这种活动能够提高工作绩效。跨文化管理和传统管理的差别表现在对人力资源的态度上。传统管理把来自母国的人力资源看成是最重要的，这一思维阻碍跨国经营管理的有效性；而实施跨文化管理的企业则能够从全球观点认识到人的重要性，而不论他来自哪一种文化背景。跨文化管理者通过寻找和实施适宜的管理方法使来自不同文化背景的员工感到自身的重要性，从而强化了国际企业的凝聚力。

小 结

　　跨文化人力资源管理的任务是为企业的战略服务,其管理的功能主要包括外派人员管理、人力资源本土化战略、跨文化培训与开发、跨文化冲突与沟通、跨文化劳动关系、跨国公司研发人才管理、企业并购活动中的人力资源管理、虚拟企业跨文化管理、对外直接投资企业人力资源管理,以及对投资输入企业人力资源管理。

　　经营环境的变化使文化对企业跨国经营具有根本影响,个体文化认知活动影响了企业人力资源管理行为,是理解跨文化人力资源管理行为的基础。

　　跨文化理论的三大流派从文化维度、个性特征和关键文化事件三个方面深入解释了跨文化管理的本质特征;以跨文化为导向的人力资源管理可以减少冲突,加强企业合力、凝聚力,从而提高企业竞争力,满足各个利益群体的需求,因此跨文化人力资源管理是跨国经营战略的重要组成部分,是国际企业经营成功的基础。

思 考 题

1. 跨文化人力资源管理的主要功能是什么?是否有助于提高企业经济效益,是如何提高的?
2. 如何评价价值观、个性特征、文化标准和行为的关系?
3. 什么是跨文化认知?跨文化认知在人力资源管理中的主要作用是什么?
4. 在跨文化环境中,个性特征和文化标准的相似性和差异性表现在哪些方面?
5. 在解释跨文化关键事件时,需要多少文化标准去评判?

第三章 外派人员管理（上）

学习概要
1. 人员外派和企业人力资源战略
2. 人员外派管理的过程和功能
3. 外派人员的选拔过程
4. 外派人员的跨文化震颤和文化适应性管理

跨国公司外派人员管理是跨文化人力资源管理的重要内容。由于总部和子公司的最重要联系是财务和人事，因此西方发达国家80%以上的大中型跨国公司都要选派人员到海外公司，以联系、控制和指导海外公司的人力资源管理。阿姆斯特丹外派人员协会 ORC 在 2004 年对世界各国企业外派人员进行了调查，被调查的 874 家跨国公司一共外派了 142 000 人，他们分布在世界各地，24 个产业中，公司总体外派人员数比上一年增加了 12%。其中美国公司外派人员数占 49%，欧洲和中东约占 23%，日本占 19%，亚太地区约占 9%。2002 年，26%的美国公司报告有外派人员，到了 2004 年已经增加到 49%。[①]随着经济全球化的加剧，外派人员也在不断增长。然而，外派人员的失败率也是非常高的，这极大地影响了公司的国际化战略。因此加强外派人员的管理，提高外派的效益，成为跨国公司经营战略的重要任务。

本书将外派人员管理分为两章。本章首先阐述外派人员的意义和作用，分析企业对外派人员的管理过程和管理原则，重点介绍了当前外派人员的选拔方法、过程和途径，以及外派人员在海外的跨文化适应过程以及相应的外派培训。

第一节 跨国公司人员外派战略

外派人员是企业经营国际化的产物，尤其是西方跨国公司，外派人员历史长，数量大。在发展中国家，企业国际化进程正在深入，越来越多的人员外派

---

① 阿姆斯特丹外派人员协会 2004 年调查报告。

到海外公司工作。由于外派人员往往是跨国公司经营战略的忠实执行者，对他们的管理也成为跨国公司人力资源管理的组成部分。

1.1 跨国公司人员外派的基本概念

根据员工的文化背景分类，跨国公司人员来源主要分为三类：母国人员、第三国人员和东道国人员。外派人员（expatriate）是指由跨国公司总部外派到海外公司工作并生活在东道国的非东道国人员。外派人员大致可以分为两类：一类是由公司总部派驻到子公司的母国人员，一类是母公司派驻子公司的第三国人员。已有的研究调查表明，80%以上的大中型跨国公司都要选派人员到海外子公司，将人员外派到海外公司工作已成为跨国公司国际化经营的主要途径，同时人员外派也是跨文化人力资源管理的重要内容。

1.1.1 企业国际化阶段和人员外派

外派人员管理是跨国公司人力资源管理的重要组成部分，是企业在不同国际化阶段，为实现企业经营战略目标而实施的重要人力资源战略。

当企业从国内阶段进入国际化经营阶段时，人力资源战略主要是母国中心战略，此时母公司大量外派人员赴海外公司工作，其目的一是保证母公司的经营战略可以在海外得到全面的执行，其次是由于在这一阶段中大多数东道国管理人员和技术专业人员在数量和质量上有所欠缺，母公司有必要外派管理人员、技术人员，以及其他人员进入海外分公司或子公司开展工作。

当公司进入多国经营阶段，实施多国中心战略，公司将逐渐减少外派人员，转而实施本地化战略，逐步启用当地人员。其目的是进一步开发当地市场，同时也是为了降低人力成本。

虽然跨国公司大批量使用外派人员，主要集中在公司开始实施国际化经营战略的初期阶段，但是在多国经营战略阶段和公司全球化阶段，外派人员的使用仍然是跨国公司完成其经营战略目标的重要途径，因此如何科学管理外派人员以保证企业经营战略目标的实现，是跨国公司人力资源管理的长期任务。表3.1列举了跨国公司发展阶段、公司经营战略和人力资源战略之间的关系。

表3.1　　　　　　　　　影响外派人员的主要因素

国际化阶段	总（母）公司战略	人力资源战略
国内生产阶段	产品技术和工艺，产品销售在高度专业化和有限的国内市场范围内进行	完全的国内战略

续表

国际化阶段	总（母）公司战略	人力资源战略
国际贸易阶段	国际市场很小，产品的独特性	母国人员对国外代理商只是偶尔进行商务访问，基本不外派人员
国际化经营阶段	国际市场扩大，生产职能向消费市场转移	民族中心战略，一般管理、技术转移和控制的目的，大量使用外派人员
多国经营阶段	产品标准化，生产转移到要素价格低廉的国家	多国中心战略，成本控制的目的，减少外派人员，外派人员比例和重要性相对下降
全球化经营阶段	在全球范围内获得产品创意、要素进行生产，最终产品生产和客户联系上强调当地市场	高层经理人员配置以全球为导向，选择最合适的人才担任最合适的职位，管理人员的国籍则逐步淡化

1.1.2 外派人员类型和组织分布

随着跨国公司战略转变和发展中国家经济发展人力资源的质量提升，外派人员的类型也在不断变化。20世纪80年代，跨国公司进入发展中国家主要是为了降低成本，外派人员大多是生产技术人员。但是进入21世纪，情况开始改变，发展中国家市场已经极富吸引力，越来越多的跨国公司把地区总部转移到发展中国家。根据HEWITT公司的一项报告，被调查的18家公司中只有一家公司承认转移是为了降低运营成本，而有17家公司说，他们把公司总部移到东道国是为了更好地参与当地市场竞争，更方便地接触客户和供应商，满足他们的需求。大多数跨国公司不再把有潜力的东道国看成是一个简单加工基地，而是一个极具吸引力的市场。

东道国地位的改变，也使跨国公司外派人员的类型上有了改变。从过去主要是生产管理人员、销售人员和一般直线部门管理人员，向销售顾问、研发人员、研发管理人员以及解决问题的专家类型转化。一项以中国上海外资企业为对象的调查发现，跨国公司的外派人员中，约有70%的岗位是管理岗位，而工程技术人员和研发人员也上升到15%。[1] 根据美中商业与贸易发展委员会发布的《在华外企人力资源状况分析调查报告》显示，大部分公司考虑聘用总部外派人员出任高层职位（如亚太区主管）、高科技职位及创作职位。这些调

---

[1] 中国日报（英文），2004年10月14日

查显示，跨国公司外派人员类型有了较大的变化，同时也说明外派人员在高层管理、方案决策、科技研发以及一些走在时尚前端的领域仍具有优势。

外派人员作为母公司派遣的母国人员和第三国人员，在分公司子公司发展的不同阶段、组织安排上各具特点。在国际化经营阶段，公司人力资源管理实施母国中心战略，因此跨国公司的海外公司组织层级中，高层领导多由母国人员担任，中层领导由第三国人员担任，而基层管理者多由东道国人员担任，见图3.1。当公司进入多国中心阶段，当地人员担任高级管理职务的情况变得较为普遍，高层领导者从单一的母国外派人员转变为母公司外派人员、第三国人员和本地人员担任。见表3.2。

表3.2　　　　　　跨文化人力资源战略和人员分布

组织分布	母国中心战略	多国中心战略
高层领导	母国人员	母国、第三国、东道国人员
中层管理者	第三国人员	第三国、东道国人员
基层管理者	东道国人员	东道国人员

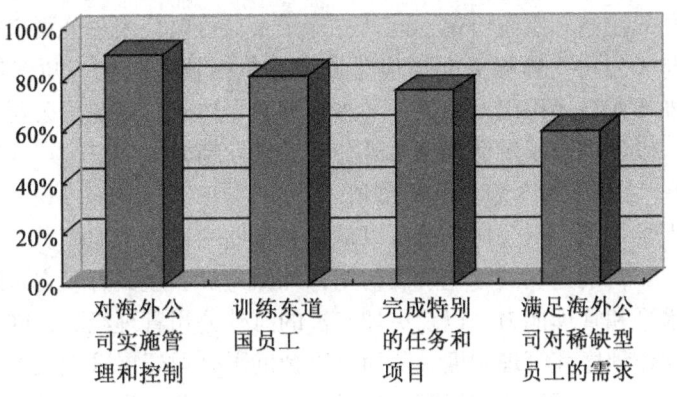

资源来源：2003年CIGNA国际企业外派人员调查
图3.1　跨国公司外派人员目的调查

1.2　跨国公司人员外派的意义

跨国公司在海外经营中赋予外派人员重要角色，是跨国经营的重要力量。一项调查说明，跨国公司选派驻外人员最重要的目的是通过外派人员忠实执行总公司的战略方针和政策，保证海外公司的管理实践与总公司的一致性；其次在于可以训练东道国人员，提高他们的水平；最后，通过外派人员能够完成特别的任务和项目，满足海外公司对稀缺型员工的需求，还可以开发员工职业生涯和降低外派人员管理成本，增加企业效益等。这些都充分显示了外派人员的重要性。总的来看，跨国公司外派人员的意义主要体现在以下六个方面：

1.2.1 有益于对海外公司实施掌控

跨国公司是否外派人员到海外工作是依据公司自身战略决定的，是企业战略的实施和组织控制的体现。对外派人员的招聘、选拔、劳动报酬、职业生涯规划等人力资源管理工作都和企业国际化经营阶段的层次以及企业国际化经营战略分不开。当跨国公司实施母公司战略的时候，外派人员是其最重要的经营手段，保证实施和母公司相同的计划，保证母公司的战略和管理方法、管理文化能够在分公司或子公司得到复制型的完成，使地域和文化上分散的公司经营活动能够得到有效的整合。当企业实施其他战略的时候，例如多国战略时，向海外公司外派人员同样也是非常重要的管理手段，母公司人员外派有助于母公司和海外公司的沟通合作，外派人员可以发挥纽带作用，通过组织、协调、控制等各种管理职能完成母公司战略目标和海外公司的战略目标，保证海外公司文化和总公司文化的一致性，使总公司和子公司可以进行更加紧密的合作，有益于母公司的控制和组织协调。此外，外派人员可以代表总公司来推动企业公关，以及与子公司业务相关的当地化发展，包括技术转化、知识创新和传播等。同时外派人员还可以对海外公司进行财务上监管，避免子公司发生隐匿不报等现象，以便准确了解和控管海外公司的经营绩效。

1.2.2 有益于对本地人员的培训

通过人员外派，母公司人员可以培训和帮助东道国当地人员，提高海外公司的竞争力。特别是在国际化阶段初期，外派人员一般具有较之东道国人员更高的技术水平和管理能力，以及更加丰富的海外公司管理经验，同时他们也熟悉公司的操作程序和管理制度，从而可以帮助子公司开展管理人才和技术人才的培训开发工作，帮助他们提高管理经验，熟悉业务，提高东道国人员素质才干，提高他们的管理水平。

由于培训和帮助本地人员对跨国经营具有非常重要的意义，许多跨国公司把对本地人员的培训帮助工作作为一项重要的考核外派人员工作的指标。

1.2.3 满足海外公司对稀缺型员工的需求

如果海外公司缺乏足以胜任工作的当地员工，外派人员还可以直接提供技术支持和经营管理的帮助。为了执行母公司的战略，海外公司需要一批具有跨国企业管理经验的高级管理人员，以补充东道国本土人才之不足。许多跨国公司认为，由于历史原因，外派人员一般具备更广阔的国际视野，管理水平也高一些，是海外公司十分需要的经营管理人才，所以满足海外公司对稀缺型员工的需求也是母公司外派人员的重要目的。

1.2.4 完成特别的任务和项目

海外分公司在经营中经常会面临各种重大的问题需要解决，例如重大财务问题、市场份额、与东道国政府的关系和冲突、企业技术创新、公司在海外市场扩张中如何支持客户关系等。外派人员一方面具有更高的水平，另一方面可以更明确地代表跨国公司母公司的意志，因此由外派人员完成某些特定的任务和项目是十分必要的。完成特别项目任务的外派人员常常被称为麻烦解决者。他们通常是某一方面的专才，对解决某类问题十分内行，由于这些专业人才经常到海外公司解决问题，因此也被称为国际商务的旅行者。

1.2.5 有益于企业收益保持和提高

外派人员对跨国经营之所以重要，还和企业的利润收益密切相关。人们发现外派人员质量和企业的收益密切相关。母国人员由于其在母国公司工作的历史背景，往往具有先进的经营管理和科研开发方法以及相关的工作经验，这些对于东道国分公司、子公司的发展，尤其是海外公司的初期发展十分重要。先进的管理理念和方法工具是保证海外企业取得良好效益的基础。高质量的外派人员是跨国公司提高海外收益的重要手段。

其次，外派人员的数量和企业的收益也具有一定的相关性。当外派人员数量在100人到500人之间时，跨国公司的海外收益是最高的，见表3.3。

表3.3　　　　　　　　**外派人员数量和企业海外收益的关系**

外派人员数量（人）	1~25	26~50	51~100	101~500	501~1 000	超过1 000
公司海外收益百分比	35%	38%	48%	49%	47%	47%

资料来源：Ilene L Dolins, Financial issues rank high in 1999 global trends survey, ACA News, Scottsdale: Sep. 1999, Vol. 42, Iss. 8; pp. 32, 4

高质量和合适数量的外派人员可以为企业带来高的经济收益；而低质量的外派人员则会导致外派失败，从而导致企业损失。外派人员失败导致的损失包括直接成本和间接成本：

外派人员失败的直接成本＝外派人员年工资奖金津贴补助等＋重置成本

外派人员的重置成本主要是指人员的重新配置所需要的重新选拔费用和重新安置费用，例如重新安排工作的地点、时间及培训等所需要花费的成本，以及由于汇率变化带来的成本。

外派人员失败的间接成本＝财务损失＋人力损失＋组织损失
　　　　　　　　　　＋客户损失＋公共关系损失

外派人员失败往往带来企业在财务上的损失，而人员配置失败又带来企业人力损失以及组织运作管理上的损失，这些是带来的管理上的故障所造成的成本。同时，由于外派人员失败所导致的离任，也会使相关的客户、企业公共关系受到影响。例如许多外派人员需要与东道国政府官员和关键客户建立关系，这一岗位上外派人员失败，将会导致市场份额的减少。

1.2.6 有利于母公司人力资源的配置

随着企业海外市场竞争的激烈，培养具有国际企业管理经验的高层次人才队伍，已成为跨国公司外派人员的重要动机。企业国际化战略需要懂得全球竞争、国际金融、客户服务、供应商、市场开发和跨文化管理的复合型人才，如果没有全球眼光、国际企业经营管理经验，企业管理者就难以做出有效的战略决策。越来越多的跨国公司向具有高潜质的人员提供多种形式的海外任职，把他们派遣到海外公司工作，经过一段时间的考验后，对有能力而且业绩突出者委以更加重要的职务，从而提升企业的经营管理能力。所以，人员外派不但是提高人员素质的重要途径，也是跨国公司选拔安置人员的重要方法。

对于员工自身，企业外派也是职业生涯发展的重要机会。通过在海外企业工作，外派人员可以获得海外工作经验，特别是了解当地市场、积累与当地人员共同工作的经验。通过在东道国的工作，把在总公司获得的工作管理的方法拿到国外去进行检验，掌握国际企业经营管理的手段和技巧，从而获取国际企业管理经验，提升自己在职业发展中的竞争力。

此外，人员外派还是一项有效的企业人力弹性调节方法。从母公司自身的人员配置来看，人员外派可以安置母公司闲置的人力，当企业人力成本高涨而不堪重负时，通过派遣员工到海外工作将母公司剩余人员进行安排，使人力资源配置困难得到一定程度的缓解。

当母公司的提升机会有限时，为了安排好干部的职务晋升和发展，外派人员也是一种好的组织人事调整办法，可以解决管理人员在母公司职业晋升难的问题。

1.2.7 外派人员的消极影响

跨国公司进行人员外派也可能带来负面的影响。首先，如果海外公司领导管理岗位自身十分有限，选派母国外派人员担任海外公司的经营管理职务可能影响东道国人员的职务晋升和工作经验的获取，使他们失去了锻炼的机会，从而限制东道国有潜力的企业管理人员的发展。而且，外派人员和东道国人员争夺领导岗位，常常是引起东道国人员不满，引发跨文化冲突的重要原因。

其次外派人员在海外经营管理经常会遇到跨文化的障碍，在有关东道国市场、东道国企业以及当地文化方面，都不如东道国本地人员了解情况，缺乏本地社会关系，从而有可能影响工作业绩，从而影响企业的经营绩效。

1.3 外派人员管理过程和管理职能

如何使外派人员管理取得成功是每一个跨国公司最重要的目标。了解外派人员管理的过程，提高外派人员的管理功能，是提高跨国公司人员外派的成功率的重要基础。

1.3.1 外派人员管理过程

人员外派的过程主要包括以下6个步骤，见图3.2。

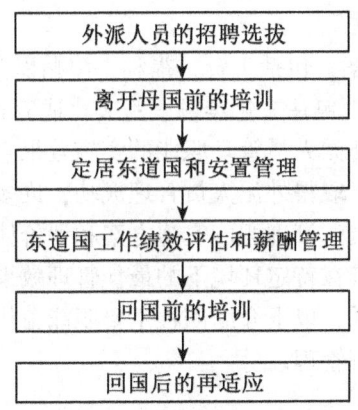

图3.2 外派人员管理过程示意图

第一，选拔招聘合适外派人员。外派是否成功和外派人员自身素质密切相关，要选拔那些了解和适合东道国文化，并且具有海外工作热情和工作能力的人员担任相应的职务。

第二，在外派人员离开祖国以前，积极认真地开展离开母国前的培训和开发，使外派人员做好相关的思想准备和物质准备，以减少出国以后的文化震颤和不适应。

第三，外派人员在离开母国以后，进行定居东道国的安置管理，包括住房安排、生活管理、工作熟悉、岗位适应等安置工作。

第四，外派人员海外工作的常规管理，重点是外派人员海外工作绩效评估、薪酬管理和劳动关系及劳动保护管理。

第五，外派人员准备回国前管理。重点开展外派人员返回祖国前的培训，帮助他们在重返母公司之间做好思想准备、技术准备和人事准备，以减少回国文化再震颤。

最后，外派人员回国后再适应管理。主要是帮助外派员工尽快熟悉适应新的环境，克服回母国以后在工作生活中所遇到的各种困难，进入新的角色。

1.3.2 外派人员管理职能

外派人员管理是企业人力资源管理的重要领域，主要包括以下几个方面：

1. 外派人员的配置，主要包括招聘、选拔、录用、调配、晋升、降职、转换等。

2. 外派人员培训与开发，主要包括出国前、出国后、回国前和回国后的培训，以及外派人员的潜能培训、职业生涯管理和组织学习。

3. 外派人员的绩效评估，主要包括外派人员考评的指标体系和考评标准的建立，考评的途径方法等。

4. 外派人员薪酬方案，包括工资、福利、津贴以及其他激励手段。

5. 外派人员的适应，包括文化震颤、跨文化适应和重返母国总公司。

在跨文化环境中，外派人员管理职能的实施效果直接影响外派人员的成功率。在管理实践中，为了取得外派人员管理成功，许多企业根据自身特点和利益需求制定了对外派人员的管理职能实施方案和评价体系，以提高对外派人员管理的工作业绩，达到其在特定环境下的最佳管理效果，并降低管理成本。人力资源管理职能相互联系，以下介绍四种主要职能工作：外派人员的选拔、培训开发、绩效评估和薪酬管理。

第二节 外派人员的选拔

挑选能胜任海外工作的外派人员是一件复杂的工作，也是成功外派人员管理的基础。选拔工作实际要解决的是以下几个问题：国外子公司需要什么样的外派人员？什么人员适合在跨文化的环境下开展工作？优秀外派人员的特征是什么？如何在现有的总部管理人员和专业技术人员中进行选拔？如何进行外派人员的招聘？

2.1 公司战略和外派人才类型

外派人员管理是跨文化人力资源管理的重要部分，选拔何种人员去海外工作与子公司对外派人员需求相关，反映了跨国公司不同国际化阶段中的经营管理战略对人才的要求。

当企业处于国内生产阶段时，产品技术和工艺成为管理者的战略中心，产品销售主要在高度专业化的和国内市场进行。此时，企业的国际市场很小，产品的独特性及缺乏竞争者的市场环境，使企业几乎可以忽视管理上文化差异的存在。公司的管理主要是对国外代理商的管理，偶尔进行商务访问，基本不需要外派人员。随着竞争者的加入，企业重心集中于扩大海外市场和提高产量，通过出口大量输出产品，企业开始步入国际化阶段。同时，随着海外市场培育成熟，企业逐渐将生产职能向消费市场转移，在这一阶段，改进生产手段和开拓国际市场，实现管理和技术职能的转移，并控制海外公司，成为企业重要的管理职能。为此公司开始大量使用具有母公司文化意识，具有生产管理能力和了解当地文化的外派人员，外派人员管理职能由此产生。当企业进入多国经营阶段时，产品市场的发展已进入成熟期，产品标准化使生产成本大幅度下降，市场竞争的加剧使得企业不断将生产转移到要素价格低廉的国家。文化差异在企业经营中的重要性下降。价格、生产成本和替代市场位置成为决定厂商选址的重要因素。跨国公司出于成本控制战略的考虑减少外派人员，转而大量使用东道国本地人员。此时，企业继续维持外派人员，虽然比例相对下降，但是对外派人员的类型要求随着多国市场的发展更加多样化，对外派人员的胜任力要求更高，例如解决问题专家、培训专家等。当企业进入全球经营阶段时，其战略导向是既要满足全球成本竞争的需要，又要区分当地市场需求的偏好与特性。这一阶段企业的经营目标是同时在生产、市场和价格等多个角度进行全球化竞争。企业经营管理中对市场差异化和员工全球化的共同关注，使得文化差异因素再次引起管理者的注意。企业从全球范围内获得产品创意，但在最终产品的生产和建立客户联系上则十分强调对当地市场的了解，因此外派人员和东道国人员同样受到重视。全球化为有潜质的管理人员提供了平等的成长和积累经验的机会，跨国公司海外分支机构的人员配置以全球为导向，注重于选择最合适的人才担任最合适的职位，而对他们的国籍和文化背景要求则逐步淡化。

表3.4　　　　　　　　　公司国际化过程和人才战略

公司特征	国内公司	国际公司	多国公司	跨国公司
主要方向	产品/服务	市场	价格	战略
战略	国内的	国外的	多国的	全球的
观察角度	本国的	母国的	多国的	全球的
跨文化经营对象	没有	海外客户	国际雇员	雇员和客户
跨文化敏感	不重要	较为重要	某种程度	至关重要
战略假设	一种方案	多种方案	成本最小的方案	多种方案同时采用
文化意识	本国文化意识	母公司文化意识	东道国文化意识	全球文化意识

根据表 3.4，海外公司需要什么样的人员是和跨国公司的发展阶段以及战略分不开的。在外派人员的需求类型上，应考虑对人才的文化意识需求。例如在国际化阶段，需要的是具有母公司文化意识的外派人员；在多国阶段需要的是具有东道国文化意识的外派人员；在全球化阶段，需要的是具有全球化意识的外派人员等。只有具有相应文化意识的外派人员，才能很好地完成公司在不同阶段的战略任务。

2.2 公司控股对外派人员的素质要求

企业在海外经营时，对海外企业的控制程度是不一样的。公司的所有制特征（独资企业或合资企业）对外派人员的素质和能力会产生一定影响，不同所有制的海外公司对外派人员素质要求也是不同的。

合资企业对外派人员的素质要求，和独资企业相比，要求更加全面。合资公司要求外派人员不但在经营管理技术专业方面要具有较强的能力，而且在文化沟通谈判方面也应具有很高的素质。这主要是因为合资企业和独资企业控股方面存在差异，因而外派人员在管理方面的权限也有所区别。在合资企业里，合资双方在经营管理权限上有着和自身控股权相当的权利，这种利益主体的多元化往往导致在利益分配上不可避免地存在着差异，企业经营管理容易产生矛盾。因此，为了企业目标的完成，合资双方需要不停地沟通和谈判，以解决经营管理方面存在的各种实质性利益冲突和文化性冲突。对合资企业外派人员来说，东道国政治文化敏感性、优秀的人际关系技巧、卓越的跨文化谈判能力，都是在经营管理时必不可少的条件，尤其在跨文化沟通谈判等方面，其能力上的要求高于对独资企业外派人员。

独资企业由于可以摆脱环境的限制而专心致志发展自己的优势，所以外派人员在文化敏感性、沟通谈判方面的要求一般可以低于合资公司，但是在管理职能以及本公司经营相关领域的知识方面，独资公司外派人员的能力则要求高于合资企业外派人员。见表 3.5。

表 3.5　　　　跨国公司所有制和外派人员能力的关系

能力要求 \ 企业所有制	外派人员的能力特点	国际独资企业	国际合资企业
1	对东道国文化敏感性	高	高
2	对东道国政府文化敏感性	低	高
3	人际技巧	低	高

续表

能力要求 \ 企业所有制	外派人员的能力特点	国际独资企业	国际合资企业
4	谈判讨价还价的技巧	中	高
5	企业家能力	高	高
6	领导技能	高	高
7	全球化经营知识	高	高
8	经营产业知识	高	高
9	公司相关的特定知识	中	低
10	管理功能领域的知识	高	中

资料来源：E. Bailey & O. Shenkar, Management Education for Intenational Joint Venture Managers, 领导和组织发展杂志, 1993 (4), pp. 15~20

2.3 外派人员选拔标准

制定外派人员选拔标准十分重要，它是外派人员海外工作是否成功的基础。制定科学合理的标准，选拔优秀的外派人员不但对企业具有积极的意义，也有利于外派人员获得重要的国际企业工作经验，使自己的职业生涯更加丰富。

制定选拔标准除了要考虑公司国际化过程和企业人力资源战略外，同时还要考虑人员自身的特征，例如年龄、教育（能力知识）、性别、健康、婚姻状况、社会适应性等，此外，不同类型外派目的对人员的管理、教育、家庭等要求也具有差异性，因此也影响了选拔标准。

综合起来看，外派人员成功职业因素可以作为确立选拔标准的基础。研究表明，制约外派人员职业成功的因素主要是：专业能力、交际能力、工作成就感、家庭状况及语言技巧等，因此这五项因素是有效选择外派人员的关键指标，见表3.6。

2.3.1 专业能力

专业能力主要包括完成外派工作任务应具有的技能与知识。外派人员不但应该具有相应的技术技能、特定管理技能、行政管理能力等，还应该熟悉东道国和母国工作特点和相应的跨国经营的常识。外派人员首先是某一方面的专家，具有保证外派人员成功的相应的专业技术知识和能力。专业技术知识是最普遍的选拔标准，但不是唯一标准。除专业知识以外，外派人员还应具有的基本知识包括：

国际管理知识：公司国际化的目标和步骤，跨国公司经营战略，如何在跨文化环境下识别机会和风险以及相应的反应方式，公司在跨文化环境中的组织结构和网络，以及国际金融市场的各种规则（如汇率）等。

东道国有关信息：东道国子公司工作程序、特点以及和母公司工作特点的异同，东道国企业组织结构、公司和东道国政府以及相关产业之间的关系，东道国的经济政策对公司运作的影响等。

2.3.2 交际能力

具有较强的交际能力是选拔外派人员的重要标准。在人际关系标准方面，主要包括：对差异和模糊的容忍性，文化移情，低的种族优越感，对东道国文化的兴趣，文化符号的知识，文化韧性。

2.3.3 工作成就感

在国际化动机方面，外派人员的成就使命感和职业道路一致，对海外工作有兴趣，对东道国的文化有兴趣，愿意理解和学习新伙伴的行为和态度，对当地社会符号具有深刻的理解力都是体现工作成就感的重要方面。国际环境较之国内环境更加复杂，不确定因素更多，因此更具有挑战性。富于工作成就感的人，对在国际环境工作更加有激情，对未来的困难更有面对的勇气和心理准备。

2.3.4 家庭

在家庭方面，要求外派人员的配偶的积极配合，尤其是长期外派人员，更需要家人愿意居住海外，并对外派人员的工作理解与支持。外派人员的配偶和家属自身也应该具有环境适应力，能在跨文化环境里保持稳定的家庭和婚姻状态，具有融入当地社会文化环境（外派人员圈和当地人员圈）的能力。

2.3.5 语言能力

在跨文化的环境中工作需要强大的有效的沟通能力，语言技巧作为沟通交际能力的基础是选拔外派人员的重要标准。特别是能够较好地掌握东道国语言，并具有非言语交流技巧，将可以大大增加海外工作的成功几率。

表3.6　　　　　　　　　　　成功外派人员的因素

专业能力	交际能力	工作成就感	家庭	语言能力
相应的技术技能；熟悉东道国和母国工作特点；特定管理技能；行政管理能力	对模糊的容忍性；行为具有弹性；非判断和武断的；较高的文化移情和较低的自我中心民族优越感；较高的人际关系技巧	具有成就使命感；和职业发展道路一致；对海外工作有兴趣，对东道国的文化有兴趣；愿意理解模仿新伙伴的行为和态度	愿意居住海外；对配偶的工作理解支持；具有环境适应性；稳定的婚姻状态	掌握东道国语言；非言语交流技巧；强大有效的沟通能力

资料来源：Ronen, S. 1989, *Training the International Assignee*. San Francisco: Goldstein

表 3.6 中展示的五条选拔标准和跨国公司人力资源战略互相关联，是最重要的选拔指标。此外外派人员的出国动机和个性特征，也是需要考虑的因素。

2.3.6 其他选拔条件

1. 外派人员的出国动机

出国动机影响外派人员出国以后的工作行为与工作绩效，因此，出国动机是否强烈也是制约外派人员成功的因素。受到各国文化价值观的影响，各国外派人员以及各种类型外派人员的出国动机具有差异性。见图 3.3。

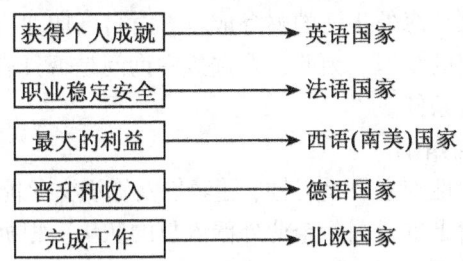

图 3.3　以语系划分地区的外派人员出国动机比较

此外，不同工作性质的外派人员工作动机也具有很大的差异，见表 3.7。

表 3.7　　　　　　　　不同工作类型外派人员出国动机比较

出国动机	人员类型		
	营销人员	技术人员	管理人员
工作经验获取和培训	2	1	1
工作挑战性	1	2	2
工作自治性	3	3	7
工资	4	4	4
晋升	5	6	5
了解外部世界	6	4	9
职业安全	10	10	2
友好的工作环境	8	8	8
充裕的个人时间	10	7	6
为企业做贡献	7	9	10

2. 外派人员的个性特征

具有积极的个性是外派人员成功的重要因素,例如对不确定性的容忍、具有幽默感、不怕失败、自信、强烈的自我成功感等都是成功外派人员必不可少的个性特征。因此积极的个性也应列为重要的选拔标准。

3. 外派人员的自我衡量

外派人员自身同样要对公司外派的国际任命进行思考和权衡。经过自我衡量的外派人员在海外公司工作时往往具有更坚实的基础和充分的准备。外派人员自身应考虑的问题主要有:海外工作时间长短,任命的工作地点,家庭的搬迁,配偶的职业生涯,海外生活的财务成本,对自己职业生涯影响,以及对海外公司的了解和相应的知识。因此,在选拔中询问是否具有充分的思考和准备可以作为重要的选拔条件。

4. 性别、年龄与婚姻

传统外派人员的性别主要是男性,随着妇女知识文化能力和社会地位的提高,越来越多的妇女走进了国际企业外派人员的队伍。根据美世咨询公司的调查,2005年,外派人员中的妇女已经从18%上升到35%。

从年龄特征上,外派人员的年龄大多是中青年,这时候他们已经积累了相当丰富的工作经验;年轻和充沛的精力使他们能更好地适应国际环境,迎接各种挑战。

什么样的年龄和婚姻状态特征更加适合外派人员?一项以美国国际企业为例的调查发现,外派人员年龄大多集中在中年,其中年龄在35岁以下的女性外派人员较之男性更多。婚姻状况上,已婚的外派人员比例超过未婚的,没有结婚的女性外派人员也比男性更多。约71%的外派人员没有小孩。见表3.8。

表3.8　　美国公司外派人员年龄、性别与婚姻状态统计

特　征	男　性	女　性
低于35岁	31%	57%
未婚的	14%	51%
没有孩子	33%	71%
外派经历不到3年	37%	58%

资料来源:美世咨询公司的调查(2005年)

综上所述,跨国公司选拔人员的标准多样,外派人员选拔标准既包括个体

自身因素,也包括家庭因素;既包括能力因素也包括情感价值观、信念等因素(见图3.4),外派人员选拔标准是综合性的,偏颇哪一面都是不合适的。

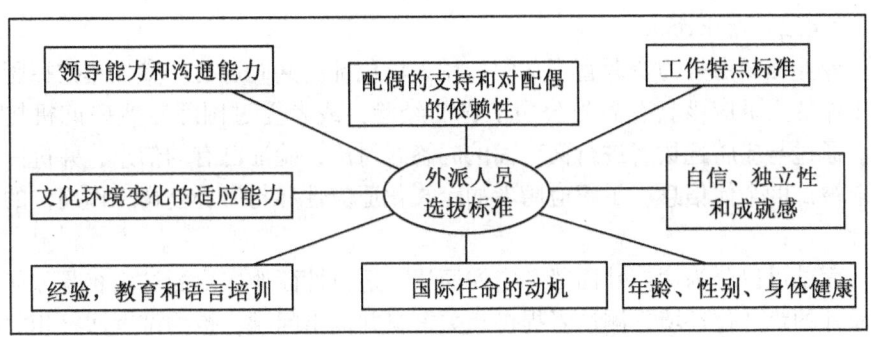

图 3.4 外派人员选拔标准

2.4 外派人员选拔测试方法

企业外派人员测试强调的是人员与岗位的匹配,只有采用科学的选拔测评方法才能保证人职匹配。同时,跨国公司的选拔测试应该具有针对性,主要选拔那些关系到企业海外发展的重要岗位的关键人员,例如高级管理人员和技术专家,这样的选拔测试方法才能保证企业寻找到合适的人选。

外派人员的选拔方法主要有六种:
1. 适应性和定向性面谈
2. 情景模拟
3. 档案背景了解
4. 个性测试
5. 能力测试
6. 兴趣测试

情景模拟和专业面试是两项最重要的外派人员测试方法,以下做重点介绍。

2.4.1 情景模拟

情景模拟测试是一项运用广泛的选拔方法,也是选拔外派人员的最典型方法。首先根据应聘者可能担任的职务,编制一套与该职务实际情况相仿的测试项目,制定工作适应性模型,根据模型考察人员的表现,从而确定外派人员是否具有适应能力。例如通过无领导的两小组合作完成指定工作任务练习,观察管理岗位应聘者的领导能力、领导欲望、组织能力、主动性、说服能力、口头表达能力、自信程度、沟通能力和人际交往能力。此外面谈也是一项考察员工如何适应海外的环境，向候选应聘者提供相关资料，消除他们的疑虑和解答相关问题的好方法。

2.4.2 专业面试

专业面试由人力资源管理部门和用人单位部门共同进行，参加选拔招聘面试工作的人员应该具有海外公司工作的经验，或者受过国际专业咨询机构培训。通过与应聘选拔者进行面对面的问答式讨论，验证已有的信息，并进一步获取被试的个体信息，了解应聘者的跨文化适应性和与海外公司工作岗位的匹配性。

面试可以分为适应性面谈和定向面谈。适应性面谈主要测试内容是如何适应海外的跨文化环境，测试者提供相关资料并提出问题，被测试者回答相关问题。工作定向面谈是选拔通过适应性面谈以后的应聘者测试，主要涉及被测试人员即将工作的海外分公司的工作情景因素，内容包括：海外工作岗位、工作内容、工作环境条件、公司可以提供的薪资报酬、福利津贴等社会保障，是一种双向式面谈。

在外派人员招聘过程中，每个程序和环节都应有标准化的运作规范和科学的选拔方法。应运用统一的方法进行测试。

大多数跨国公司对外派人员的测试只是针对少数关键人员进行，其原因是多种的。首先测试是昂贵的，通过测试来进行人才选拔，需要耗费较多的时间和较高的费用。其次，更为重要的是，仅仅依靠测试工具来选拔人才具有较大的风险，目前仍然缺乏好的测试工具，特别是有针对性的、效度和信度较高的工具。如果对国外工作绩效考核缺乏好的测量工具，那么有针对性的选拔人才也不具有预测的可靠性，因此完全依靠测试来选拔人才被认为是过于武断，任何一种测试方法都并非是最好的选拔工具，跨国公司对外派人员的测试选拔应十分慎重。

2.5 外派人员选拔过程

外派人员选拔过程一般经过七个步骤，如图3.5所示。首先通过自荐和推荐，提出外派人员候选人名单。然后，由人力资源部门和相关的管理职能部门对候选人进行初次面试，确定初次面试合格人员的名单。第三步是对初试合格候选人进行书面测试，同时对他们的工作绩效、工作表现等背景资料进行调查了解。第四步是决定第二次筛选合格的外派候选人员名单。第五步是对外派候选人员进行深度面试，包括适应性面谈和定向性面谈。第六步，最终确定外派人员的正式名单。

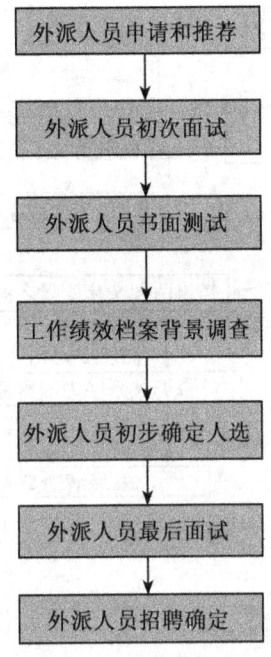

图 3.5 外派人员招聘过程

外派人员的招聘过程中，各种方法综合运用，可以提高招聘的可靠性和有效性。

在招聘过程中，要认真权衡应聘者个性品质与工作能力的关系。高素质的外派人员一般都具备优秀的个性品质与良好的工作能力。前者是经过长期教育、环境熏陶和遗传因素影响的结果，包含了个体的学习能力、行为习惯、适应性、工作主动性等；后者通过职业培训、经验积累而获得，如专项工作技能、管理能力、沟通能力等。两者互为因果。

外派人员的工作经验也直接影响公司海外经营效果，因此还要重视背景调查，确定应聘者过去经历与将来发展的关系。例如个体在以往经历中，对待成功与失败的态度和行为，对其将来的海外工作成就具有正面或负面的影响。因此，分析其过去经历中所表现出的行为，能够预测和判断其未来的发展。

科学的招聘选拔程序是提高招聘选拔测试的信度和效度的重要基础，如何在众多的候选人中挑选出符合公司战略要求的外派人员是一个困难的问题，需要从多个角度考虑。为此在招聘选拔测试过程中进行正确的决策十分重要。图3.6是选拔决策流程图，提供了选拔合适人才时进行决策的具体思路。

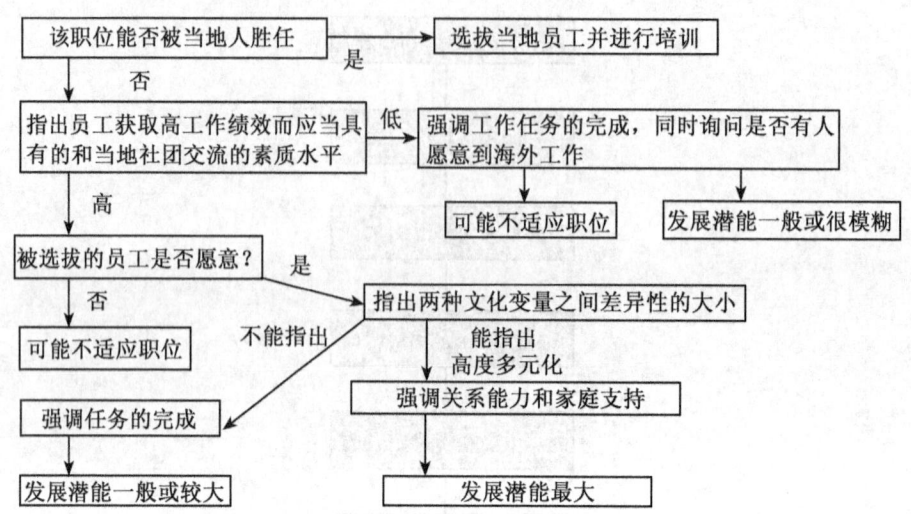

资料来源：Carl Rodrigues. 国际人力资源管理——跨文化方法. South-Westen College 公司，2001

图 3.6　外派人员选拔决策流程图

2.6　外派时间管理

2.6.1　外派时间和文化融合

跨国公司外派时间可分为短期、中期和长期。短期一般指一年以内，中期指一至二年，长期指二年以上，大多数跨国公司对外派人员的任命为两年。时间的长短对外派人员的适应程度有明显的影响。图 3.7 是不同外派时间长短对外派人员文化融合的影响。

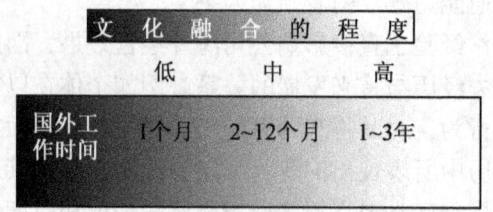

图 3.7　外派时间和文化融合的相关性

随着国际化的深入，跨国公司外派任命变得更加普遍。一般而言，外派人员工作在海外时间越久，文化融合的程度越高。实践表明长期外派有助于外派人员对当地社会的了解和融入，同时外派人员在东道国工作也更加有成效。

随着短期外派的增加，如何加深短期外派人员的文化融入受到人们的关注。企业可以通过某些特殊培训与开发，以利于加深短期外派人员对东道国的了解。例如将有关东道国知识局限在与外派工作密切相关的方面，而不是普遍的泛泛了解；或是通过指定东道国本地人员进行教练式指导来促进短期外派人员的文化融入。

外派人员的时间和文化融入问题逐渐受到跨国公司的关注。人们发现，外派时间管理对外派成功和节约成本有着重要影响。公司国际化经营中不但需要实施长期外派策略，也需要实施短期外派策略。时间管理有利于提高短期外派人员的成功率，是实施外派人员管理战略的重要方法。

2.6.2 短期外派

短期外派是指到海外公司工作一年以内时间的外派。由于大多数跨国公司人员外派时间是一年以上，因此短期外派也被称为非标准外派。进入 21 世纪，越来越多的跨国公司采取短期外派形式。根据有关人力资源咨询公司的调查，在欧美大约有 39% 的公司采用短期外派人员的方法，24% 的公司减少了长期外派人员任命，近 60% 的跨国公司表示将增加本公司短期外派人员的任命。

跨国公司制定长期外派战略还是短期外派战略，这二者的动机和结果是各不相同的。一般来说长期外派有利于外派人员的跨文化融入和东道国关系的长期建立，从而容易带来外派成功。短期外派在时间上、文化融入和建立关系上并不占有优势。但是在其他方面，短期外派占有优势，主要体现在以下三个方面：

1. 降低外派人员津贴成本

任用短期外派人员可以节省大量的开支。随着越来越多的跨国经营企业把降低外派人员成本看成是一项提高企业竞争力的有效措施，短期外派正在成为外派人员管理的主要方式。一项调查表明，大多数实施短期外派的公司表示，减少人员成本是增加短期人员外派的主要动机。

从人工成本角度看，跨国公司对外派人员的各种财务津贴和补助费用是非常高的，但是很多公司并没有认真对待这一问题，导致公司外派人员成本居高不下。英国管理学家 Chris Brewster 发现，在英国顶级跨国公司中，大多数公司并不清楚外派人员的费用占到公司总体人工费用的多少，许多人力资源管理部门对外派人员长期任命国外的花费不甚了了，对短期任命的成本费用也一无所知，而这些顶级公司的外派人员的时间期限多为长期，至少一年以上。

虽然跨国公司已经认识到长期外派是导致公司人力直接成本上升的主要原

因，但是如果采取直接削减长期外派人员财务津贴的措施，则要冒员工反对和降低外派质量的风险。只有减少长期外派人员数量，增加短期外派人员才能真正降低企业人工成本。以美国杜尔公司为例，该公司是一家不断成长的跨国公司，需要大量外派人员。长期以来公司对外派人员的财务补助达到了每天150美元到200美元，如果继续大量外派长期海外工作人员，巨大的补助金额从成本角度是不可行的，为此公司大力推行短期外派方法，多年来坚持实施短期外派人员的战略。杜尔公司人力资源部的外派人员管理小组咨询经理发现，杜尔公司短期外派人员所节省的开支可以占到长期人员外派开支的10%，这对于一个有6 500名员工的企业来说，是一项非常具有吸引力的措施。

2. 避免外派人员家庭长期分离

如果外派人员的配偶和家庭由于种种原因不愿意到海外工作生活，长期人员外派还会导致家庭的长期分离，虽然可以通过探亲假期解决一部分问题，但是外派人员的生活和工作绩效还是会受到较大的影响。短期外派可以避免这一问题，特别是3个月以内的外派时间对家庭成员的影响可以降到最低。通过减少外派人员和家庭的分离，有助于提高员工士气。

3. 减少外派人员家庭搬迁成本

对于许多公司而言，实施长期外派，就意味着不但要将外派人员的整个家庭成员搬迁到一个新的环境里，而且需要进行各种家庭设施的重新配置，同时，公司不但要付出员工移居海外工作时高昂的搬家费用，而且还要付出整个家庭回国时的重新安置费用。实施短期人员外派则可以免于大规模的搬家，不但减少了公司外派人员管理成本，而且也节约了家庭重新安置费用。

虽然任用短期外派人员可节省大量的人工成本，但是节约成本并不是公司唯一的目的。因此长期外派还是短期外派应该视公司的战略而定。例如不少公司在某些工作岗位仍然积极采用任命长期外派人员的方法，其目的是有利于加深公司某些关键领域的文化融合度，这些工作岗位包括海外市场开发、针对海外市场的技术研发和公共关系等。这些工作岗位的特点是需要外派人员长期融入东道国当地社会，只有熟悉当地文化，积累当地工作经验和关系，才能够达到工作绩效标准，实现跨国经营的目标。

第三节 外派人员的适应过程

对外派人员进入新环境的管理是人力资源管理中的重要组成部分。一项对跨国公司的调查发现，有大约60%的外派员工对新环境感到愉快与适应，但也有40%的外派人员在两年内就因不适应而提前回国。这些提前回国的外派人员不但对跨国公司造成了重置成本损失、商业关系的损失以及其他经营管理损失，而且对外派人员个人自身职业生涯发展来说也是一个危机。

3.1 文化适应阶段与文化适应感

外派人员文化适应阶段大致可以持续3到6个月，在这一时期，外派人员一天一天地感知到跨文化差异，感受到了不同文化带来的震颤，以及对工作、学习、生活产生的压力，并且努力地适应东道国环境。在文化适应阶段，外派人员需要不断调整自我，同时需要总公司和海外公司的支持与帮助。

外派人员文化适应阶段和外派人员文化适应感密切相关。外派人员的文化适应感是指个体对新环境文化适应过程中的感知认同和相应的情感反应。外派人员的文化适应感在不同阶段具有不同的反应。

外派人员的文化适应感包括两个方面：一是对外部环境的认知过程，二是对新环境的情感过程。这两个过程虽然几乎同时发生，但主要是前者影响后者。

3.1.1 新环境的认知过程

外派人员的认知过程分为7个阶段，见图3.8。

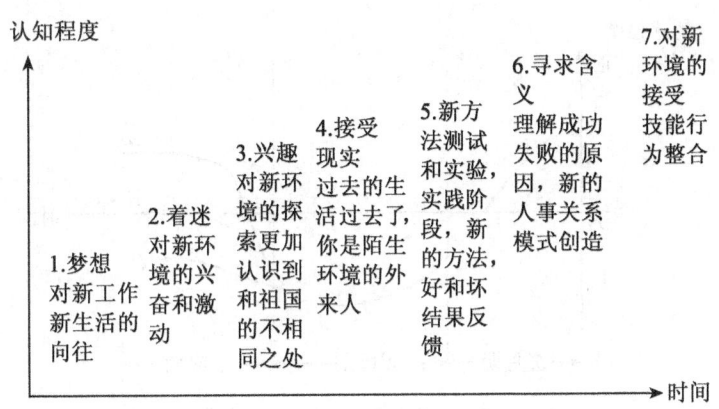

图3.8 外派人员文化认知过程示意图

1. 梦想期。外派人员刚进入东道国的第一个阶段，对新环境充满憧憬，对新工作和新生活十分向往。认为这是自己一次新的发展机会，充满了自信，有着愉快的心情。这一阶段一般会持续几天到几周。

2. 着迷期。外派人员往往会被新鲜、有趣的事物所吸引，对新环境感到兴奋和激动。

3. 失望期。外派人员逐渐发现新环境的"不好地方",因各种文化冲突而遭受打击。例如发现在日常工作和生活中自己无法理解当地人的工作观念和生活习惯,怀念本土的文化,并造成身心紧张不安,甚至情感失常。

4. 接受期。随着外派人员逐渐了解环境及特征,开始重新审视自己在组织中的社会地位和工作行为,并逐渐理解新环境、新文化。

5. 新方法期。外派人员在新环境中,通过不断练习和结果反馈,检验自己新的工作方法和手段的适用性。

6. 寻求含义期。外派人员逐渐了解环境中好的和不良的行为方式,能总结导致工作成功、失败的原因,并逐渐建立新的人事关系。

7. 新环境接受期。个体的技能行为和环境已经结合,并对环境产生了积极的能动作用。

3.1.2 对新环境的情感过程

外派人员的适应过程既是对外部环境的认识过程,也是个体对外部环境接受喜爱的情感过程。见图3.9。该图表示跨文化适应的U形曲线,即外派人员的文化适应过程也是情感适应融合过程。基于个体自身要素和外部环境要素两者之间的互动,个体的情感适应可出现三种结果。

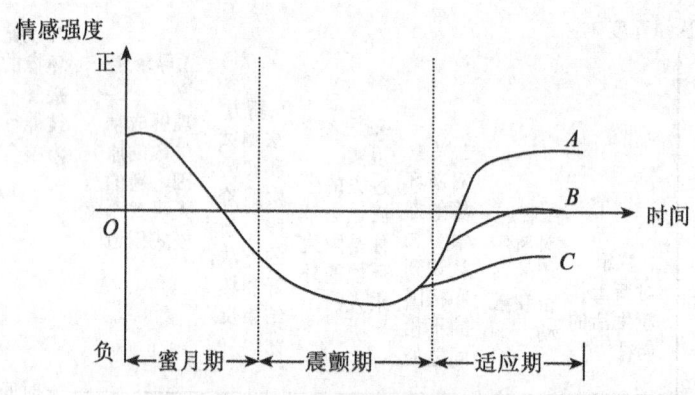

图3.9 跨文化震颤和情感适应曲线

适应曲线A表示外派人员对环境的积极情感反应结果。外派人员在经历一段时间的烦躁不安和孤独后,慢慢找出两种文化之间在细节方面的差别,在工作和生活中理解了当地人们的生活习惯、行为方式、价值取向、审美情趣、道德习俗、思维方式等,外派人员对环境逐渐接受,例如对工作环境的规则已经认同,对生活环境习俗已经习惯,逐渐形成一定的交际圈,拥有了一定的社会资本。外派人员的工作技能行为与新环境逐渐整合。不但对陌生环境的焦虑感已经消失，而且完全适应了当地环境，具有积极的情感。

适应曲线 B，表示个体对外部环境的适应情况没有大的改观，基本保持初期的情感态度。适应曲线 C 表示外派人员没有达到环境适应的情感要求，他们依然觉得自己无法理解当地人的想法及习惯，焦虑感等负面情感不但没有消失，反而较初期更加强烈。

3.2 影响外派人员适应的因素

外派人员在新环境中工作，不适应是经常遇到的问题。所谓不适应是指个体在新环境中的认知障碍和情感障碍所引起的适应性问题。有关研究显示，外派人员进入海外公司的 3~6 个月，由于适应性问题导致的生产率下降为 37.5%。外派人员因适应性问题而提前回国的现象也比较普遍。欧美跨国公司有 28% 的外派员工不到两年就因为不适应而提前回国。此外有 60% 的外派人员回国后感到心理震颤和工作的不适应。

多种因素造成了跨国公司外派人员的不适应：家庭成员的不适应、生活条件与习惯的不适应、对新的工作环境的不适应、外派人员同新的工作岗位之间不匹配、糟糕的工作业绩、其他更有吸引力的工作晋升机遇、商业事件以及公司的信誉不良等。在这些不利的因素中，有 80% 来自于家庭和个人原因。

不同国家跨国公司外派人员的不适应原因具有差异性。以美日跨国公司做比较，美国公司外派人员失败的主要原因依次排列为：

1. 配偶没有适应能力；
2. 管理者本人没有新环境的适应力；
3. 个性和感情不成熟；
4. 没有管理海外大型跨国公司的经验；
5. 缺乏处理相关技术问题的能力。

而日本公司失败的原因的排序上和美国跨国公司不同：

1. 没有管理海外大型企业的能力；
2. 对新环境感到适应困难；
3. 人事问题和情感问题；
4. 缺乏处理相关技术问题的能力；
5. 配偶缺乏适应能力。

综合起来看，消除人员外派失败主要从以下五个方面进行：首先克服外派人员适应性心理障碍，其次提高家庭配偶的适应能力以及对外派工作的理解和支持，三是提高外派人员工作能力，包括经营管理能力，积累掌管国际企业的经验；四是强化外派人员职业生涯动机，最后是加大总部对外派人员的支持和帮助。

3.2.1 外派人员的心理障碍

跨文化适应是个体心理对东道国环境中各要素感受到的舒适程度（Black & Gregersen，1991：680）。外派人员不熟悉当地人员的习俗、文化和工作习惯导致心理障碍的产生。

外派人员心理障碍主要是适应问题，分为两种：一种是外派人员对东道国环境没有能力适应，因而感到困难；另一种是不愿意适应，从而导致了外派的失败。研究表明，如果没有在新环境的适应能力和对新工作的热爱，以及开朗的性格，要在海外工作就有失败的可能。例如某些公司内部的成员，由于在选拔竞争中没有获得相应的晋升职位，公司就将这些具有不合适个性的人员外派到海外公司工作，从而增加了外派失败的风险。

3.2.2 配偶的适应和支持

由于外派，配偶的生活和事业以及外派人员的家庭生活都受到影响，这些都会影响外派人员的工作，造成失败。例如在家庭搬迁中，大量繁琐的工作往往由外派人员的配偶完成，这增加了他们（她们）生活的负担。同时由于伴随外派人员到海外工作，也使配偶远离了他们（她们）已经熟悉的工作环境和生活环境，不得不面对陌生的未来。由于各种条件的限制，外派人员的配偶在东道国找到工作的机会非常小，同时子女教育问题也会引起配偶的不满。随着人们对外派人员配偶和家庭作用的认识日益深刻，越来越多的跨国公司把为争取外派人员配偶支持所花费的成本也看成是一项卓有成效的投资。

3.2.3 国际企业管理能力

许多外派人员到海外工作后，才发现和在母公司工作有很大的区别。由于没有相关的工作经验，缺乏工作能力，外派人员在海外工作常常遇到很大的困难，甚至工作任务难以完成。外派人员缺乏工作能力和经验还可能在同事中失去威信尊严，丧失自信并造成心理负担，影响了今后的晋升提拔。

和外派人员工作能力相关的是外派人员在海外工作类型，工作不一样，难度也不一样。对海外工作类型的难度进行的比较发现，外派工作任务的难度具有差异性，其中市场营销工作难度最大，其次是研发工作，第三才是生产管理工作，见图3.10。不同的工作难度要求不同工作人员具有完成任务的相应能力。

加强外派人员管理能力和其他经营能力的培训，意义重大。培训不但可以提升企业利润，降低管理成本，减少损失，使企业跨国经营能够持续稳定地增长，同时也培养企业人才，增强外派人员管理能力，提高企业的经济效益，满足相关利益者，包括外派人员、企业股东、客户的需求。

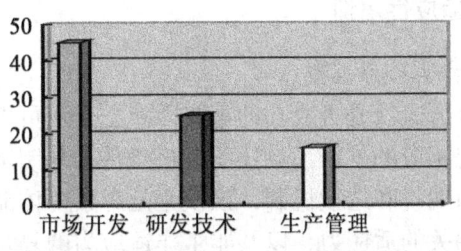

图 3.10 外派人员工作难度比较图

3.2.4 职业发展动机

随着跨国公司全球业务的展开，对具有国际经验的外派人员的需求也在增长，具备国际经验已经成为员工职业发展的一大优势，或者是必备条件。越来越多的员工怀有十分强烈的外派工作的职业动机，他们主动寻求公司外派的任命，努力用外派经历增加自己职业生涯的筹码。员工的工作动机也提升了外派成功的几率。为此，公司可以将外派经历和员工的职业生涯发展联系起来，从而强化员工的海外工作动机。

3.2.5 总部的支持与帮助

外派人员能否成功度过适应期，除了需要自身的努力外，公司的帮助也十分重要。为了帮助外派人员成功度过适应期，人力资源管理部门需要做好以下工作，见表 3.9。

表 3.9 人力资源管理部门的任务

序号	人力资源管理部门的工作任务	重要性（按照重要性的百分比排列）
1	选拔优秀的外派人员	32%
2	对外派人员的职业生涯进行规划的技巧	26%
3	外派任务和管理目标的沟通	24%
4	选拔任命的准备工作	20%
5	对外派人员的指导监控工作	17%
6	跨文化培训	10%
7	发展和扩大内部沟通网络	7%
8	对外派人员工作的赞赏	6%
9	网上文化培训	5%
10	要求分公司总部对外派人员予以支持	4%
11	其他	

资料来源：Andrea Poe, Selection Savvy, *HRMagazine* 47, No. 4 (April 2002)：77-83

3.3 外派人员适应性培训

3.3.1 外派人员适应力模型

适应力是预见外派人员是否成功的重要因素。企业可以根据海外经营的特点和经营战略,确定相应的外派人员任职资格条件,并制定适应力模型。适应力模型的基础是组织期望和选拔机制,该模型是考察个体能力、角色能力、组织文化力等与工作相关的适应力,以及非工作适应力的复合型要素模型。工作适应性和非工作适应性都是构成适应力模型的重要因素。通过对外派人员工作适应性、交互适应性和一般适应性因素的考察,可以了解个体在跨文化环境中的适应性(见图3.11),推测个体在未来外派工作中成功的可能性。

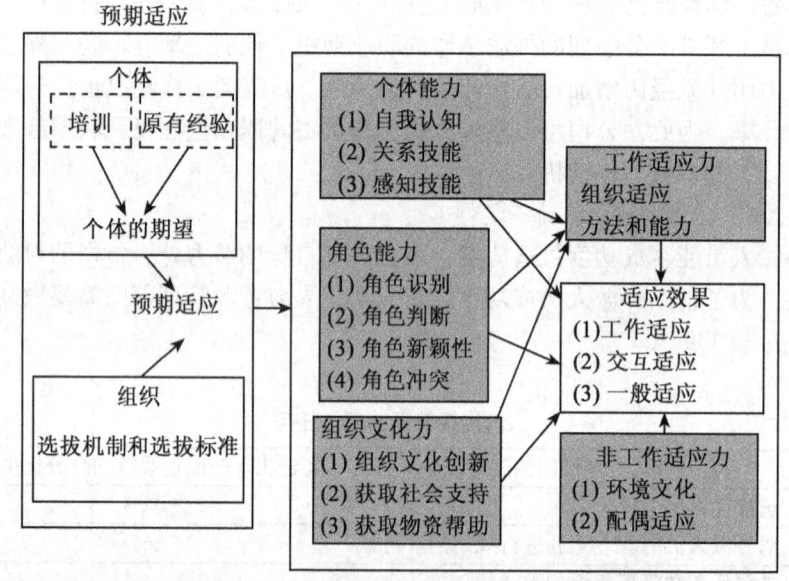

资料来源:根据 Adolef Johan 的外派人员国际适应力模型改编

图 3.11 外派人员适应模型图

3.3.2 外派人员适应性培训方法

外派人员适应性培训方法主要有三种(见图3.12)。一是实际投入式培训,包括评价中心、现场工作情景、模拟、敏感性训练和高级语言训练等。二是情感培训方法。如同化培训、初级语言培训、角色扮演、事件评价、案例分析、减少压力、中级语言培训。三是信息教授培训方法,主要包括:部门业务介绍;电影书籍、翻译培训、初级语言培训等。关于外派人员的培训可以参照本书后面相关章节对外派人员的培训方法进行更加详细的分析和介绍。

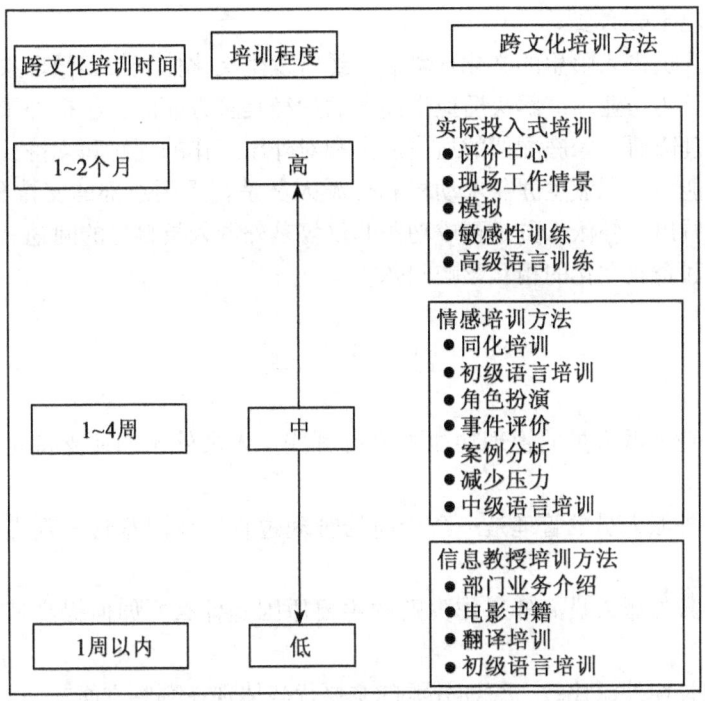

图 3.12　外派人员培训方法

小　　结

企业为什么外派人员，从根本上说，是为了更好地控制海外公司，这不但有利于母公司的组织控制，减少子公司的分离倾向和无视母公司利益的做法，而且有益于组织战略的实施，通过对来自总公司的人员配置，企业的总体效益可以得到长期的保持。但是大量外派人员特别是大量外派长期人员，也会带来一定的负面影响，主要是人员成本居高不下、家庭的分离以及本地人员的不满。为此减少长期外派人员，增加短期外派人员实施时间管理，被认为是一项降低成本的有效措施。

如何提高外派人员的成功率是另一项难题。搞好外派人员的选拔，有助于从源头上解决问题。和选拔国内管理人员相比，选拔外派人员更加困难。制定合适的选拔标准是一项重要的任务，外派人员选拔标准是一个多要素的构成框架，其中个体自身因素十分重要，包括能力要素、工作要素和情感动机要素等都是衡量外派人员素质的标准。此外家庭也是外派是否成功的因素，对家庭成员的考察也十分必要。

外派人员进入陌生的文化环境后，经常发生文化休克或震颤现象，影响外派人员的行为与业绩。解决适应性问题的途径是多方面的，包括外派人员克服适应性心理障碍、家庭配偶的适应能力和对外派工作的理解和支持、外派人员自身工作能力、职业生涯需求动机和外派人员是否得到总部的支持和帮助等。由此可以看出，外派人员是否成功并非仅仅是外派人员自身的问题，而且也是企业管理和企业文化的相互影响问题。

思 考 题

1. 企业外派人员的管理功能主要有哪些？人员外派如何支持企业的国际化战略？
2. 对外派人员的管理是一个全面的管理过程，你同意这一观点吗？为什么？
3. 导致外派人员海外工作失败的主要原因是什么？如何提高外派人员的成功率？
4. 和长期外派比较，短期外派的主要优势体现在哪些方面？
5. 什么是跨文化震颤？它是如何影响外派人员的？
6. 如何解决外派人员的适应性问题？

第四章 外派人员管理（下）

学习概要
1. 外派人员绩效考评的意义和基础
2. 外派人员绩效考评的方法途径
3. 绩效考评的指标体系和影响考评的因素
4. 外派人员薪酬管理的方案构成
5. 外派劳务人员管理
6. 外派人员回国管理

外派人员管理的重要目标是如何保证海外的分公司和子公司贯彻企业发展长远战略，提高组织绩效，外派人员绩效管理是跨国公司对其战略目标实现过程进行控制的一种重要机制。绩效评估可以了解外派人员完成工作目标的情况，包括成绩、差距和困难；建立和保持跨国公司总部和外派人员之间的沟通渠道，改善上下级关系。绩效管理还可以表达公司对外派人员的工作要求和发展期望；获取外派人员对公司管理的理解和支持，获得他们对工作以及对企业的看法、要求和建议等信息。由于国际经营环境的复杂性，外派人员总是对职业发展担心，所以，通过绩效考评还可以确定和指导外派人员在组织中发展未来的工作目标。

和绩效考评相互联系的是员工的薪资报酬。薪酬方案的设计和实施应体现企业的跨文化人力资源战略特征，努力提高工资效益，有效的薪酬管理对组织和外派人员都具有重要的意义。

回到母公司工作对许多外派人员来说，既是回家梦想的实现，也是新挑战的开始。如何适应回国后的环境，顺利完成新的工作任务是回国外派人员面临的挑战。

本章将重点阐述外派人员绩效管理主要内涵，讨论外派人员薪酬方案的设计和实施过程，并介绍如何对外派人员的回国活动进行管理。

第一节 外派人员绩效管理

1.1 外派人员绩效管理任务

外派人员的工作绩效，直接影响了海外公司的业绩。由于面临着复杂的组织结构和跨文化问题，外派人员的绩效管理更加具有风险性。例如对外派高级管理人员的考评工作，通常由母公司或总部的相关部门进行，这刺激了外派人员更注重和总部的关系而不是海外公司的关系，从而可能导致外派人员和海外公司的分离，以及工作业绩的下降。与国内公司绩效管理相比，跨国公司对外派人员的绩效管理受到跨文化环境因素的影响，涉及海外公司管理层的认可和本地员工的认同问题，是更具有挑战性的工作。

外派人员绩效管理是一个复杂的系统工作，包含了评估系统的构造、考评指标体系的建立以及对外派人员的考评途径的设计等。

1.1.1 建立科学的评估系统

在跨文化环境中，外派人员的绩效评估比国内员工的绩效评估更加复杂和困难。绩效评估工作涉及经济利益、文化差异和外派人员海外工作定位等问题，建立科学评估系统十分重要。

外派人员绩效评估系统涵盖多项指标，包括考评的时间、考评标准、考评地点、考评的过程、考评者和被考评的外派人员，以及信息储存和发送、考评的方法手段等。

评估体系的设计受到公司战略、核心竞争力和人力资源政策以及经营环境的影响，见图4.1。

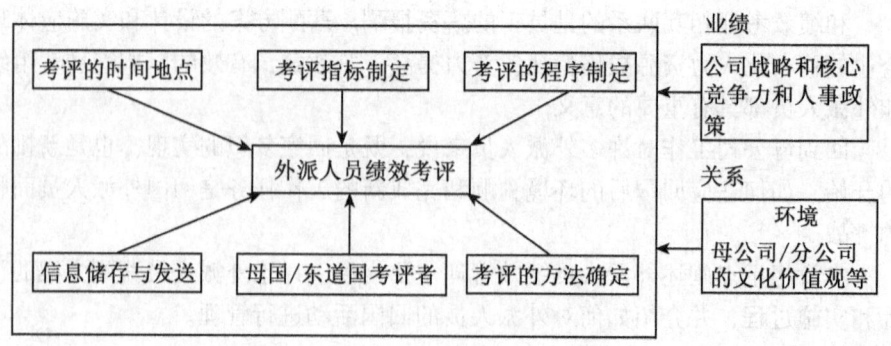

图 4.1 外派人员绩效考评系统

外派人员绩效评估系统中最重要的元素是建立科学的评估指标体系。所谓科学的评估指标应是指符合海外公司实际情况的、先进合理的考评指标。将外派人员绩效评估目标定位在能改善和提高海外公司经营业绩的领域，有利于在设计外派人员的绩效评估体系时，充分地考虑绩效考评标准，而清晰准确的绩效标准是加强外派人员管理和提高外派人员工作业绩的基础。跨国公司在建立评估指标体系和相应标准时，要考虑绩效考评体系是否能够符合海外公司经营环境、指标是否明确有效、方案是否容易实施、绩效评估是否促进海外公司的核心竞争力的不断增长等一系列问题。如何从工作中发现适合的指标，建立合适的评价标准，并对员工效率效益进行持续评价是外派人员绩效管理需要解决的重要问题。

跨文化绩效管理系统的另一个问题是如何有重点地进行评估，而不是面面俱到地平均进行。对跨国公司外派人员进行有重点的绩效考评具有重要意义，能降低考评成本，提高考评效果，帮助外派人员和海外公司保持核心竞争力，是考评工作和企业战略一致性的体现。

处理好与东道国人员的关系对绩效管理也十分重要。对外派人员的绩效评估必然涉及东道国人员，这之间的关系十分密切。绩效评估也是一个跨文化的沟通过程，东道国人员的评估意见是重要信息来源，是对外派人员工作业绩和工作表现做出全面客观评估的基础。

1.1.2 认真实施考评过程

外派人员考核是对其在海外公司的工作目标完成以及个人能力发展所进行的评估，考核程序以上级主管、同事和下属的评价为主，外派人员自评为辅。

首先，人力资源部制定外派人员的绩效评估表，该表根据海外公司本年度绩效指标体系来制定，同时也要分析外派人员特定岗位责任，最终形成员工绩效评估表。绩效评估过程涉及人力资源管理其他功能的应注明，包括海外分公司经营管理战略、外派人员工作岗位分析、海外工作目标的确立、评估资料信息的收集和整理，以及其他基础管理目标。人力资源部制定外派人员工作绩效调查表并下发到和外派人员有工作联系的部门和个体，要求外派人员的上级、下属、同事和有工作联系的人员对其工作业绩和工作行为进行评价，评估结束后，各评估者将评估结果反馈给公司人力资源部，以保证对外派人员的绩效管理建立在整体性人力资源管理功能的基础之上。见图 4.2。

跨国公司通过建立具有规模性和高度专业性的绩效管理系统，将评估指标与评估标准要素渗透到企业经营各个环节的渠道，通过信息的收集、处理和分析关键的业绩资料，达到绩效管理目标，并为企业经营战略决策提供重要的依据。强有力的资料处理能力，是实施"科学、客观、公正"的外派人员评估过程的重要基础。

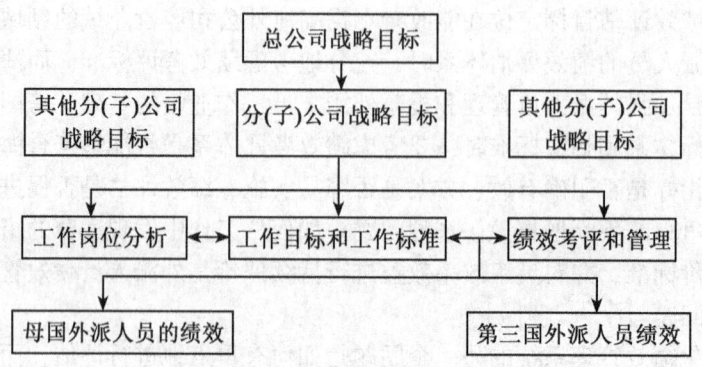

图 4.2　外派人员绩效评估程序

1.1.3　做好绩效反馈工作

绩效反馈过程也是外派人员开发的过程，具有重要的意义。在绩效考核结束后，应进行有外派人员和上级主管参与的绩效反馈活动。绩效反馈要陈述外派人员工作业绩状况，并提供相应的事实依据。允许外派人员对自己的绩效评估结果进行辩解和评价，然后再由上级和人力资源部门主管做出结论。要帮助被评估者分析问题症结所在，双方努力达成对评估结果的一致看法。在找到问题产生的原因后，双方共同协商出一个解决的办法，制定出绩效改进计划。改进要包含落实绩效改进的行动方案、时限、监督人员等。如果需要进行业务或能力培训，还应制定详细的培训方案，以使绩效改进方案落到实处。最后，反馈各方填写绩效反馈表，以书面形式记录本次反馈过程的成果，交总公司部门主管备案，以便管理者随时监督外派人员绩效改善情况。表 4.1 是某跨国公司总部对外派人员的考核反馈表。

表 4.1　　　　　　　　　　**外派人员绩效反馈表**

外派人员绩效反馈表			
被考核者（外派人员）姓名	职务	序列号	日期
外派人员的自我评价			
外派人员对本次绩效考核的意见			
分公司同事的评价意见			

续表

分公司下属的意见	
工作成功的总结	
工作不足的总结	
上级主管的评价意见	
业绩改进计划	
培训计划方案	
考核者签名　　时间	被考核者（外派人员）签名　　时间
备注	

1.2 影响外派人员绩效评估的因素

跨文化环境对外派人员绩效评估有重要影响，因此要综合考虑各种因素，以保证考评能够真正地反映外派人员的业绩和表现，提高企业绩效评估准确性、可靠性和有效性。

1.2.1 目标定位和工作定位

外派人员绩效考评涉及海外公司的经营目标定位和外派人员的工作定位。

跨国公司的定位是多国性还是全球性的，不但存在产业和规模分布的差异，更存在地域分布的不同，这些差异对跨国公司绩效考评的客观性产生了重要影响。当考察海外子公司的业绩时，首先需要考虑它处在企业战略的哪个位置上，根据海外公司在企业的战略地位和职能要求进行考察。例如一家子公司是通过合资形式进行管理，那么经济收益速度就可能较其他独资公司来得缓慢。再例如，有的跨国公司在海外某地设立公司的战略目的是为了干扰竞争对手，使竞争对手在某地市场的现金流出现紧张，从而使公司在其他市场上获得更高的回报。如果单一的考虑该海外公司的某一业绩，就可能发现它经常出现亏损，如果以跨国公司的总体战略进行业绩考核，就不能下此结论。外派人员是公司战略的执行者，对其绩效考评应结合海外公司在整个跨国公司中的地位和作用进行考虑，否则会出现考评不公现象。

工作定位是跨国公司对外派人员的角色的定位，工作定位和外派人员特定职务相互关联。跨国公司分配的任务决定了外派人员海外工作时扮演的角色，而工作角色决定了外派人员在特定岗位的工作行为和行为有效性，因而也影响了外派人员的工作绩效。

由于外派人员的工作角色是在母国确定的，而它的执行地是在东道国，因此还要受到东道国利益相关者（东道国公司员工、东道国政府、客户和供应商）的影响。外派人员不但要满足母国公司的期望，还要满足东道国公司以及利益相关者的期望，这些对外派人员的工作绩效都产生深远的影响，在考评中应该予以全面统筹考虑。

1.2.2 数据资料应具有可比性

对外派人员的绩效评估必须考虑数据和标准的可比较性，如果把衡量东道国海外公司的业绩的数据与母公司数据或其他国际经营数据进行直接挂钩，那么绩效考评的结果可能是不真实的。

由于世界各地的税务和贸易制度不同，对于海外子公司的绩效进行评估具有相当难度。跨国公司对其子公司采取相同的财务标准评估它们的绩效时，必须考虑到转移价格的因素以及子公司在各国的具体经营情况。例如，当进口关税扭曲了价格时，公司之间的收益具有不可比性。另外海外子公司和国内总部的数据也可能因所在国的经济法规和经济政策的影响而存在较大的差异。再例如，东道国当地会计准则可能会改变海外公司财务数据的含义。或者海外公司想要提高劳动生产率，但是当地法律要求充分就业而不是偶尔的加班，结果该公司的生产率看起来十分低下。所有这些都要求在对外派人员进行绩效评估时，必须考虑海外公司经营的具体环境，绩效数据是否具有可比性，只有建立科学合理的指标体系，才能客观公正地评价外派人员绩效。

1.2.3 跨文化环境对工作业绩的影响

企业国际化经营比在国内经营具有更大的挑战性，跨文化环境中的各国员工的工作行为差异与工作强度差异可能对海外公司外派人员的绩效造成影响。例如东道国工人的劳动生产率与其他本地企业相比属于优秀的业绩，但和母国工人比较则是低效的，如果不考虑管理背景，对负责生产管理的外派人员的绩效评价标准就不具有客观公正性。另外在外派人员工作考评中经常会出现的一些不确定因素，例如假期与休假的数量、本地员工期望工作的时间、对当地工人的培训、工作类型以及当地人员的素质等，都会直接影响外派人员的业绩。尽管成功的外派人员能够迅速地适应当地文化，但是外派人员和本地人员在对公司的经营环境的理解和经营政策的制定方面所存在的巨大差异，以及国际经济和政治环境所具有的多变性，都会对外派人员的绩效考评带来不确定性。

1.2.4 时间差别和地理分割的影响

科技的发展使现代企业管理已经拥有更为迅捷的通讯和旅行方式，但海外公司与母国总部之间地理上的分割和时间差别对于海外公司的业绩评估仍是一个问题。例如地理距离使母公司和外派人员之间缺乏经常性的面对面接触，时间的差别使绩效信息滞后，使考评的客观真实性受到一定影响。即使有电子传媒等先进的可达世界范围内的通讯系统，也不能代替和外派人员的日常面对面沟通。如果没有大量的直接联系，达不到沟通的频率和强度，公司就会缺乏对外派人员情况的广泛而深入的了解，从而影响外派人员考评的公正性和客观性。

1.2.5 多国考评人员的综合影响

跨国公司评估者的来源较国内公司更加多样化，包括有上级、下属和同事，其他外派人员和东道国本地人员，以及外派人员自我（见表4.2），因此文化差异性的影响也十分明显。评估的质量如何与评估者的文化背景有一定联系，其中外派人员的上级管理者尤其重要，管理者是评估制度的执行者，公司应十分注重管理者的素质。

表 4.2　　　　　　　　各种评估者的文化局限性

评价来源	评价标准	局限因素
自我评估	工作报告，管理技能，项目管理过程	容易产生自我表现中心和歪曲事实
东道国下属评估	领导技能、沟通技能、分公司的未来发展计划，有利于沟通	出于自我需要而不是企业组织需要，文化背景的差异性
东道国同事评估	团队建设、人际关系、跨文化互动积极性和技巧，有利于沟通	当人事竞争过于强烈时缺乏信任，激励效果不佳，文化背景的差异性
母国上级评估	管理技能、领导技能、工作内容，有利于总公司战略的执行	由于距离、时间和环境差异容易造成信息不对称
东道国客户评估	服务质量、工作时间、谈判沟通能力、跨文化互动技能	容易受到已经有的消费习惯影响而歪曲事实

1.3　外派人员绩效考评实施途径

和一般人力资源的绩效评估比较，对外派人员的绩效考评具有时空限制，因此，跨国公司人力资源管理部门的考评工作需要通过多种途径进行，以此全面准确了解外派人员工作业绩。这些途径包括：

到海外子公司对外派人员进行评估，包括通过东道国人员进行的评估和通过母公司管理层进行的评估；

通过母公司人力资源管理部门评估；

外派人员回国进行述职的评估；

通过对外派人员的经营管理项目进行考核的评估，以及总公司人力资源部门和外派人员上级定期访问海外公司的评估。

一项调查发现，在对外派人员的评估方法中，有68%的企业采用通过东道国人员对外派人员的管理职能绩效进行评估的方法，有49%的企业采用通过母国总公司对外派人员进行远距离评估的方法，有47%的企业采用不定期的让外派人员回国述职及充电的方法，有42%的企业采用项目监控和目标管理的方法，有36%的企业则采用总公司人员到海外公司视察并评估的方法（见图4.3）。跨国公司一般根据自身利益选择不同的评估途径，以保证外派人员管理功能能够顺利实施。

1.3.1 海外公司的考评

由海外公司领导和人力资源管理部门进行的评估，可以在现场环境下，考察外派人员的工作业绩和工作表现，并能综合当地员工的意见，考核精确度较高，有利于和东道国人员的沟通，有利于加强企业的凝聚力；缺点是由当地的管理者进行评估，可能由于跨文化差异而被歪曲。如果当地管理者不能够对跨国公司的全球战略进行全面的认识和把握，受到当地小环境和海外公司经营目标的限制，就难以从全球战略角度对外派人员的业绩进行综合考察。

1.3.2 母公司考评

由母公司或总部领导或相关部门进行考评，具有两个优点：一是可以从跨国公司总体战略进行考察，从全局角度对外派人员业绩进行考评。二是可以对全球不同地区的外派人员的绩效进行综合考虑，有利于进行横向比较，对于总部领导全面掌握下属的情况和实施全球性战略十分有利。缺点是远距离考核，难免有遗漏疏忽之处，精确度不够高。许多外派人员认为，母国公司总管与外派人员距离遥远，不可能对国外人员的工作和工作环境有全面正确的把握，因此也不能提供有效的考核反馈和工作指导意见。

1.3.3 外派人员定期回国述职

外派人员考评的第三种方法是外派人员定期回到母公司总部进行述职，由外派人员亲自向母国公司领导汇报工作业绩和工作表现。此种方法，有利于公司总部对外派人员进行经常性的考核，对实施总公司战略目标能够起着监督控制的作用，有利于加强总公司的凝聚力。缺点是费用较高，同时对外派人员的业绩评估主要通过外派人员自身的报告，难免有夸大工作业绩、缩小工作缺点的弊端。

1.3.4 定期赴东道国考评

第四种方法是总部领导的人力资源管理者和领导定期到东道国进行视察，亲自考察外派人员的工作业绩和表现，此种方法精确度高，可以充分的接触东道国员工，全面真实地了解外派人员的情况，充分地和东道国员工进行沟通，有利于提高东道国员工的公平感和积极性。缺点是费用较高，此外，如果领导以及人力资源相关部门工作繁忙，很难持之以恒地进行考察。

图4.3是对跨国公司人员考评方法的调查研究。该结果显示，被调查跨国公司中采用在东道国进行考评途径的有68%；在母公司总部进行考核的有49%，有47%的公司采用外派人员定期回国述职的方法，有35%的公司采用了总部人员定期到东道国进行考评的途径，采用其他方法的有6%。

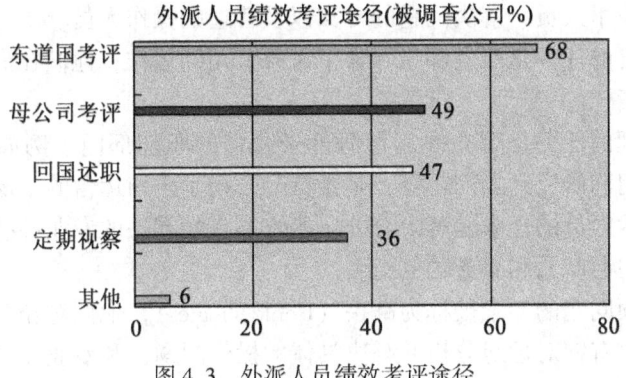

图4.3 外派人员绩效考评途径

对外派人员的绩效考核的各种途径各有优点和局限性，人力资源管理部门应该根据公司的实际情况选择一种途径或多种途径，以提高考评的有效性和公平性。

如果采纳总部对外派人员考核方案，就要重视东道国人员的参与性和认同性，例如在制定业绩标准时，应要求外派人员的东道国领导、同事和下属共同参与，以确保考核指标能够完成，同时体现跨文化组织成员的公平感和激励感。评估当中经常会出现基于文化背景和利益分配方面的差异，例如，东道国的考评人由于文化差异而对外派人员带有偏见，或者外派人员认为母国公司的信息获取不全面，总部的绩效评估不准确不公平的，对外派人员职业生涯发展不利等，因此要特别注意克服文化差异带来的偏见，实事求是地开展绩效考评工作。

对外派人员考评，还要注意申述渠道是否畅通，允许外派人员对考评结果进行申述。如果外派员工对评估有不公之感，可以拒绝在评估结果上签字，并要求分公司或母国公司的领导了解其中情况，解决存在的问题。所以，申诉渠道的畅通可以保证考评的公正性和外派人员的工作士气。

1.4 外派人员绩效指标体系

建立外派人员绩效考评指标体系需要从多个渠道收集各种信息，以减少对外派人员工作业绩评估时的偏见，使之更加公平。同时，还要考虑国际环境差异、对外派人员工作业绩带来的限制，以提高考评的效度和信度。

1.4.1 指标体系中的职位因素

指标体系的建立首先要考虑外派人员的职务特征，在工作分析基础上建立各种职务的考评指标。外派人员按工作任务可分为五种类型：高级主管、部门经理、专业技术人员、解决问题的专家以及普通的操作人员。

高级总管的任务是检查和指导整个海外公司的运作，他们在海外经营管理中负有全面责任。

部门经理的任务是建立并运行海外子公司的职能部门，例如生产管理部门、销售部门和研究开发部门等，是维持分公司子公司运营的中层管理者。

专业技术人员的任务是解决分公司经常存在的有关的专业性技术问题，也是分、子公司新产品和服务的创新者。

解决麻烦问题的专家被称为高手（treble shooter），他们对相关领域问题了如指掌，可以有针对性地分析并解决具体的操作问题，和专业技术人员不同的是，他们并不是经常驻守某一国，而是在全球各地为跨国公司经营中遇到的各种难题提供解决方法。

操作性的普通外派人员的任务是完成海外公司的一般业务性工作。如果东道国基层管理者还没有成长起来，企业就必须外派具有操作能力的普通工作人员到海外公司工作。

由于每项任务都有不同的能力要求，包括：基本技能、人际关系、工作能力、语言能力、文化适应能力、判断能力等，因此对上述五类外派人员的考评指标是不相同的。例如，对于高级主管，在战略管理能力上的要求要强些。对于操作性的普通人员，他们的工作考评内容是解决日常业务工作的基本能力。因此根据公司对不同外派人员的要求建立不同的考评指标是十分必要的。

另外，考评指标还可以根据外派人员的职位层次加以区分。外派人员职位级别可以分为高、中、低三个层次，对于不同的层次所运用的评估指标是不相同的。例如，对于高层次外派人员的评估，通常需要更加抽象的定性的评估，而对于担任一线主管的外派人员则需要详细的定量指标。

1.4.2 指标体系的类型

外派人员的评价指标体系，既包括客观指标也包括主观指标。具体可以分为两种类型：一个是工作业绩指标（客观指标），二是个人工作态度指标（主观指标）。

1. 工作业绩指标

工作业绩指标是以工作产出结果为标志的一种硬指标，这种硬指标对公司的经济状态用财务数据和资料加以解释，主观意识少，客观实际，容易控制。同时，运用工作业绩指标体系可以快速地对外派人员工作绩效进行评估和横向比较，是跨国公司评估外派人员工作业绩的主要依据。

工作业绩指标的建立是根据不同企业经营的目标和范围，以及落实到外派人员的具体工作任务来确定。工作业绩指标主要包括公司在海外投资回报率的增长幅度，公司的市场开拓进展和市场份额占有率，以及其他财务指标。工作业绩指标体系可以用工作难度体系和工作范围体系进行等级划分，使考评更具有可比性和有效性。根据一项调查，外派人员工作难度因职务不同而具有差异（见图4.4），例如开拓海外市场就要比在海外工厂进行生产管理更加具有挑战性。工作难度比较对硬指标的难度系数的确定提供了比较依据。此外，只有当工作环境是一样时，工作业绩指标才具有可比性，如果单纯用客观指标进行考核而忽视环境差异性带来的限制，就会影响绩效考评的结果。例如运输费用在各个国家不一样，这将影响企业经营的成本，从而影响外派人员的业绩。

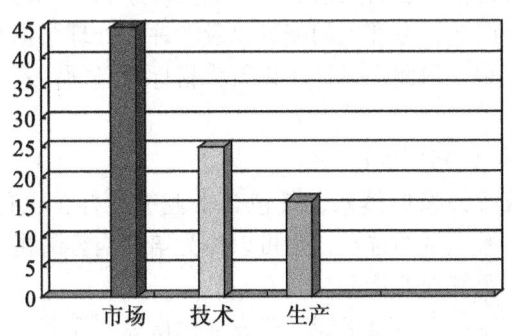

图4.4 外派人员工作难度类型比较

在海外公司的工作业绩，如果统一用一个工作业绩指标进行衡量，将产生不公平性。但是另一方面，如果在考察外派人员业绩时，仅仅强调差异性就失去了考评的比较性特征，毕竟外派人员仍然是跨国公司人员的一部分。因此，在对外派人员进行考评时，既要注意差异性，更要注意考评的相似性。

2. 工作态度指标

个人工作行为评估指标又称为软性指标，是更加精确更加平衡的绩效考评的指标。

个人工作行为指标包括领导能力、战略计划、对客户关注程度、信息和分析能力、人力发展、过程管理能力、个人能动性、领导风格、人际技巧等，主要考核外派人员的工作行为特质。

由于外派人员大多担任海外公司领导和重要关键职位的负责人，他们的工作业绩并不能直接表现为各种硬指标业绩，而主要是通过领导、管理和指挥他人表现出来，即外派人员主要是通过优秀的管理能力和解决问题能力来提高企业业绩。因此工作方法的优劣是决定他们工作业绩的主要因素，而工作行为指标可以考察外派人员工作特质和能力，具有较高的效度。

例如人际关系能力是外派人员绩效评估的一个重要指标，包括外派人员与东道国政府、客户、当地员工之间以及合作伙伴之间的关系等。把人际关系能力作为考核的指标，可以对外派人员扩展市场、管理沟通能力进行评估，从而扩大公司的经济收益。

实践表明，仅仅运用硬指标对跨国公司外派人员业绩进行考核，往往具有较大的局限性，而工作行为评估指标体系则是很有价值的考评工具。在考评中，如果考评者也包括外派经理人员的下属，那么，软指标体系还可以获得单靠任务指标不能得到的大量跨文化管理信息。

然而，工作行为指标也有其潜在的困难。由于软指标的主观特性，在考评中经常会发生考评误差，考评人的偏见以及考评人处理数据时的文化差异，会对考评结果产生影响，因此在设计工作行为指标时必须认真地对评估指标的局限性加以考虑。

3. 外派人员绩效考评指标体系

外派人员绩效考评指标体系，既包含了业绩指标，也包含了工作行为指标，既可以用于外派人员的选拔，也可以作为培训内容的指标，充分表现出跨文化整体性人力资源管理的特征。

在表4.3中，每一个主要指标又分成细化指标，强调关键考绩指标的建立与岗位分析和工作分析的联系。由于工作业绩具有较大的随机性，因此岗位描述并不能充分涵盖考绩的范围。例如在考绩结果中，"外派经理用一年的时间以合法的途径关闭了在东道国的子公司，减少了公司的损失。"这一结果就不可能包括在工作说明书的内容中。跨国公司在运用工作业绩指标对不同国家外派员工之间评估比较时，要注意硬指标（评估资料数据）产生的基础和因果关系，消除跨文化环境带来的信息不对称问题，使评估具有可比性和公平性。

表4.3　　　　　　　　　外派人员绩效考评指标体系

考评指标

素质和任职资格

　　教育和培训

　　工作经验

　　技能和技巧

　　社会技能

　　语言技能

公司经营管理目标

　　总公司下达的目标任务

　　海外公司目标任务

　　部门工作目标任务

　　其他工作目标任务

工作行为指标

　　工作灵活性

　　人际理解力

　　应付压力的能力

　　对改革的开放性

工作业绩指标

　　工作完成的结果（百分比、效益等）

　　沟通与决策

　　专业知识的应用

　　新学习的知识

　　表4.4是针对外派执行总经理和管理人员的考评指标。在实践中，可以运用到外派人员的考评活动中。

表4.4　　　公司外派执行总经理和高级管理人员的考评指标

执行总经理考评指标

战略性思维能力：能够敏锐抓住环境变化和市场变化的能力，具有竞争性，能充分认识到企业的强处和弱处，并能作出战略性和战术性的反应。
创新能力：具有树立共同愿景和激励他人共同参与的能力，鼓励创新，鼓励员工积极参与企业商业活动的能力。
关系管理能力：具有建立社会资本和复杂社会关系网络的能力，对影响企业发展的任何社会关系予以识别、关注和利用的能力。

管理人员考评指标

弹性能力：当公司战略改变的时候，具有改革工作结构和过程的能力以适应战略的变化
执行能力：能有效地执行战略，具有行为能力。
人际能力：具有理解他人、尊重他人的有效沟通能力。
授权能力：能和他人分享信息，激励他人创新，具有责任性，能支持反馈，激发员工的工作积极性。
团队能力：能快速适应新环境，提高团队的绩效。

除了以上执行总经理和管理人员的考评指标以外，还有对一般外派人员的考评指标，包括：弹性、学习能力、以绩效为导向的工作能力、按时完成任务的能力、合作能力和以顾客为导向的工作能力。

4. 工作环境的影响

环境指标是影响外派人员工作业绩的硬指标和软指标的各种外部条件。由于外派人员考评指标体系和其任命职务类型相关，而其完成工作任务时的外部环境条件不一样，因此他们的工作业绩也受到外部环境的影响。在考评时考虑各种环境因素，有助于消除在考评工作时可能产生的偏见，这些偏见大多是由于不了解外派人员无法控制的外部因素导致的对他们工作业绩的误解和不实评价。

当跨国公司在全球性市场上不断进行开拓时，其面临的国际经营环境将越来越多样化，公司外派人员要分赴更多跨文化环境工作，同时公司自身人员组成也更多地来自不同的国家，因此对外派人员的考评工作也越来越复杂。为了避免文化差异对指标体系建立的负面影响，人力资源管理部门应关注那些被评估人难以控制的影响其业绩的环境因素，要对任务硬指标和个人软指标进行调整，通过建立完善的考评指标体系，确保评估结果的公正性和一致性。

1.4.3 考评者的构成

考评者一般由两类人员构成：一类是和外派人员工作密切相关的海外公司人员，包括外派人员本人、直接上级、同事、下级、客户以及海外公司人力资源管理工作者。第二部分是和外派人员有时空差距的人员，他们是母公司的雇主、母公司人力资源管理者以及其他母公司人员。360度反馈是综合多种人员的考评意见的评估方法，对于高级管理人员的考评比较适用。

1.5 影响外派人员绩效的因素

跨文化环境因素对外派人员绩效有很大影响，这些因素包括母公司或总部领导的支持与帮助、东道国环境、外派人员文化适应性和组织结构的科学性以及家庭的支持和理解。

1.5.1 上级的支持

由于外派人员远离本国环境，因此总部领导的支持十分重要，不充分的支持会导致外派人员士气和忠诚度下降。积极支持则可以提升外派人员的文化适应性和工作满意度，从而提高外派人员的绩效。

1.5.2 东道国的环境

东道国环境是指海外企业的经营状态和所处的投资环境。一般来说，海外公司是一家独资公司比合资公司更容易使外派人员取得工作业绩。企业处在国际化的哪个阶段对绩效也具有很大的影响力，全球性阶段或多中心阶段的差异影响了外派人员的工作内容，从而影响了工作业绩。此外，东道国政府的合作态度、东道国基础设施、东道国的人力资源素质，也对外派人员的绩效产生影响。

1.5.3 文化适应

外派人员的文化适应可以分为四个阶段，即蜜月阶段、文化震颤阶段、适应阶段和健康恢复阶段。实践表明，直到第四阶段，员工绩效都很低；只有外派人员基本适应海外环境以后，其工作业绩才开始真正成长起来。文化适应问题同时也产生在外派人员的配偶上，家庭成员的适应问题往往也影响了外派人员的工作业绩。

1.5.4 组织结构

必须考虑绩效发生时的组织结构环境，这种组织差异因各国文化差异而对外派人员工作业绩产生影响。例如母公司高度民主授权的组织结构和技术平台，影响了外派人员的工作效率和效益。当 Taco Bell 公司组织变革时，提出了"授权于最接近顾客的主管"原则，这提高了外派人员的工作积极性，改善了外派人员的工作条件，对外派人员的工作业绩产生了积极的影响。

1.5.5　家庭支持

家庭的支持和外派人员的业绩有密切联系。1996年对美国外派人员的调查发现，外派人员中有65%有配偶同行，67%的家庭至少有一个孩子，并且80%的孩子在12岁以下。配偶的工作和子女教育问题分散了外派人员的精力和工作热情，并影响到其业绩，是促使外派人员提前回国从而造成外派失败的最重要的原因之一。

第二节　外派人员薪酬管理

制定合理而富有激励性的劳动报酬方案是跨国公司人力资源部门外派人员管理的主要任务。如何以合理的价格聘请一位合格的外派人员，如何使薪酬方案和政策成为激励外派人员的有利工具，如何在外派人员归国后能够和母公司的劳动报酬方案顺利对接，是人力资源战略管理的三大难题。此外薪酬管理还涉及有关国家的汇率波动和通货膨胀，以及跨文化环境中个人收入所得税和津贴发放等问题，因此和国内公司薪酬管理比较起来，跨国公司外派人员薪酬管理更加复杂。

2.1　外派人员薪酬管理目标

2.1.1　有利于公司的全球化战略

外派人员的薪酬政策方案涉及公司外派人员的数量和质量，影响到公司全球化战略。外派人员薪酬方案的制定和实施首先和公司的国际化战略和全球性运作密切相关，同时也和公司的财务能力和组织结构相互关联，比如通过给予外派人员较高的劳动报酬，包括工资、津贴和福利等，来说服和激励优秀人才积极去海外工作被认为是一项有效的薪酬战略，但同时高刺激性的薪酬方案对于跨国公司又意味着高昂的人力成本。所以跨国公司在给予外派人员合适的劳动报酬时所考虑的决不仅仅是某一单一问题，例如成本问题或人员任命问题，而是要通过外派人员薪酬方案，在控制人力成本的同时提升海外公司经营管理的有效性，实现跨国公司全球化经营战略。

2.1.2　满足外派人员的合理需求

外派人员的出国目的是多元化的，其中经济收入是重要的目标之一。出国前，许多外派人员希望通过出国工作获取更高的收入；在东道国工作期间，外派人员希望薪酬方案能够使自己在东道国的社会保险、福利和生活费用得到保障，还希望包括住房、子女教育和娱乐等需求得到合理满足；回国后，希望自己的经济报酬系统可以顺利和国内方案对接，有利于自身经济利益的发展。外派人员的经济需求只有通过公司的薪酬方案才能够实现，同时企业希望通过薪资福利方案，达到具有安全性和激励性的人员管理目的。为了激励外派人员积极适应海外工作与生活环境，公司薪资福利方案的管理目标是：（1）诱导外派人员愿意离开母国外派或是返回母国任职；（2）维持外派人员在母国的生活水准；（3）能够维持和提高工作满意度；（4）满足外派人员子女教育的条件；（5）实现外派人员对配偶子女和家庭成员的社会义务。因此，适当且具有竞争力的外派人员薪酬制度，能够激励优秀的人才积极充当外派人员，帮助外派人员适应在东道国的生活并努力工作，减少外派人员流失，保留优秀人才继续为公司国际化发展而工作。

2.1.3 确定合理的人力成本

随着全球劳动力市场的开放，控制人力成本成为跨国公司获取竞争优势的重要方法。越来越多的跨国公司认为，外派人员既不应该因为外派而损害自己的经济利益，也不应该得到在母国做同样工作收入时更多的劳动报酬。这意味着，跨国公司应该执行同工同酬的薪酬政策：一方面，外派人员不需要承担派驻海外生活的额外成本，雇主应该承担所有和外派相关的人力成本；另一方面，外派人员也不应该获得比在母国做同样工作时更多的收入，以维持薪酬制度的内部公平性。

此外，公司在制定薪酬方案时不应该仅仅为外派人员的高额经济收入承担义务，而应该考虑以投资回报最有效的形式来确立合理的人力成本，提高工资效益。但是跨国公司制定薪酬制度的动机可能和外派人员希望获得比在母公司工作时更多报酬的期望产生矛盾，因此如何确定合理的人力成本，同时满足外派人员对薪酬的期望是一项困难的薪酬管理任务。

2.1.4 保持薪酬方案的公平性

薪酬方案应该是持续的和公平的，成本问题决不应该是跨国公司考虑的唯一问题。在管理实践中，外派人员薪资报酬更涉及外派所在国公司内部的公平性问题。例如同一职务上外派人员的工资待遇和母公司人员待遇收入是同等的，但是比当地员工的收入要平均高出2倍到3倍甚至更多，这就可能使当地员工产生不公平感，并引发冲突。有很多跨国公司认为，如果公司同意某一位外派人员的高报酬，那么就应公平地和公司内部其他同等人员签订同样的协议，只有这样，才能消除薪酬差异所带来的内部不公平感。

另一方面，如果降低外派人员薪酬水平，使之保持和东道国人员的同一水平，则可能降低外派人员在母国已经具有的生活质量，这对外派人员也是不公平的。因此，为保持公平性，公司通常全面考虑影响薪酬的各个因素，包括：任期长短（暂时性调职，永久性调职，或定期性转调）、岗位因素、工作能力和业绩以及母国和东道国实际生活消费水平的差异等,并据此制定外派人员劳动报酬的现金酬劳、特殊津贴、福利及退休金计划,所以外派人员薪酬管理是一件同时涉及公司内部员工关系、公司文化和经济环境的复杂系统。

2.1.5 归国后薪酬方案的顺利对接

外派工作结束以后,外派人员或者回国或者继续留任,或者到第三国去。一项新的工资协议将要在归国以后做出,而困难的是,为鼓励外派而给予的高薪报酬此时可能引发矛盾。当外派人员已经适应了海外工作较高的薪酬水平时,人力资源管理部门同外派回国人员的工资谈判将变得十分困难,因为没有人在习惯了高收入生活以后还能够适应低收入水平。如果为便于和母公司同事的薪酬水平对接而降低归国人员的劳动报酬,将增加外派人员的不满和人才流失的危险。因此合理的薪酬方案还应考虑外派人员归国后薪酬方案的顺利对接。

综上所述,好的薪酬方案应该和公司战略相互联系,满足员工需要,能吸引和促进员工外派工作。薪酬应具有外部竞争力和内部公平性,考虑员工职业生涯发展和家庭生活的需要,同时这一方案易于理解,方便管理。

2.2 外派人员薪酬方案构成

外派人员的薪酬主要由基本工资和奖金、津贴以及福利三个部分构成。

2.2.1 基本工资和奖金

外派人员的基本工资(expatriate base salary)是其劳动的直接收入部分,表现为一定的现金薪酬,同时,基本工资也是确定奖金和福利等其他薪酬水平的基本要素。

在制定外派人员工资方案的时候,首先应考虑影响工资方案的各种因素,包括东道国劳动法的规定、外派员工和家庭海外生活成本、当地通货膨胀、房屋成本和其他生活费用、子女的教育费用等,还要考虑各种保险和个人所得收入税的缴纳,了解母国或者东道国政府是否有外派人员税收优惠政策。例如某些国家的法律规定跨国公司外派人员可以减少其所得收入税。此外如何尽量避免双重税收,也是薪酬管理的重要问题,在制定基本工资方案时应弄清楚,本国政府与投资所在国家的政府之间是否签订了避免双重课税的协议,是否具有税收优惠政策等。

其次,要考虑基本工资的差异问题。为鼓励员工积极到海外工作,公司给予外派人员的基本工资待遇一般高于在母国的工资水平。外派人员基本工资水平多以原基本薪资为基数的百分比表示,一般在高于原工资水平的5%到40%的范围内。基本工资的支付水平还取决于任务的难度、当地生活实际艰苦程度以及工作任期长短。例如,外派人员的薪酬水平和任期长短相关,一年内短期调任的母公司员工，与长期在海外工作的人员有差异。工资方案还要考虑外派人员的劳动强度。外派人员在东道国的工作时间可能比在国内的更长，经常要加班超时，公司就应对超时工作进行差异支付。

再次，外派人员的奖金发放问题。工资方案需要确定的是，外派人员是继续保留在国内时已经具有的奖金项目还是参加东道国的奖金项目，如果参加东道国公司的奖金项目，母公司和子公司之间的奖金额是否有差异，基本工资方案是否补足了二者之间的奖金差额等。

最后，第三国人员的基本薪酬。虽然都是外派人员，但是第三国人员和母国人员在实际薪酬中存在着一定的差异。不论是短期或长期在海外工作的母公司员工，第三国员工比母国员工的薪酬水平都要低。同为外派人员，母国外派人员可以享受到的福利，第三国外派人员可能享受不到。实际上，第三国员工才是真正全球化的员工。随着企业国际化程度越来越高，第三国人员的劳动报酬也将逐渐接近母国员工。

2.2.2 津贴

为了保证外派人员在国外的生活水平不低于在母国生活时的水平，跨国公司大多提供生活津贴。公司在提供津贴以前需要弄清楚提供津贴的种类和额度，在哪些国家需要何种津贴等问题。津贴方案的制定，必须考虑各国政治经济与社会的环境因素，同时也需要特别的专业知识。许多国家政府为外派人员提供免费的统计工具，帮助外派人员计算在东道国生活的费用。此外许多咨询顾问机构也提供各种数据以帮助跨国公司根据不同国家地区的税费、社会保险费用、学校费用、生活费用等制定津贴方案。

外派人员经常享受的津贴有：国外服务津贴、异地迁徙津贴、探亲旅差津贴、子女教育津贴、配偶津贴、住房津贴、退税和其他津贴。跨国公司在管理津贴时，应让所有项目都相互联系，统一考虑，以减少重复累加带来的成本上升。例如，有的跨国公司人力资源部门在为外派人员付出所有费用以后扣除外派人员在母国的净工资；有的公司雇主则直接提供具有差异性的日常生活开支费用；有的公司津贴随着外派人员逐渐熟悉东道国生活并学会购买便宜的生活用品时而逐渐减少等。总之，跨国公司在实施津贴管理的时候，不仅要考虑当前的津贴成本，更要考虑公司在东道国的发展和外派人员的长远安排，以保证津贴方案能真正支持公司的海外经营战略。

以下介绍外派人员经常享受到的津贴。

1. 国外服务津贴

不少跨国公司将鼓励员工接受外派任务到艰苦的国家或地区去任职而提高的薪金没有划归到基本工资，而是作为国外服务津贴给予外派人员。这种方法较之提高基本工资水平更为灵活,也更有激励性。当外派人员回国后,国外服务津贴可以取消,既可以控制成本,又便于回国人员管理。

国外服务津贴包括国际任命奖金、艰苦地区生活补贴等。为了鼓励员工到艰苦的地方去,公司应该把本公司的服务津贴水平同其他公司相互比较,以保持竞争性。

2. 异地迁徙津贴

外派人员如果离开母国,他就有必要进行异地搬家,从而产生搬家成本。这些成本包括运输、搬运和仓储费用,公司可以直接把规定的搬家费用交给外派人员,也可以统一制定政策,直接包干外派人员搬家工作而自行管理异地迁徙津贴费用。

3. 探亲旅差津贴

如果外派人员的配偶或者家庭成员留在母国或第三国,那么外派人员就有必要定时回国回家探亲,以保持和家人朋友的联系,公司通常会给予一次或多次探亲旅费津贴。如果外派人员子女愿意到海外公司所在的东道国探亲,公司还应该为子女放假探亲的费用进行支付。此外为了保持和原商业客户的关系,很多公司也同意为外派人员支付相关的旅差费用以帮助外派人员与客户见面沟通。有的公司还为那些到国外旅游而不是回家探亲的外派人员统一发放探亲津贴,而不论外派人员是回家还是到国外旅游。

4. 配偶津贴

许多外派人员的配偶因陪同外派而失去了在母国的工作或者遭受其他损失,跨国公司应支付外派人员配偶的损失费用。同时跨国公司也可以为外派人员的配偶在东道国寻找各种适宜他们的工作机会,如果这些外派人员配偶的条件适合,海外公司也可以直接雇用他们为本公司服务。

5. 子女教育津贴

如果外派人员有家庭子女在东道国,那么教育津贴就必不可免。教育津贴包括学费、异国学生入学费、课本文具费用、语言学习费用、交通食宿和校服费用等。

许多发达国家对儿童教育发放补贴,例如美国,每一个儿童享有每年200美元的教育补贴。如果外派人员子女跟随父母在海外生活,公司就应该对外派人员的子女施以同值补贴。如果外派人员的子女留在国内和父亲一方或母亲一方生活,那么公司就应该为子女在国内学校(公立学校而非私立学校,私立学校高额费用一般不予补贴)的教育费用进行补贴。

6. 住房津贴

住房津贴的目的是维持外派人员在母国生活时的居住条件,影响外派人员对公司的期望以及他们士气和忠心，是人力资源管理部门需要仔细考虑的事情，也是公司国际化经营中外派人员管理的重要任务。

住房津贴的形式有多种：固定的住房补贴、按照外派人员收入的比例进行估价的津贴、根据实际住房费用进行支付的津贴、公司提供外派人员的住房等，公司可以根据实际情况进行选择性提供。

在制定住房津贴方案以前，首先应该考虑，什么样的房屋适合做外派人员的家庭新居所？由于海外地区的房屋价格可能高于母国，因此，方案既要保证外派人员的家庭居住的舒适，又要考虑房屋是购买还是租用更加合理，以节约成本。同时还要考虑居住的地点，例如外派人员是居住在客户的附近、工作地点附近，还是居住在外派人员集中居住区等，这些都是在制定住房津贴时应予以考虑的。

绝大多数跨国公司不会提供免费的房屋住所，其理由是如果外派人员仍然居住在母国，他们也必须自己负责居住的房屋成本。所以，公司如果在海外已经为外派人员提供房屋住所，就应该减少其相应的住房津贴，其减少部分和外派人员在母国居住房屋的标准价格等同。如果外派人员必须在国内和国外都有住所居住，那么这一计划就不适用。

许多东道国制定了针对外派人员的房屋租借税收减免政策，以鼓励外来投资商，人力资源管理部门就应该询问外派人员是否由他们自己负责房屋租借，以帮助外派人员获得这一利益。当外派人员归国时，公司还可以提供原房屋的出售和出租的财务和管理方面的帮助。

7. 其他津贴

包括人事合同中含有的费用、申请国外驾驶执照费用、汽车维修费用、旅游津贴、添置衣物（以适应东道国的气候）费用、俱乐部费用、家政服务人员费用等，有些费用是专门提供给那些高级别的外派人员的。绝大多数跨国公司都提供这些费用津贴。

由于外派人员的津贴费用水平难以确定，跨国公司可以委托中介机构进行专门的生活费用信息查询。公司可以对自己感兴趣的调查项目（见表4.5），例如住房费用、水电煤气费用、个人所得税等，分别向中介公司付费。

表4.5　　　　　　　　　外派人员的主要津贴项目

序号	项目	经费（美元）
1	国外服务津贴	
2	异地迁移津贴	

续表

序号	项目	经费（美元）
3	回国探亲津贴	
4	子女教育津贴	
5	配偶工作损失津贴	
6	房屋津贴	
7	收入所得税退税	
8	其他津贴	

2.2.3 福利

A. 福利计划的实施

外派人员的福利计划管理任务主要是为外派人员购买保险和其他事项。外派人员保险类型主要分为三种：退休金、医疗保险和人身意外伤害保险。

福利计划实施的方法上，人力资源管理部门可以根据公司战略而采取不同的给予方式。有的公司制定的福利计划中规定每年增加部分员工的福利，其目的是使每位外派人员福利的受益程度有所不同。另一些公司则施行全球化统一福利标准，无论外派人员在哪里，都享受同等的福利待遇。前者有利于对不同人员实施激励，后者则减少了福利计划管理的复杂性。还有的公司的外派员工福利实行弹性制，如在英国以优惠价提供汽车，到我国香港则提供住房补贴，这种视外派国家或地区特点的福利计划，能达到很好的效果。

跨国公司为外派人员所承担的保险费用额，主要根据外派人员在其国内退休医疗等福利计划的水平而定。一份研究认为北美跨国公司提供的外派人员福利水平要低于欧洲企业，这折射出欧美各国本土的福利水平差异，北美公司国内员工的福利水平一般低于欧洲同行水平[①]。例如绝大多数欧洲跨国公司提供的国际医疗保险，对医疗服务提供商和所覆盖的家庭成员都没有限制，而北美跨国公司的员工则需负担部分治疗成本。此外，相当数量的跨国公司医疗保险并不涵盖遗体遣返、外派人员因病紧急撤离或入保前的疾病医疗。

公司在制定福利计划时应了解母国与东道国保险之间的差异，不同国家的保险对公司人力成本和外派人员生活水平均有影响。在和外派人员签订薪酬合同时，双方应清楚地表明，外派人员接受的是在母国的保险，还是东道国的

---

① 美世咨询发布的《2005年全球性流动员工的福利趋势》。资料来源：www.mercerhr.com。

保险。

福利计划的实施一般由跨国公司人力资源管理部门执行,但是如果福利计划有改变,使管理工作更加复杂,跨国公司就可以将养老、医疗等福利计划外包,由专门的机构为外派人员服务。

B. 退休金计划

退休金计划(pension plans)是指一种由企业和员工共同建立和负担的老年福利。跨国公司对外派人员的退休金福利主要采用定额年金给付计划(defined benefit, DB)和定额交付计划(defined contribution, DC)两种。

定额年金给付计划是指雇主承诺员工于退休时,按约定退休办法支付定额退休金或分期支付一定数额的计划。

定额给付计划是指企业根据员工的工资水平、工作年限、为企业贡献程度等因素来确定其养老金的计划。

一项调查报告发现随着企业改革的深入,越来越多的跨国公司放弃定额年金给付计划,采用定额交付计划[①]。

此外,各国公司退休金水平具有较大的差异,这种差异大多来自母国的养老金政策,例如欧洲跨国公司的平均养老金缴费比例一般为8%,而北美公司只有6%,这就影响了外派人员退休金的水平。

由于外派人员如果在领较高薪资的阶段自请退休就可以"水涨船高"的领取更高退休金,因此许多公司制定一些有针对性的管理措施,其中一种以延长预告退休时间的方式管理。公司要求外派人员如果要自请退休,必须事前6个月进行报告,而雇主一旦接到报告就可将其立即调回国内,这样等6个月期满后,就以在国内所领的"普通"薪资来计算平均工资,从而降低外派人员退休金水平。但是,这些方法在许多国家被认为是违法。

C. 医疗保险

为外派人员提供医疗保险是人力资源管理的重要内容。一般公司对保险的内容都有严格的规定。医疗保险的内容主要有:住院床位、急诊、手术、重症看护、康复治疗、理疗、外科、X光放射、救护运输费用等。公司在购买保险时应根据派驻国的情况和员工的需求进行选择。

D. 人身意外伤害保险

外派人员在海外工作期间,伤亡事件也可能发生。有的工作地点还是动乱地区或治安极端恶劣地区,如果没有购买境外人身意外伤害和医疗保险,就给

---

① 美世咨询发布的《2005年全球性流动员工的福利趋势》。资料来源:www.mercerhr.com。

事后的处理和赔偿工作造成很大困难。为防止意外发生，保护外派人员和其家庭利益，外派人员以及家属应购买人身意外伤害保险，保费一般由公司全额负担。

E. 其他福利

除了三大津贴外，跨国公司还提供假期的福利的固定假。作为外派人员的福利，公司对于每年的返国假期提供机票。除休息和假期以外，在外派人员发生紧急事件时，例如对家人的死亡或生病等也提供各种帮助，而对艰苦地区工作的员工更提供经常性的额外假期费用补助，以保证外派人员的休息和康复。

2.3 外派人员薪酬调查

2.3.1 外派所在地生活质量调查的意义

跨国公司派遣工作人员时，需要从多方面对投资所在国进行生活质量调查，了解投资所在国的总体生活质量信息，最终确定外派人员薪酬水平和类型。因此，生活质量调查是跨国公司外派人员薪酬管理的最重要部分。

城市生活质量调查是一项专业性质很高的工作，除了有能力的公司可以自行进行调查外，越来越多的公司委托相关的咨询公司进行。特别是世界各国生活质量报告一般由专业咨询公司完成，所形成的城市总体生活质量信息，是对投资所在国所在地生活质量的总体评估，为制定外派人员的生活津贴费用提供重要参考，成为各公司外派人员薪酬的风向标和外派人员薪酬管理的基础。

各个国家和地区生活质量和费用是不同的，即使在一国内，地区差异也会产生重大的生活水平的不同。世界各城市间在总体生活质量方面的差异，已经成为人们广为接受的事实。跨国公司为了制定外派到不同国家的人员的薪酬方案，只有对多个外派国家所在地生活质量进行比较，才能使方案具有合理性和激励性，因此投资所在国城市生活质量报告具有重要的意义。

此外，投资所在国城市生活质量报告不但可以为大型跨国公司进行对外投资和派遣工作人员提供参考，成为对外派工作人员提供基本薪资之外的额外补偿的参考标准，而且有关信息也对人才吸引和招聘具有一定借鉴意义，可以考察一个城市对国际化人才的吸引力和人员供需情况。

在生活质量调查中，被调查城市一般被分为不同级别，如一级城市、二级城市或三级城市，级数越多表明艰苦程度越高。例如中国中西部省会城市作为二级城市的生活较之一级城市如北京、上海更加艰苦。对于希望到海外投资，或者已经到海外经营，目前从一级城市到二级城市进行投资的公司，很有必要对目的地城市生活质量指数进行了解，对外派到一级城市和二级城市的人员制定具有差异性和针对性的薪酬方案，确定外派人员薪酬水平和津贴费用，为生活条件可能恶化的外派工作人员提供特殊补偿。

2.3.2 生活质量调查项目

外派所在国生活质量的调查是对各国关键生活质量进行评估,称为关键生活质量评估。评估的项目主要包括:

1. 外派所在国的法律和社会环境(政治稳定性、犯罪率、执法情况);
2. 经济环境(外汇管制、金融服务水平等);
3. 政治文化环境(政治审查制度、对人身自由的限制等);
4. 医疗和健康因素(医疗供应和服务、传染病、污水、垃圾处理、空气污染等);
5. 学校和教育(学校质量、学校数量等与子女教育相关因素);
6. 公共服务和运输(供电、供水、公共运输、交通堵塞);
7. 娱乐(餐厅、剧院、影院、体育、休闲等);
8. 生活消费品(食品/日常用品供应、汽车等);
9. 居住(住宅基准、家用电器、家具、维护服务等);
10. 自然环境(气候、自然灾害记录)。

关键生活质量评估项目是外派人员在国外生活水平的质量指标,规定了外派人员薪酬的范围和水平。如果东道国的政治和社会环境的评估级别低,就需要提高外派人员的保险经费支出。医疗供应服务、传染病和各种生活健康因素项目的级别则制约了外派人员的医疗保险费用。不同国家生活消费水平是不一样的(见图4.5),这影响外派人员的各种津贴支出。

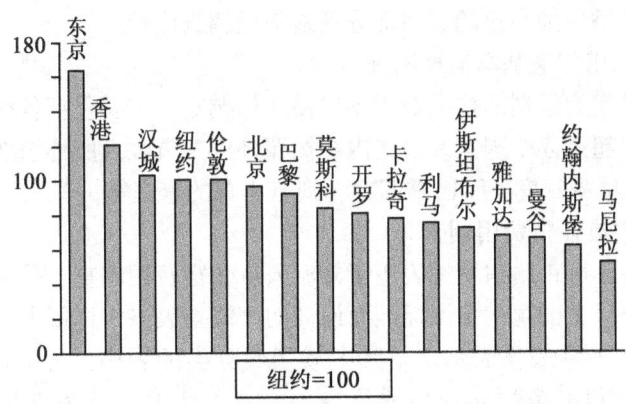

图4.5 2000年世界各地生活消费水平比较

2.3.3 生活质量调查的实施

生活费用调查,是为外派人员提供各种商品和服务为基础的调查。调查一般每6个月进行一次，由专业研究人员在多个标准地点同时展开。为了反映实际状况，调查研究地点首先应经过慎选，做到适时适地，因为只有确立好这些标准地点，才能获得准确的服务信息，从而设计出公正而一致的驻外薪资配套制度。越来越多的专业咨询顾问公司正在参与跨国公司生活质量调查，它们透过设立在多个国家的办事处，对全球各地城市的消费水准进行调查，从而全面客观地得出各国城市生活水平的结论，为公司制定外派人员津贴政策提供数据帮助。

关键生活质量项目的调查内容主要包括东道国关键生活质量要素调查、母国生活费用调查、城市家用住宅基本信息调查、外派人员住宿费用调查、教育费用调查等。

1. 东道国关键生活质量要素调查

主要调查东道国关键生活质量指标，包括政治、经济、法律、文化环境，生活消费费用，学校教育，公共服务和交通运输以及娱乐等，提供公司计算生活费用津贴时所需的一切关键要素。

2. 母国生活费用调查

主要调查员工在母国自己家乡时，花费在商品和服务上面的费用总额，以便为公司为外派人员提供津贴时找到依据。可消费所得表格可以和生活费用（COL）指数结合使用，帮助公司建立生活费用津贴的额度。可消费所得表以事实为根据，通过费用支出模式，记录外派人员在母国家乡时所消费的商品和服务范围。表格内容按照收入水平和家庭大小分类，对收入所得者从单身家庭，一直到已婚外加小孩的家庭都分别地加以调查比较。

3. 城市家用住宅基本信息调查

这是以事实为根据的住宅费用支出模式的调查，主要包括各种住屋花费基准，范围可以超过多个国家。表格内容按照外派人员收入所得水准和家庭大小进行分类，从单身家庭，到已婚家庭，到有小孩的家庭等。

4. 外派人员住宿费用调查

所在国主体城市膳宿费用表用于外派人员住宿费用调查，是为了协助公司定出派驻海外员工的膳宿费用标准而设计的。调查表格中将每个主体地点的租屋费用，都以3种表格表示之。其中按区域分类的表格，可提供不同大小、无家具的公寓和房舍的详细租赁价格，并将主体地点分为良好区域（good area）、极佳区域（very good area），以及最佳居住区域（best residential area）。按照所得水准和房间数目分类的表格，可为驻外人员提供有房间的公寓，或是附3到4个房间的房舍的月租价目。按照所得水准和家庭大小分类的表格，可提供各种家庭大小的平均膳宿费用，包括公寓和房舍在内。

5. 教育费用调查

教育费用调查则是调查各种不同学校的学费和其他费用信息，为外派人员子女教育服务。该调查可以提供外派人员所在国的各类国际学校费用，如德国学校、法国学校、意大利学校、英国学校、美国学校，以及日本学校等，从而为各国外派人员的子女教育服务。

2.4 外派人员薪酬的计算方法

目前，外派人员的薪酬计算主要有两种方法：现行比率法（going rate approach）和平衡法（balance-sheet approach）。

2.4.1 现行比率法

所谓现行比率法是指外派人员的工资报酬是基于当地劳动力市场比率，即外派人员的基本工资（base pay）和东道国工资结构联系。

现行比率法的特点：以当地劳动力市场薪酬水平为基准，通过对东道国当地劳动力市场的调查确定外派人员薪酬水平。调查比较对象是东道国的本土人员、同国籍同行业外派人员和各国外派人员等，跨国公司以这些选择对象为基准，然后确定本公司外派人员薪酬水平（见表4.6）。如果外派人员在低薪资地区工作，公司通常需要补助其基本工资和福利。例如，一家日本银行在决定英国伦敦子公司外派人员薪酬时，就需要参考英国本土人员、日本同业在英国外派人员和在英国的所有外派人员的薪资水平。如果这家银行外派人员的工作地点处在一个低薪资的地区，该公司还会追加基本工资和额外的福利以增加外派人员的劳动报酬。

表4.6　　　　　　　　现行比率法的当地市场调查对象

A.	东道国员工（host country national）工资比率
B.	本行业同国籍外派员工的工资比率（same country national）
C.	本地区其他跨国公司外派人员工资比率（all national）

1. 现行比率法的优点和缺点

现行比率法的优点是能够保持外派人员与东道国人员薪酬水平相等，因此如果东道国薪酬水平高于母国，对母公司员工和第三国员工非常具有吸引力，愿意到东道国去工作，以获得高于母国的薪资；现行比率法相对比较简单，容易理解；同时，在一个公司里面不同国籍驻外人员的薪资相等，容易获得本地员工的认同感。

2. 缺点

现行比率法的缺点是：当同一人员在不同国家调动时其薪资水平将会不同；另外，同国籍人员派驻到不同国家时，也会因当地薪酬的差异而获得不同的薪资。例如外派人员到经济较发达国家与到一个经济落后的国家，即使相同层级的经理人也可能具有不同的薪资（见表4.7）。

表4.7　　　　　　　　　　现行比率法的优缺点比较

优点	缺点
与当地员工待遇平等	同一种职位员工的劳动报酬会因为东道国的差别而有差异
方法简单明了	同一国籍的员工工资会因为东道国的差别而具有差异
容易被东道国员工认同	当外派人员回国时将有潜在的问题
不同国家的员工感到公平	

许多跨国公司拥有众多子公司，有的在发展中国家，有的则分散于发达国家，由此造成各海外公司外派领导者和管理者薪资水平不一样的状况。美国 Towers Perrin 咨询公司在调查几个国家的高层领导者的总报偿后发现，即使在同一种职位上，外派人员的劳动报酬也会因为东道国的差别而有差异[1]。见表4.8。

表4.8　　　　　　　　　　跨国公司总经理薪酬比较

外派国家或地区	首席执行官的薪酬（美元）
美国	$901 181
中国香港	$672 877
新加坡	$572 414
法国	$523 551
英国	$489 710
澳大利亚	$476 700
瑞士	$465 180
加拿大	$440 886
德国	$423 898
马来西亚	$342 151

[1] Towers Perrin. 1997年世界范围的收入．见 www.powers.com.

现行比率法的最后问题是：存在着潜在性的外派人员回国后薪酬适应不良。特别是外派人员从高工资的东道国返回到低工资的母国，由于要恢复到母国时的工资水平，这对于很多人来说难以适应，从而可能造成回国再适应问题，存在着较多的潜在麻烦。

2.4.2 平衡法

平衡法是另一种确定驻外员工报酬的方法，其目标是维持员工在母国时的生活水平，将财务作为一种激励诱因，以较好的薪酬福利来刺激员工外派。

平衡法首先计算出外派人员的花费与从事同样工作的国内人员的花费之间的差别，然后提供一个正好等于两者之差别的一揽子补偿性薪酬计划。其中，母国公司的工资福利是主要的基准（home country pay），通过对薪酬福利进行调整，母国外派人员的东道国额外花销可得到补助（home package）。该方法的要点是，为了使外派人员在国外拥有与在母国时相同的购买力，公司一是提供额外的津贴，二是无论外派人员在何处工作，外派人员的薪酬水平都和母国的薪酬水平做联合性的考虑，公司外派人员薪酬中的国内部分随母公司的薪酬变动情形而调整。平衡法一方面使外派人员的薪酬不会因外派而受到影响；另一方面也有助于减轻日后回国时的冲击。

平衡法符合外派人员劳动报酬设计原则，使外派人员的薪酬福利待遇具有较大的吸引力。该方法被绝大多数跨国公司所采纳。

根据平衡法，跨国公司外派人员的成本费用主要由以下四种驻外报偿诱因构成：

1. 服务：与母国相等的消费，如食物、个人照顾、衣着、家具、休闲、交通及医疗照顾等。
2. 房屋：与员工基本居住条件有关的成本。
3. 所得税：母国和东道国的个人所得税。
4. 准备：储蓄、福利支出、退休金、投资、教育支出、社会安全税等。

平衡法的优点是无论是在母国还是在东道国，同一职位外派人员的收入是平等的，显示了母国员工之间的公平性。在同一国籍的外派人员之间薪酬收入平等，有助于外派人员回国后，公司和外派员工之间容易了解沟通。

平衡法的缺点是，由于各国基本工资水平和生活水平是不一样的，因此在不同国籍的外派人员之间可能带来很大的不平等。例如，泰国的一家英国跨国公司里，作为外派人员的英国人和印度人的工作职责基本一样，印度员工的工作甚至更加重要，但是，为了维持英国外派人员的母国生活水平需要，英国人获得的薪酬比印度人的要高很多，这引起印度员工的强烈不满。此外，外派人员和当地员工之间可能带来很大的不平等，特别是从高工资的发达国家到低工资的发展中国家工作的外派人员，其工资水平普遍高于工作所在国的同事们，容易引发当地员工不满。

此外平衡法需要对母国和东道国的薪酬进行调查和平衡，计算出两者之间的差异，而这种计算经常受到各国税收政策、生活费用差异，以及其他经济因素的影响，因此在管理上也相当麻烦。

无论是现行法还是平衡法，任何薪酬方案都有其优点和缺点，公司可以结合实际情况制定方案。跨国公司外派人员的薪酬方案应具有外部竞争力，外派人员薪酬水平应等于或高于劳动力市场水平，以吸引和保留优秀人才。同时，方案应具有内部公平性，能满足员工需要，促进外派人员职业生涯的发展，满足家庭生活的需要，提高员工满足度。此外薪酬方案应清楚明了，容易管理。

2.4.3 交纳收入所得税

外派人员交纳收入所得税通常有两种方法：一种是纳税同等法，一种是纳税保护法。跨国公司通常会从中选择一种方法来管理外派人员的纳税：

1. 纳税同等法。公司对母公司员工保留与母国一个收入总额相等的征税义务，外派人员据此纳税，然后，公司额外支付外派人员各种关税的补助津贴。

2. 纳税保护法。员工可以在其东道国支付薪酬的税金。这样当员工自己的总课税额在国外低于母国时，超出的部分就成为外派人员的额外收入。

纳税同等法是当前跨国公司常用的税务管理方法，外派人员交纳的税款一般等同于母国享有同等收入的纳税人应承担的税款。这种方法由于可以保护外派人员的利益，因此受到欢迎。为促进外派，跨国公司不但为外派人员提供各种补助津贴，而且这些津贴是免税的。

由于各国所得税法及税率大不相同，再加上同样的薪资在母国和东道国可能遭重复课税，因此外派人员面临的所得税差异也越来越大。许多跨国公司为避免海外地区工作员工在此项支出中遭受损失，采取了各种保护性补助。有的公司采取员工所得分两地区给付方法，一部分由国内直接汇入员工存款账户，另外一部分在任职地区当地发放，以减少员工因全额收入所得在一地缴纳所得税过高的损失。有的公司也不补助外派员工所得税负担，但给予外派人员较高水平的薪酬以作为补偿。一般来说，外派人员因在国外工作而可能增加的收入所得税都应该由公司负担。许多公司还保证，任何退税的优惠都由外派人员获得，任何纳税的增加部分则由公司负担。

第三节 外派劳务人员管理

3.1 外派劳务人员

对于人力资源十分丰富的国家，劳务输出是国家重要的经济发展途径。中国每年劳务输出的营业额十分惊人。以 2003 年为例，当年中国对外劳务合作完成营业额 33.09 亿美元，派出各类劳务人数 21 万人，派到国外工作的各类劳务人员总数达 52.5 万人。对外派劳务输出人员的管理是跨文化人力资源管理的重要子系统，主要包括：劳动合同管理、生产安全管理、生活管理、签证及护照管理以及劳务人员的培训和开发管理。

3.2 劳动合同管理

对外派劳务人员管理首先要重视劳动报酬合同的签约管理。要依法签约，依法管理，杜绝外派劳务人员因无劳可务而从事有损国格人格的活动。严格收费标准，禁止以买卖配额指标的方式开展劳务合作业务；严格遵守劳务输出所在国的法律法规，依法签约、依法经营、依法管理。

人力资源管理部门要按有关规定做好境外管理工作，杜绝外派劳务人员无劳可务的脱岗现象，通过对外派劳务人员严格管理，切实保护劳务人员的合法权益。

3.3 生产安全管理

劳务输出企业主要分布在建筑、矿山、危险化学品等高危行业，而且多数处在发展中国家，对安全生产工作的极端重要性认识不足，基础管理薄弱，加强安全管理是人力资源管理的重要任务。

劳务人员安全生产管理，既有技术和管理的问题，也有法律和道德的问题，同时还有政治、经济、外交、军事等方面的问题。生产安全不但影响了企业经营效益，而且对劳务输出国企业形象也产生不利影响。所以，劳务输出企业要实施有效监管，真正落实企业的安全生产主体责任。要不断完善危机处理机制，高度重视应急救援和事故处置工作，最大限度地减少事故损失，处理好与企业所在国（地区）的关系。

3.4 生活管理

外派劳务人员的生活管理不仅是满足员工基本需求和激励员工的重要手

段，也涉及员工的个人安全和企业在当地的形象以及和东道国的关系，所以企业人力资源管理部门要认真搞好生活安全制度管理。

第一，要制定相应的外派劳务员工生活管理守则，督促企业外派员工予以遵守；还要制定外派人员闲暇时候的行为规范，积极组织员工参加各种健康积极的文体活动，明确提示员工少去和不可去的地方，以防各种刑事案件发生，危及企业和员工自身安全。

第二，对境外工作人员要重视学习和发展，制定具有海外工作特色的学习制度，保证员工有一定时间进行思想交流，增进员工的向心力，增进员工的人际关系，促进企业组织对员工的了解和控制。

3.5 签证及护照管理

3.5.1 签证

签证，是一个国家的主权机关在本国或外国公民所持的护照或其他旅行证件上的签注、盖印，以表示允许其出入该国国境或者经过国境的手续，也可以说是颁发给他们的一项签注式的证明。

外派员工的签证是针对那些在国外已经设立，或者准备设立子公司、分公司和关联企业的跨国公司外派人员赴国外工作而设立的，属于非移民签证类。它可以分为多次往返签证或一次性签证。外派劳务人员获得签证就可以轻松地进入国外。申请此类非移民签证，国外有关部门一般重点考察两方面内容：一是外派人员是否具有合格的公司关系，二是员工和海外公司是否具有真实的雇用关系。

1. 明确合格的公司关系

公司关系是此类签证的特殊要求，在申请过程中非常重要。按照规定，被派遣人员持签证在国外工作期间，该员工所属的本国母公司和国外分公司必须一直在进行商务活动，母公司和分公司之间必须有明晰的附属产权关系。例如，国外公司和本国公司属于同一个集团、公司或实体，某些国家还要求在国外的分公司必须具有母公司的一定股份。同时，派遣人员的公司必须对派遣人员管理的公司具有有效控制权。

2. 真实的雇用关系

申请人和雇主之间的雇用关系必须是一个真实的存在。签证时，最好能够准备申请人在公司工作时间、所在职位、工作业绩等相关材料。对于在国外新设立的公司，母公司雇主还必须证明国外公司有从事商务活动的适宜场所，包括提供办公室租约、有能力支付申请人在国外工作的工资，以及能够在所在国公司开展经营活动。有的国家商务签证还可以享受全家同行和当地国民福利待遇。

3.5.2 护照

护照是外派人员重要的身份证，具有重要的法律意义，派到境外企业的人员有"因公普通护照"和因私护照。护照管理可以分为个人管理和集中管理。个人管理的主要对象是持有因私护照的外派人员子女家属，集中管理的对象是持有因公普通护照的外派人员。企业应根据有关部门的规定设专办员妥善保管，对护照进行严格管理。

一般出国的国有企业人员应在执行完相关的海外商业任务，回国后的一个月以内（以出入境日期为准）将护照统一上交。对领取护照后因故未出境者，其所在公司应督促其及时将护照上交保管。因工作调动等原因离开企业的出国人员在办理调离手续时应将护照上交。企业将护照集中管理，可以防止丢失和发生意外，减少损失。

此外，企业的护照管理要建立办理护照使用和护照申请手续制度，为外派人员提供全方位的服务，防止各种意外发生。

3.6 劳务人员的培训和开发管理

外派劳务人员虽然在境外，但是作为和劳务人员具有真正劳动关系的劳务输出公司应重视劳动人员的培训和开发工作，而不应该把这一任务推给海外用人单位。

外派劳务人员的培训内容主要有两个方面：第一个方面是法制教育。通过培训，增强外派劳务人员依法务工的意识，提高外派劳务人员海外工作的积极性，了解和满足海外用人单位的要求，努力工作。第二个方面是掌握工作知识和提高工作技能，了解工作所在地的文化特点，提高跨文化沟通的能力，提高自身的素质。企业通过培训使外派劳务人员在世界劳动力市场上具有强大的竞争力。

第四节 重返总公司——回国人员管理

4.1 回国人员的文化震颤

外派人员归国不适应是一个相当普遍的现象，这是一种反向文化震颤（如图4.6所示）。外派人员在返回母国后，首先会感到不安、焦虑和兴奋，然后感受到了反向的文化震颤，此时外派人员和母国文化需要重新整合。

反向文化震颤和出国文化震颤一样，对外派人员是一个考验。他们的情

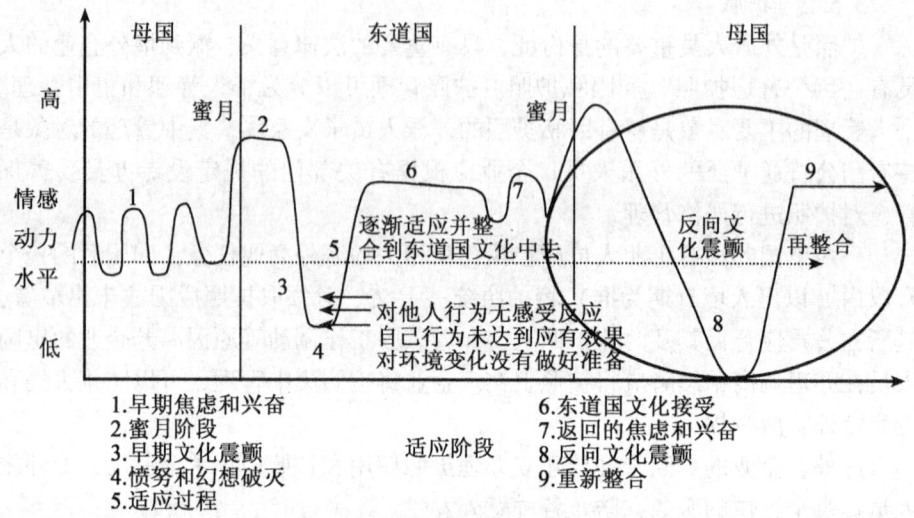

图 4.6　外派人员文化震颤曲线图

感动力水平在这一段时间内下降，从而有可能影响回国后的工作业绩。

造成外派人员回国反向文化震颤的原因有二：

原因一：双重文化人现象。在国外工作时间越长，外派人员越容易变成所谓双重文化人。造成双重文化人的原因是，由于长期脱离母国环境，那些生活在国外的人员失去了与自身文化环境的接触机会。接收到的是关于母国间接信息而非直接体验。同时，随着时间的流逝，在离开母国的日子里，外派人员对原生活地却保持着理想主义的美好记忆。可是一旦回到母国，他们面临的却是现实的环境——公司日常的工作环境与家庭、朋友和社区的生活环境，此时理想和现实往往发生冲突，从而造成文化反向震颤。

原因二：两种行为模式冲突现象。外派人员在东道国文化中学习了很多，他们对东道国文化十分熟悉，并且习惯了当地行为方式，而他在母国的同事、家人和朋友却没有这种经验。当形成新的行为模式的外派人员回国后，就会对自己的同事、家人和朋友的行为感到十分奇特，就像他的同事、家人和朋友对他的行为的感觉一样。由于双方对对方的行为都感到好奇甚至难以接受，因此产生第二次文化震颤。

尽管回国反向文化震颤和出国文化震颤一样常见，但很多公司只提供出国人员培训，却没有提供回国人员的培训，这使不少回国人员感到被自己家乡的文化所疏远，十分孤独，不能够适应新的环境。这种反向文化震颤往往持续较长时间，一般是一年左右。了解回国反向文化震颤，有利于跨国公司更加积极的提供对外派人员的帮助，做好回国人员的文化适应，从而提高工作绩效。

4.2 外派人员回国协议

外派人员回国管理并不仅仅是在回国以前开始的，而是在外派人员出国以前就已经未雨绸缪。在外派人员出国以前，公司需要和外派人员就出国和回国问题达成共识，签订外派人员回国协议（Repatriation Agreement），该协议书除了包括外派人员外派工作的时间和职务待遇等项目以外，还包括回国培训和搬家等相关事宜。一般来说，出国以前的协议书内容越是详细，越能够防范以后外派人员在回国问题上和公司产生的摩擦。

回国协议的内容和意义主要表现在三个方面：

1. 外派人员回国后的发展目标和期望。每一位外派人员都会关注出国对自己职业生涯的意义。尤其是从发达国家外派到相对落后的地区，外派人员不论是在工作、学习、生活和社会交往方面都不能享受到原有的环境待遇，因此被认为是为公司国际化所做的一种特殊贡献。为了吸引和促进优秀人员外派，也为了减少外派人员的后顾之忧，帮助他们得到充分的职业发展，回国协议一般都要注明回国后薪酬福利的提高幅度，以及回国后可以得到的公司某一职务，这一职务一般等同于出国前或者高于出国前的职务等级。

2. 回国培训项目。回国培训是为了保证外派人员回国后可以跟上国内同事们在专业领域和管理领域的业务水平，了解国内工作的方法和程序，以及相关的业务范围，同时也帮助他们了解国内的社会文化发展状况，从各个方面缩短外派人员和国内公司、国内社会生活的距离。如果外派人员还带有家属配偶，培训项目也应该包括他们，从而使外派人员家属和配偶也能够尽快地适应回国以后的工作和生活，更好地融入母国的环境。

3. 其他事宜。包括回国的搬家津贴、子女回国以后学校的重新注册费用、回国以后的住房提供等。回国对每一个外派人员和家庭都是一个经济上的挑战，要重新寻找合适的住房、子女就读的学校，以及相关的社区生活参与等。这些对于外派人员都是一个耗费时间与金钱的事情，因此公司有必要对他们进行帮助，以解除外派人员回国的后顾之忧。

4.3 回国人员管理目标

虽然外派人员在出国以前就和公司签订了回国协议，但是外派人员回国以后是否能够融入母国环境，仍然要看公司是否有明确的回国人员管理目标（repatriation programs）。回国人员管理目标包括：

1. 当外派人员回国的时候,他或她是否可以获得更好的工作?
2. 外派人员的职业生涯是否有发展可能?
3. 外派人员在外派期间学习的技术和培养的能力是否有价值?
4. 这些技术能力是否能在母国公司得到充分的应用?

综合来看,回国人员管理植根于外派人员的整体化管理,包括外派人员的挑选、准备以及支持等工作,后续回国管理工作受到前期工作的影响;而外派人员回国管理又影响到下一轮外派人员是否成功,所以外派人员管理各个环节是相互联系,相互作用的。回国管理就是要把外派人员文化再震颤最小化,让管理人员尽快回到母国文化,适应总部的工作环境,从而提高工作绩效。

一项关于回国人员的研究发现,外派人员回国后,工作绩效可能降低,但是工作一段时间以后,外派人员的工作业绩又逐渐恢复并提高,见图4.7[①]。所以外派人员回国管理有助于公司的国际化,也有助于公司效益、效率的提高。

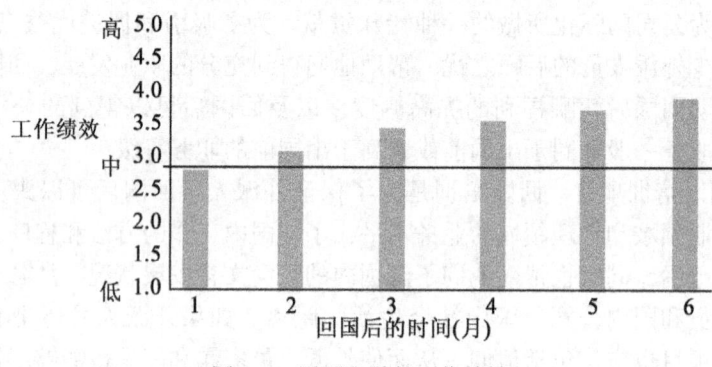

图4.7 回国人员的工作绩效

小 结

跨文化人力资源管理的重要工作是对外派人员的工作业绩进行考评,其中建立考评指标体系是一项复杂的工作,需要根据总公司和子公司的战略目标,同时分析外派人员的工作岗位特征来制定。外派人员考核的方法较之国内员工

---

① Allen, D. & Alvarez, A. (1998) Empowering expatriates and organisations to improve repatriation effectiveness. *Human Resource Planning Society*, 21(4), 29-39.

考评更加复杂，成本也更高。因此提高绩效考评的效果具有重要意义。

在国际人力资源管理活动中薪酬方案的制定也是一项复杂工作。外派人员的薪酬是根据母公司或总部的薪酬体系而制定还是根据东道国薪酬水平制定，形成了两种薪酬方案：现存比率法和平衡法。采用何种方案除了要根据海外公司的战略以外，还必须考虑薪酬方案既要具有外部竞争力又要具有内部公平感的原则。外派人员回国也会经历文化的再震颤，如何融入国内环境，搞好文化的再适应，成为外派人员回国管理的主要任务，需要认真对待。

思 考 题

1. 如何对外派人员的工作业绩进行考核？外派人员绩效评价中的主要难点在哪里？

2. 为什么在跨文化人力资源管理活动中要更加关心外派员工在海外的生活？

3. 薪酬方案中的现存比率法和平衡法的主要区别在哪里？实施方案的主要依据是什么？

4. 外派人员回国会遇到哪些问题？这些问题对个体和组织的发展有何影响？

第五章　人力资源本地化战略

学习概要
1. 人力资源本地化概念与战略
2. 人力资源本地化的环境
3. 人员本地化的方法途径
4. 人力资源本地化的影响与对策

　　本地化是跨国公司获取竞争优势的有效战略。为实现本地化战略，越来越多的公司在经营环境上创造本地化的社会基础；在市场上，积极开发适应本地市场消费需求的产品，提高产品在本地的占有率；在生产方面，将一些高附加价值的产品安排在东道国生产，满足东道国对技术的需求；在利润分配上，尽可能实行利润再投资，以便在东道国可长期发展；在思想文化上了解当地文化、民情风俗和思维方式，加强同东道国政府、社会的沟通协调，所有这些本地化措施都离不开人力资源的本地化。跨国企业只有努力扩大本地人才资源，更好地利用本地人才，实施人力资源本地化政策，才能真正完成跨国公司经营管理本地化目标。本章首先阐述人力资源本地化战略的内涵和跨国公司本地化的动因，接着分析人力资源本地化战略实施的条件。然后，重点分析人力资源本地化的管理过程，包括人力资源本地化管理系统、本地人力资源的获取和安置、工作绩效考评和薪酬方案的设计等。最后探讨本地化战略实施的障碍与对策。

第一节　人力资源本地化战略

　　伴随着经济全球化的不断深化，跨国公司在实施其国际化竞争战略的同时，也在运用比较优势和商业经验去赢得东道国本地市场，公司战略逐渐从母国中心战略向多国中心战略转化。为促进这一转化，跨国公司采取了各种本地化战略，包括供应商本地化、生产本地化、技术研发本地化、人才与管理本地化、市场本地化、筹资本地化、品牌与营销本地化等，其中人力资源本地化是为适应新的发展需要而提出的,也是各种"本地化"的基础。跨国公司把人力资源"本地化"作为长期的战略目标,"本地化"已经成为不可逆转的时代潮流。

1.1 人力资源本地化概念

1.1.1 人力资源本地化战略

人力资源本地化(localization)是企业海外经营的重要人事战略。伴随着跨国公司的发展历史,人力资源本地化也在不断地发展,形成了两种模式:传统模式和现代模式,同时出现了相应的人员本地化的传统概念和现代概念。

人力资源本地化的传统概念,是指跨国公司的外派人员获得东道国本地国籍或长期居留许可证,逐渐成为本地人,并以本地人身份被海外公司雇用的"本地化"过程,是西方发达国家跨国公司为了达到长期外派的目的而实施的人事政策,主要发生在经济发达程度基本相同的国家之间,例如美国公司外派到欧洲的人员本地化,或是欧洲日本的跨国公司在美国子公司的外派人员本地化等。传统本地化模式主要有三种方式:一是外派人员的薪酬和本地劳动力市场密切联系,二是外派员工超长时间的居住在东道国,三是外派人员对当地文化的深度融合。通过本地化,外派人员可以更加迅速地融入当地社会,取得紧密的经济、政治和文化联系,从而获取更加广泛的社会资本,提升公司在东道国的竞争力。

人力资源本地化的现代概念则是指跨国公司大量启用东道国本地人员,并逐渐由优秀的本地人员取代外派人员来经营管理海外公司的"本地化"过程。这种"本地化"战略强调对本地人员的重用,跨国公司从提高东道国人员质量角度、控制成本角度和加强社会关系角度出发,制定一系列的人事政策,积极招聘、启用和管理本地优秀的人员。

本章主要阐述现代跨文化的人力资源本地化概念和本地化战略。这里,"本地化"不仅仅是对本地人员的常规管理,还包含了跨国公司本地化文化战略,即实施外派人员和当地人员无差异的措施,鼓励各国员工在海外公司长期发展而不论他们的国籍因素如何。

人员本地化是跨国公司发展到一定阶段的产物。本地人员在跨国公司人力资源三大战略,即民族中心、多国中心和全球化战略中的地位是不一样的。

在民族中心战略中,由于海外公司的战略决策主要是通过总公司或母公司实施和控制,自身权利较小,没有独立的地位和决策权利,人力资源战略是以母国外派人员为中心,海外公司的重要职位如高级管理人员和关键岗位均由母公司外派人员担任,本地员工(东道国员工)在公司中不受重视,很难获得高级岗位。

随着跨国公司以开发本地市场为重点，提升海外公司地位和权利，海外子公司基本具有独立实体地位，可以进行较为独立的战略决策，公司重要岗位逐渐由本地人担任，由本地人管理，并逐渐取代外派人员。但是，在多国中心战略中，母子公司之间很少进行人员交流配置，母公司人员很少派往子公司工作，子公司人员也很少有机会担任总部的高级职位。

在全球中心战略中，跨国公司以全球市场为目标，公司已有的母国民族文化和东道国文化的色彩在淡化，人力资源管理部门选拔人才不再拘泥国籍，员工能力而非员工国籍成为跨国公司用人选材的首要条件。各种重要的关键岗位均从世界范围予以考虑，而不仅仅从母国或东道国人员中选拔。

现代人力资源本地化是一种以本地市场、本地文化、本地人员为视点的理念，同时本地化也是一个创造公平机会的管理过程，是在提升公司财务能力、获取竞争优势的战略指导下，对所有来自本地国籍、本地文化背景员工实施平等待遇的过程。因此人员本地化是跨国公司人力资源管理的重要组成部分。

作为一种复杂的系统工程，本地化战略涉及企业经营管理系统和本地环境之间的相互作用。它一方面促进了跨国公司和东道国之间的积极关系，例如本地员工得到了更大的发展机遇；另一方面也可能带来某些消极影响，例如母公司员工和本地员工之间的跨文化冲突等。

人力资源本地化不但影响到跨国公司价值链的实施和收益，也影响到与海外分公司和东道国政府之间的关系，影响到企业管理的有效性。因此实事求是地分析公司经营发展的阶段性特征，根据投资所在国的国情，科学地开展跨文化人力资源本地化管理十分必要。

1.1.2 人力资源本地化的阶段

人力资源本地化是跨文化人力资源管理的重要组成部分，基于跨国公司和东道国之间关系的变化，人力资源本地化战略的发展大致可以分为两个阶段。

1. 第一阶段：人力资源本地化萌芽阶段

这一时期由于企业处于国际化早期阶段，海外业务只是企业经营的一个延伸，因此海外公司奉行母国中心战略，公司权力由母公司总部掌控，企业人力资源管理对东道国人员不重视，公司的中高层管理岗位和其他重要关键岗位均由母公司或总部外派人员担任，子公司的经营管理权掌握在外派人员手中。

但是随着跨国公司加强东道国市场开发战略的实施，外派人员难以适应东道国的环境差异、无法克服企业的组织协同障碍和海外派遣成本过高等问题的逐渐显现，以及东道国民族主义的兴起，重视本地员工的现代人力资源本地化战略就在这一背景下逐渐萌芽。

在萌芽时期，海外公司管理的主要任务是解决文化差异对海外市场扩张经营战略带来的障碍，人力资源管理的重点任务是基于文化差异进行人力资源的重新配置，企业将重要关键岗位，如市场销售、企业公关等职务，逐渐由东道国人员担任。同时为了降低劳动力成本以及其他原因，将一些重要技术和管理岗位也逐渐由东道国人员担任。为了填补当地劳动力市场的质量空白，企业开始通过培训来提升东道国员工的能力等。总之，萌芽阶段的人力资源本地化管理并非人力资源管理战略的核心部分，但是已经显示出许多重要的功能性活动。

2. 第二阶段：人力资源本地化发展阶段

随着企业国际化经营的深入，企业本地化程度逐渐提高。跨国公司必须考虑和适应不同国家和地区本地化要求，一个以全球为中心、开发东道国市场的战略逐渐形成，母国和东道国各地业务逐渐统一为整体性的有机体，同时海外分公司的自主权较之萌芽阶段更大了，海外分公司可以灵活地适应当地市场和环境，自主配置人力资源。

这一时期的企业人力资源管理更加重视投资所在国所在地区的民族文化特征，关注母国和东道国之间的文化差异，促进文化交融。许多跨国公司认识到，实施人才当地化战略实属必要，可以增进企业文化亲和力，积极改善跨国公司与东道国政府和民间关系，创造良好的经营外部环境，使企业的经济效益得以提高。

跨国公司积极实施各种人才本地化手段，如积极培训开发东道国本地人才，选拔本地人才进入关键岗位等，或者使外派人员接受本地化薪酬，成为本地人才等。通过将各种本地人员逐渐替代外派人员，不但培养了本地人才，而且节省了人力成本。随着人员本地化程度的不断增加，企业多国中心战略的进一步完善，跨国公司和本地政府、客户和企业员工得以建立更加良好的关系，从而提高了跨国经营绩效。

1.2 人力资源本地化的动因

1.2.1 企业经营本地化战略的基础

人力资源本地化是跨国公司本地化经营战略的重要组成部分，是在异国投资的跨国公司取得成功的重要保证。

首先，通过对跨国公司价值链各个环节在不同区域进行培植，可以扩大跨国公司的竞争优势；在资源富饶地区设立密集消耗该资源的增值环节，可以充分利用当地优势资源。其次，在目标市场培植生产环节可以更好适应当地市场，降低运输成本；人才本地化不仅有利于跨国公司内部的协调运作，更重要的是人才本地化有利于在公司业务方面更准确地做出符合本地市场的经营决策，有利于实现该公司的本地化经营战略发展。优秀的本地员工往往更能理解本地市场和本地消费者的需求，只要将跨国公司的高科技和生产管理经验应用到本地企业，就能够生产出为当地消费者接受的产品和服务。第三，在母国和东道国市场同时经营，可以降低政治风险和经济风险。所以，本地化不但成为企业扩大市场的经营战略，也是人力资源管理的重要战略，为跨国公司的国际发展奠定基础。

1.2.2 改善和东道国的关系

本地化实际上是跨国投资的进一步深化。通过本地化，不但使跨国公司的投资进一步增长，补充东道国发展经济所需要的资金，带来了先进的技术、知识和管理，而且也创造了更多的就业机会，从而为改善与当地政府和社会民众的关系创造了条件。

以中国为例，2002年，通用电气公司在中国已经有2万名员工，每年增长速度很快。为进一步开拓本地市场，公司致力于在中国创造人力资源管理品牌，要成为"最佳雇主"，并倡导"让外籍员工回家，大力推进本地人才招聘配置和本地人才后备"的人事政策。像通用电气这样的跨国公司还有很多，根据中国商务部2004年报告：当年在华外资企业有23万家，由此带动直接就业人数为2 500万人。

2004年，中国海尔集团公司在美国南卡莱罗纳州投资建厂，招聘大量的当地员工，为此，集团公司的首席执行官张瑞敏获得了当地政府颁发的"荣誉市民"称号，以表彰他对当地经济发展和提升就业率所做的贡献。

总之，人力资源本地化战略对东道国来说创造了巨大的就业机会，促进了社会的发展和经济的进步；而对跨国公司来说，人力资源本地化战略已经成为改善与东道国政府、社会以及民众关系的重要法宝。

1.2.3 降低管理成本

人力资源本地化也是企业节约经营管理成本的内在要求的反映。跨国公司海外价值链活动和当地优势资源的密切联系、跨国公司价值链环节在全球不同区域的培植，都促进了经营成本的降低和效益、效率的提高，直接影响了跨国公司的竞争优势。

从人员成本看，外派人员成本普遍高于本地员工的成本。外派人员的许多管理费用，如跨文化培训费、高额津贴补助费、往返差旅费、搬家费、公假旅游费、住宅补助费、教育援助费等。聘用公司所在国人员就可以免除以上费用。20世纪90年代，日本外派人员和亚洲本地同级人员的工资比较，悬殊较大：日本外派人员的工资是韩国本地人和我国台湾本地人的3～4倍、马来西亚本地人的 5 倍、印度尼西亚本地人的 10 倍。

许多跨国公司充分利用东道国劳动力市场低工资的优势，以远低于母国工资的条件招聘本地员工，大大降低了企业经营管理成本，这已经成为跨国公司最重要的投资动机。

1.2.4 利用本地员工的地域优势

世界范围内关键人才的紧缺，是迫使跨国公司必须考虑启用当地人才的重要因素之一。外派人员是企业跨国经营的一个支柱，但它却无法为真正的全球机遇提供帮助。跨国公司需要的人才既要有专业知识、技能、经验，更要精通东道国本地的政治、经济、法律等事务。跨国公司只有拥有了对本国本地深入了解的人才为它们服务、出谋划策，才可以保证公司在东道国本地的平稳运作，保证公司的运营符合本地环境，在本地站稳脚跟。本地人才在多方面具有天然优势：

首先，他们对东道国的经营环境、产品服务市场，以及对本地客户的了解使跨国公司更容易开创在本地经营的局面，减少因缺乏对东道国了解所带来的经营障碍。

其次，本地人员可以克服外派人员的语言障碍、文化差异、思维方式、生活习惯等因素的影响，以及和东道国政府、其他企业、客户沟通方面的先天不足。

最后，人才本地化可以充分利用本地员工的地域优势打破东道国政府对特定行业、从业人员的专业资质要求等方面的管制。

可以说，跨国公司实施本地化战略，不仅是受到多方面的约束后的解决困境的办法，而且是公司取得本地地域优势的重要基础。

1.2.5 避免恶性冲突

人力资源本地化可以有效避免文化冲突。共同的文化背景易于员工交流，本土化的团队更有文化亲和力。这种文化亲和力有利于在招聘选拔、绩效考核、薪资报酬等人力资源管理，有利于消除民族主义情绪的冲突和建立融合多元文化的强凝聚力的企业价值观。跨国公司人力资源本地化管理除了包括雇用本地员工、培养他们对公司的忠诚等任务外，更重要的是实施多元文化的整合，以获取和培养大批能够胜任工作的本地人才，顺利实施企业国际化战略。

第二节 影响人力资源本地化战略的因素

人力资源本地化战略受到跨国经营环境的影响。东道国各种自然客观条件，政治经济社会环境，组织内部环境和劳动力市场环境等对企业人力资源本地化会产生深远影响。

2.1 东道国的政治经济社会环境

投资所在国的环境是影响跨国公司是否采纳人力资源本地化战略的重要因素，这些环境因素包括政治、法律、习俗文化以及语言障碍等。作为外部环境的各个要素，其影响是潜移默化、隐蔽和深远的（见表5.1）。

表 5.1 跨国经营中的环境因素

政治	国体，政治局势，政策制定，企业进入审批、登记、监督，政企关系等
法律	劳动法律，劳动法规
劳动仲裁制度	审美标准，价值衡量，需要，信念等
语言障碍	语言掌握与理解，沟通效果
习俗文化	当地习俗，传统，偏好，禁忌

经验表明，跨国公司外来人员只有经过长期体验才能了解东道国的社会环境内涵。为了克服跨国公司融入当地社会的障碍，人力资源本地化是一个很好的战略选择。

东道国的政治经济社会环境，对跨国公司本地化战略的实施产生了深远的影响。

东道国政府是本地化战略实施的关键，不但体现在国家的政治体制和政治局势上，也体现在东道国政府的态度以及相关的政策上，例如当地的政治环境是否稳定，当地政府对跨国公司母国是否友好；在投资环境上，当地政府对外资企业审批、登记、监督的管理水平，东道国政府和跨国公司的政企关系，东道国政府是否愿意为跨国公司提供必要的基础设施等都直接影响跨国公司本地化的积极性和本地化的进展。

东道国政府对企业本地化战略的态度十分重要。由于人力资源本地化被认为是有利于东道国发展，对东道国的经济带来较大利益的战略，东道国一般都积极支持跨国公司人力资源本地化战略。但是，跨国公司作为市场个体，自身利益最大化所带来的对当地人才争夺也是不可避免的，因此在实施过程中可能产生各种摩擦。

法律制度，如当地的各种劳动法规，以及相关的仲裁制度直接影响企业劳动报酬、劳动关系管理等实施的基础，跨国企业在本地化过程中必须依法办事。

东道国的社会价值观、人们的需求和理想信念、东道国习俗文化以及当地传统、偏好、禁忌等也是在本地化实施中需要重视的动机因素。

语言问题通常是跨国公司本地化经营战略实施的重大动机因素。如果海外公司掌握东道国语言的外派人员少，将直接影响跨国经营活动，影响企业经营业绩，因此人力资源本地化可以通过本地人员的招募、提升和任用，克服海外公司经营管理上的语言障碍，使公司能够更好地融入当地经济活动。但是，如果子公司中掌握母公司语言的人员少，也可能影响母公司和海外本地公司之间的联系和沟通，对本地化的战略产生负面效果。

2.2 企业海外经营战略

影响人力资源本地化的企业国际化战略因素主要体现在两个方面：一是跨国公司发展战略阶段，二是跨国公司进入东道国的途径。

1. 跨国公司战略发展阶段

在跨国经营过程中，当母公司战略占主导地位时，企业战略和组织结构主要是出口，管理集中在销售和分配等部门。海外公司必须向母公司汇报，子公司管理者是母公司命令的执行者。各个海外公司在新市场中执行贯彻共同的母公司决策，在新市场销售现成产品，并建立当地基础设施，海外公司的经营管理者主要是外派人员，他们是具有生产经验的专业人员，或者是具有识别市场、能抓住机遇能力的企业家。在这一战略阶段，海外公司实施的是外派人员中心战略，本地人员处于基层领域，他们在公司的地位和受到重视的程度是比较低的。

在本地化战略阶段，如图5.1和图5.2所示，跨国公司大力发展和扩大

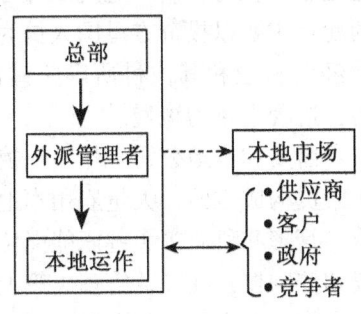

图 5.1 母国中心战略阶段

当地公司的利润，集中发展、制造和销售适合当地市场的产品，扩大本地资源范围，改革本地公司结构和系统以适应本地市场需求，本地化成为企业经营成功的关键。此时，海外公司的重点是人才当地化，培养当地管理者、技术人才和运作人才。公司需要具有丰富的本地市场经验和拥有庞大客户群的销售网络专家、拥有良好素质的本地员工，以及和本地政府关系友好的管理者和其他人才。拥有这些人才有助于对整个公司进行经营、管理和协调，建立起适合本地公司的组织结构，并生产适应本地市场的新产品。

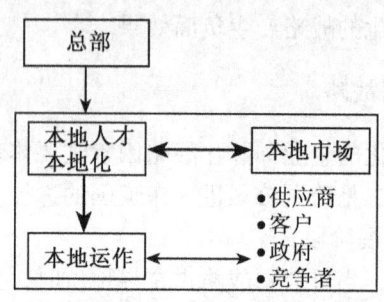

图 5.2　人员本地化战略阶段

2. 企业进入当地市场的途径

企业经营的方法也对本地化产生影响，独资公司和合资公司在东道国经营战略具有差异性，不同所有制公司实施人力资源本地化的程度是不一样的。跨国公司进入模式主要有两种：一是通过独资形式（独立设立海外公司）进入东道国；二是通过合资经营形式进入东道国。企业进入本地市场的方式不一样，对人力资源本地化战略的影响也是不一样的。

一般独资公司的本地化进程较为缓慢，这是因为母公司作为投资方拥有百分之百的控股权，人员的配置主要以投资方母国人员为主，本地人员一般从组织结构的底层进入，加上经营管理和其他科研等关键位置上的占有量十分有限，因而本地化需求不高，进程也较为缓慢。

合资公司的外国投资者需要和本地公司合作，在控制权上，外国投资方只有部分而非全部；在企业人员构成方面，大量雇用本地人员是合资企业生存和发展的重要条件；在经营、管理和科研等关键职能岗位上，本地人员享受与公司所有制相匹配的发言权和控制权；在经营管理决策上，外派经营管理人员需要更多地和本地人员密切合作，在企业文化方面，双方需要更多地了解对方的特征，而外派人员必须向本地人员学习，了解本地文化习俗和企业管理的模式，才能有效合作、合资经营，因此合资企业的本地化程度往往较独资企业要高。

2.3 对本地人才的需求程度

跨国公司由于其企业经营的特点，和东道国市场的联系密切程度是不一样的，从而导致对东道国人员的数量和质量需求不一样。

1. 密切型企业

密切型企业是指和东道国市场联系密切的企业，它们的产品服务市场主要在东道国，公司十分需要有专业知识、技能、经验，精通东道国政治、经济、法律等事务的人才，需要这些对东道国深入了解的人才为他们出谋划策，以保证公司在东道国的平稳运作，保证公司的运营符合东道国国情。此外，人才本地化可以帮助密切型企业充分利用本土员工的地域优势，打破东道国对国外特定行业、从业人员的专业资质等方面的管制，对于本地市场开发具有积极意义。

2. 松散型企业

松散型企业更多地关注母公司战略的实施，保证海外公司在管理、生产、经营上与母公司保持一致，其利益重点不在本地，因此，公司的主要经营者是外派人员；而对本地人才的需求不如前一种企业。这类企业对东道国人员的需求主要在低层次的人员群体，例如基层管理者、一般职员、操作工人、流水线生产工人等，而对了解东道国国情、市场、客户的高级人员的需求有限，因而影响了公司的本地化程度的质量。

随着企业多国战略和全球化战略的逐步形成，公司越来越重视东道国本地市场的开发，越来越需要那些了解本地市场、本地客户和本地文化的人员，通过他们开创跨国经营的新局面，减少因缺乏对东道国了解所带来的经营障碍，因此跨国公司海外公司对本地人员的需求将不断提高。

2.4 本地人才的素质

本地人力资源素质影响企业是否采纳本地化战略，只有本地人才可以满足跨国公司对员工的数量和质量需求时，本地化战略才可以真正实施。

由于本地员工的素质受到东道国本地教育发展水平和发展规模，以及人才培育制度的约束，因此建设和国际接轨的教育制度，培养符合跨国公司需求的人才，是跨国公司本地化战略的基本条件。随着发展中国家教育制度不断完善，本地人员教育程度不断提高，本地劳动力市场将不断满足跨国公司对东道国本地人员数量和质量的需求。

为了保证人才本地化的实施，提高本地人员的素质，跨国公司需要积极建立各种规模的培训体系，东道国人员培训体系主要分为两种类型：子公司主持型和母公司主持型。

2.4.1 子公司主持型

子公司主持型是指子公司自行对各级各类东道国本地人员进行全面培训。例如，日本某家用电器有限公司成立以来设有专人负责制定和实施全面、系统的培训计划。该公司1995年确定了10个本地人员培训项目，包括语言培训、公司各级干部培训、质量管理培训、全厂本地职工培训面达到100%。德国大众汽车有限公司在上海投资1 500万马克建立了有各种现代化设备的培训中心，从1985年到1994年，参加各种培训班的员工达到19 940人次。子公司主持型的培训体系可以更密切联系东道国市场，满足跨国公司大规模培养本地员工的需求。

2.4.2 母公司主持型

由母公司组织所有在东道国企业的培训。这方面的例子有：联合利华公司每年输送一定数量的东道国本地技术人员到荷兰鹿特丹总部进行培训，时间从3个月到半年不等，通过在本部的培训，大大提高了海外公司本地人员的技术水平。日本松下有限公司建立了全球人才培训中心，其目的就是为全球企业、海外公司提供人才培训支援。中心成立后，先后开办了为本地人员举办的"经营管理研修班"、"人事负责人研修班"和"质量管理基础研修班"等专业研究班，不但提高了本地员工特别是本地管理人员的技术和管理水平，而且也加快了它在各国子公司的人员本地化进程。

2.5 公司组织结构与企业文化

母公司和海外公司组织结构的相似性对其本地化战略影响很大。如果海外公司组织结构和母公司相似，为了和母公司相关部门取得对接联系，海外公司在组织结构上必须和母公司相互对应，以取得相应的联系和帮助，这种部门对应的组织结构规定了海外公司和母公司的岗位设置和人员配置，不但对相互之间的沟通联系和管理模式产生较大的限制，而且限制了海外公司在人员配置上的独立性，从而影响了人力资源本地化策略实施。

相反，如果海外企业在跨国经营中采用和母公司不同的、具有独立性的本地组织结构，而且管理模式不是母公司而是海外公司自身具有的，那么公司在岗位设置和人力资源配置方面的自由度就比较高，当公司对本地人员的需求增加时，受到组织结构的限制较少，从而使人员本土化战略较易实施。

企业内部文化的特点主要表现在以下三个方面：（1）独特的个性：如坦诚、含蓄、委婉、直率、乐观、平静、忧郁；（2）特定的价值观：如诚实、公事公办、自私、裙带风、武断、咨询；（3）行为方式：如经营目标的制定、市场选择、原材料选择等管理活动特点等。跨国公司内部文化反映在多元化特性上。跨国公司不论是何种所有形式，合资企业，独资企业或合作企业，都是跨国界、跨地区、跨文化、跨政体、跨民族的多元文化组织。

企业文化的差异性对跨国公司海外公司的本地化产生影响。这表现在五个方面：

第一，各国文化差异会导致不同国家地区跨国公司的本地化程度水平具有差异性。例如在一项各国/地区跨国公司人力资源管理方法偏好调查中发现，在美国的日本子公司中高层管理者31%为美国人，而同一时期，在日本的美国子公司有高达80%的高层管理者为日本人，同时，在日本的美国子公司的组织结构上为扁平结构，这些有助于本地管理人员拥有较多自主权，国际化程度较高（Susan Maffat，1993），因而对人力资源本地化战略产生影响。

第二，跨国公司本地化程度是制约本地人才是否可进入的重要因素。一项对于中国大学生的调查发现，垄断了中国最好大学毕业生的跨国公司都是本地化程度较高的外资企业，例如中国顶尖大学的学生把美国在华公司当成他们的首选公司，而在中国大学生希望进入公司的前十名的名单上没有一家公司是本地化程度低的外资企业。

第三，母国和东道国文化相似性也是具有影响的因素之一。调查发现，在一定条件下，如果母公司所在地的文化和子公司所在地文化完全相似，反而可能降低跨国公司人员本地化的需求程度，降低本地化水平。这是因为，当母公司管理人员对东道国本地语言文字以及文化十分了解时，沟通交流就没有障碍，母国人员自行管理没有困难。由于母公司外派人员更加了解母公司战略和文化，由他们实施母公司的战略和控制子公司比本地人员更加有利，因此只要在薪酬成本上外派人员和本地人员没有很大的差异，那么跨国公司就会更加愿意用外派人员而非本地人员来管理海外公司，而本地员工进入关键岗位就会受阻。

第四，跨国公司组织内部多元价值观的影响。公司员工个体之间的个性和价值观分歧也对企业本地化产生影响。在公司管理过程中，过多地强调母国文化的优越性，可能导致本地员工的反感。例如在东道国的分公司里实行母国的严厉管理和纪律检查，要求本地员工背诵母公司的警训、唱公司企业歌等带有浓郁歌颂母国文化的管理方法和企业文化，可能不但不会获得如期的激励效果，反而还可能招致本地员工的反感，激发民族主义的情绪。

第五，公司的文化协同性。跨国公司内部文化协同性低将导致经营管理行为协同障碍，带来在经营目标、市场选择、管理方式、处事方法等方面的实质性分歧,并可能导致海外公司的经营失败。为实现本地化战略,加强企业内部协同性,加强本地员工的归属感和凝聚力,发展企业内部多元文化,做好经营管理的文化协同等基础工作十分重要。

第三节 人力资源本地化管理

3.1 人力资源本地化管理系统

为配合跨国公司本地化战略,公司人力资源部门应同步形成和发展一种特定的管理系统——人力资源本地化管理系统。该系统包含了本地人员的招聘、选拔、绩效考评、劳动报酬和培训教育,强调在跨文化背景下本地人员管理开发过程的重要性。

本地化管理系统首先要克服国际化第一阶段的母公司管理系统输出到东道国的出口型系统的局限性,纠正只在东道国子公司中推行母国人力资源战略的管理思维定势。其次树立跨国公司的全球化战略、本地化市场和不拘一格选拔人才的指导思想,通过学习和借鉴各国人力资源管理的实践方法,努力适应跨文化的环境,从而使跨国公司的人力资源管理系统具有环境适应性和多元文化的整合性特征。

人力资源本地化管理与企业本地化经营战略密切相关。如图 5.3 所示,当企业需要及时了解当地市场需求,以生产客户所需要高质量产品时,提

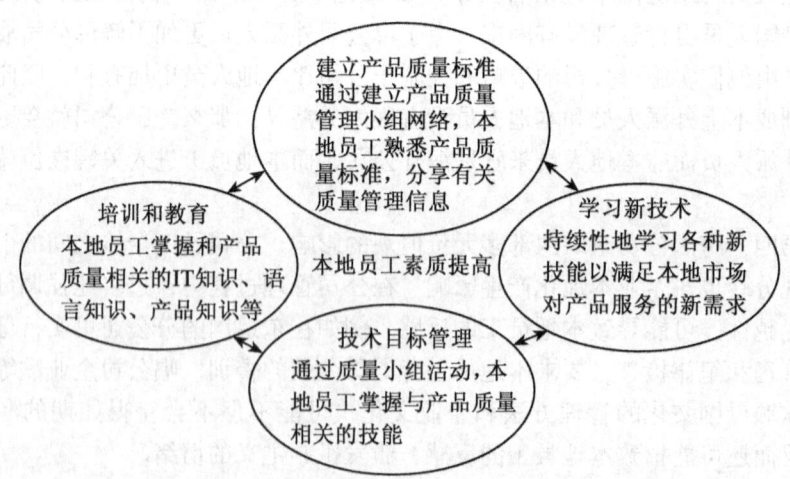

图 5.3 产品质量管理与人力资源本地化管理子系统

高本地员工的素质就成为关键管理职能，人力资源本地化和质量控制过程紧密联系，是产品质量管理的基础。

跨国公司人力资源本地化本质上是适应东道国文化环境，建立整合型的管理系统的过程，其核心活动是如何取得当地人才，提高企业业绩。人力资源本地化管理要努力整合母国文化和东道国文化，提高本地员工的凝聚力和对企业的满意度，通过绩效管理、薪酬管理和培训开发，提高本地员工技能和经营管理水平，并最终提高公司的绩效，强化海外公司的国际竞争力。

3.2 本地人员的招聘选拔

3.2.1 本地人员招聘的意义

本地人员招聘是人力资源本地化管理的重要组成部分。图5.4是美国中型跨国公司在选拔管理人员方面本地化水平的比较。该图显示，越来越多的美国中型跨国经营企业都在招聘东道国员工，公司人力资源本地化水平不断提高。

加强本地人员招聘工作是为了应对东道国劳动力市场对本地人才的激烈争夺，通过加大对本地人才的投入，吸引优秀人才进入海外公司。跨国公司通过多种方法来扩大对本地人才的招聘选拔范围，包括扩大人才选拔范围、加大本地人才的科研投入、提高本地人员的劳动报酬，改善本地人员的教育培训条件，以及吸引更多的留学人员回国到分公司任职等。

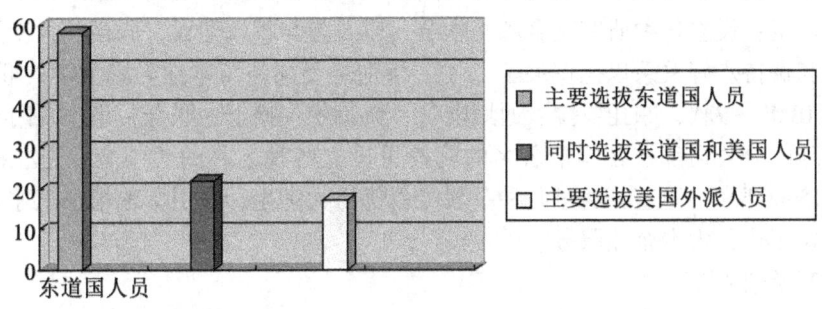

图5.4 基于选拔管理人员比例的美国中型跨国公司比较

但是，本地人员的招聘选拔对于跨国公司来说是一把双刃剑，既有有利的一面，也对母公司带来了一些隐患。

招聘本地人员的积极一面是，可以消除外派人员在语言和其他文化方面的障碍，更好地进行沟通，有利于东道国产品服务市场的开发和巩固。如果东道国员工的劳动报酬普遍低于母公司外派人员，公司通过招聘本地人员可以降低劳动力成本。本地化战略将使更多的本地人员走向关键岗位，由此改善本地人员自身的管理技能，提高素质；本地人员因职务晋升而士气高昂，从而提高了对企业的忠心和凝聚力；同时本地化还能够促进就业，符合本地政府扩大就业的雇用政策，从而改善和增进同本地政府的友好关系。

但是，人员本地化对跨国公司来说也有消极影响。首先本地化可能导致海外公司忽视总公司全球利益，使母公司总部的控制和合作可能受到阻碍。同时，较多地雇用本地人员，也限制了母公司人员外派机会，不利于海外工作经验的获得和积累。由于东道国政治经济和法律制度的差异，可能会带来较多的劳动关系纠纷；此外通过本地化举措，越来越多的东道国人员可以接触公司的技术核心，这些人员一旦跳槽流失，将使公司的核心竞争力受到重创。正是基于本地化的局限性，许多跨国公司在快速实施本地化战略以后，都会有一个调整阶段，以保证跨国公司总体利益得到保证和公司总体战略的全面实施。

3.2.2 招聘方法途径

招聘本地人员进入企业和选拔本地人员进入关键岗位是企业本地化战略的基础工作。跨国公司招聘本地人员的主要途径有4种。

1. 校园招聘

在当地高等院校进行校园招聘，是跨国公司招聘本地人员最主要途径。

为了获得优秀的人力资源，跨国公司应该未雨绸缪，利用各种手段获取优秀人才。这些方法包括：公司开展校园公关和宣传活动，提高本企业在学生中的知名度；设立各种研究基金和奖学金，以及参与校园建设，同当地大专院校建立和保持友好关系以挖掘尖子人才。特别是要加强与本地名牌大学的联系。例如IBM、微软、摩托罗拉、通用电气、英特尔、松下、联合利华、西门子等在全球的分公司都在各国最著名的院校里设立各种名目的奖学金，建立图书馆、培训部和实验室，通过各种手段吸引优秀大学生，吸引本地精英人才到自己公司工作，为本企业服务。

2. 企业招聘

以高薪待遇从东道国本地企业吸引人才也是一种行之有效的招聘方法。特别是当东道国的本地企业技术设备落后、对人才投入不足，而且科研等经营型人员的薪酬待遇较低时，从本地公司招聘人才更容易成为跨国公司招聘的重要途径。许多优秀的跨国公司，由于拥有良好的工作环境、优厚的薪酬待遇，深深吸引了东道国本地企业的人才，成为人才流向的目的地。

企业并购也是跨国公司获取本地人才的重要方法。通过并购企业获取本地人才的企业主要是高科技企业，例如计算机软件企业，高质量的本地人力资源是高科技跨国公司研发的最为关键的要素，获取他们是公司并购的主要动机。

企业并购的成功案例表明，企业真正购进的是人才，只有不遗余力地挽留本地精英人才，将被并购公司的重要人才安排在关键岗位上，才是跨国公司并购成功的关键。如果并购公司没有认识到这一点，在并购完成后就开始削减被并购公司的本地员工，其结果可能导致人才的流失，使企业并购毫无意义。

3. 通过当地劳动中介机构招聘

依托东道国涉外企业服务性机构进行人才招聘是迅速获得本地人才的方法。由于中介机构信息量大，人才服务专业、针对性强，能很好地满足跨国公司的人力资源本地化需求，因此受到欢迎。为此，越来越多的东道国人力资源中介结构纷纷介入跨国公司的本地化战略活动中，配合海外公司人才招聘活动，设立各种服务性机构，并且通过不断培养和培训高素质的技术人员、管理人员和熟练的技术工人，特别是懂技术、会外语、熟悉财经知识和国际经营惯例的经营管理人才，为跨国公司提供配套服务。

如著名的国际人员招聘机构——中国北京市外国企业服务总公司，在21世纪初的几年中，已向6 000多家外商驻京机构提供了10万多名雇员。上海的外国企业服务公司和广州的友谊对外服务公司也分别向驻沪、驻穗的外商投资机构提供了上万名雇员。

跨国公司分公司还可以通过参加东道国举办的各种类型人才招聘活动，透过本地人才市场直接招聘本地人才。这种招聘专场由于效率高，节约时间，费用少，影响面大，应聘人员多，是许多海外公司人力资源管理部门招聘活动的主要渠道。跨国公司和本地公司在本地人才市场上同台竞争，如果跨国公司用高薪待遇和其他优越条件吸引优秀的东道国人才，往往可以取得满意的招聘效果。

4. 在东道国设立了研发中心

跨国公司可以通过增加科研投入，在海外建立领先水平的技术开发中心的方法来吸引本地优秀科技人才，包括与大专院校合作建立实验室进行研究，或者成立各种研究院、研究所等。例如20世纪90年代以来，多家著名跨国公司在海外成立研究机构。爱立信公司在中国成立了中国学院，微软公司在中国和印度设立了研究院和工程院，摩托罗拉公司也在中国成立了研究所。

这些研究开发中心除了利用自身的高水平科研工作环境和条件外，还通过提供美好的职业生涯计划、丰厚的薪酬福利、输送相关人员到海外培训、具有挑战性的工作等方法来满足本地人员的各种需求，从而吸引高层次人才。根据一项调查，本地人才进入分公司的主要动机有多种，如图5.5所示，本地人才最为强烈的动机是职业生涯发展，其次是劳动报酬、工作环境和充分的工作挑战等。同时该图还显示，本地人员在第一次进入外国公司时的期望值与第二进入外国公司的期望值有所变化。个人职业生涯发展、收入水平和工作环境的动机变得更加强烈，而对公司的政策的期望值则在下降。满足不同需求是跨国公司研发中心吸引本地人才的好方法。

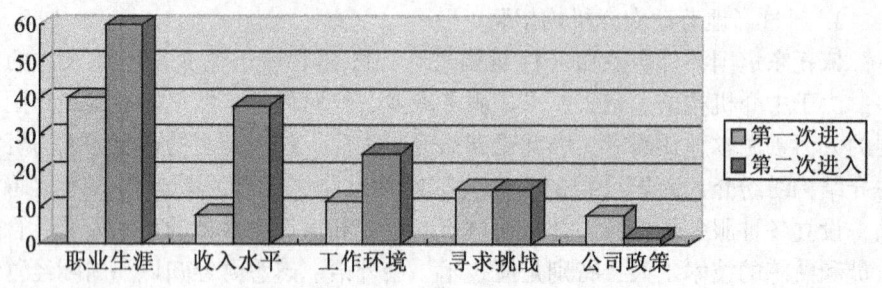

图 5.5 本地人员对公司的期望变化

3.2.3 选拔晋升

对本地人员选拔晋升是海外公司内部人力资源的招聘，是一项重要的人力资源管理功能，对于提高本地员工的工作士气，加强凝聚力，减少跨文化冲突，提高企业效益，增加本地员工对企业态度的积极性，以及本地员工自身的职业生涯发展都具有重大意义。

影响本地人员晋升的因素主要有：晋升体制的特征、东道国本地人员自身的素质、公司出资比例带来的权利性因素，以及公司人事政策是否具有玻璃天花板效应等。

1. 晋升体制的影响

企业是实施功绩制度还是实施年工制度对于本地人员的晋升选拔具有较大影响。一般实施功绩制度的企业中，晋升条件重视的是人员的工作绩效而非背景，因此本地人员晋升主要是考察工作业绩，优秀的本地人员较为容易得到晋升；而实施年工制的企业里，本地人员由于缺乏在海外公司的工作经历因而容易受到较大的负面影响，晋升容易受阻。例如在实施"长期雇用"、"年功序列"等传统人员管理方式的某些跨国公司，海外企业本地化的整体水平就低，和推行功绩制的欧美跨国公司相比，这些公司里的东道国本地职员的晋升人数少，速度慢，工资水平低。

2. 人员素质

由于企业组织结构和人员配置有密切关系，一方面，职务选拔类型特点和职务层级特点（见图 5.6）制约了选拔晋升的条件和人员的素质要求；另一方面，被选拔人员的素质也影响了职务选拔类型和职务层级，因此本地人员的素质是影响晋升的重要因素。

一项对在华外资企业中国职员职务类型比例调查发现，在北京、天津、上海、深圳、大连的日美欧企业（日本企业67家390人，美国企业83家383人，欧洲企业67家252人）中，1 025个中国本地职员的职能分工上，本地人员的职务主要是工人、技术人员、财务人员、营业人员、中间管理人员，所占比例分别为1.7%、26.4%、13%、11.3%、26.2%，说明这些跨国公司招聘的本地人员的素质普遍较高。①

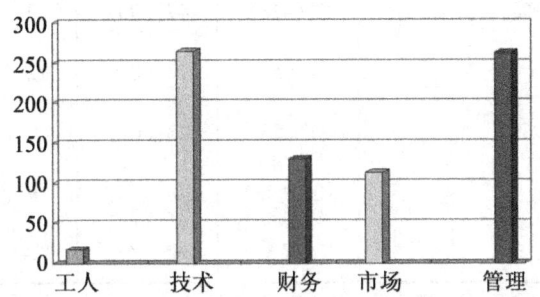

图5.6 在华跨国公司本地人员职务分布调查

和西方发达国家地区比较，发展中国家跨国经营的历史短，经验少，在人员素质上也具有一定距离。海外经营中最需要的是那些具有国际战略眼光的高级管理人才，而这恰恰是东道国本地人员最缺乏的素质，这一瓶颈制约了本地人员的晋升。因此，培养本地人员具有国际企业管理人员素质，如战略意识、新形势的适应性、对不同文化的敏感性、国际化团队工作的能力、语言技能和理解国际市场的能力等，对于跨国公司本地人员的晋升与发展十分必要。

3. 出资比例的影响

母公司出资比例对东道国子公司的本地人才的选拔具有潜在而重大的影响。实践表明，当母公司出资比例较少的时候，东道国本地人员选拔为高级管理人员的比例较高，而母公司出资比例达到100%的时候，本地人员被选拔为领导者的比例最低。

此外母公司的晋升偏好文化对本地人员的晋升也有重大影响。一项调查发现，欧洲和北美的跨国公司本地化程度较高，而日资企业的本地化程度则较低（见表5.2和表5.3）。② 在日本的欧美跨国公司的子公司中，当欧美母公司投

---

① 贺筱萍. 日本跨国公司的当地化问题. 北京师范大学学报, 1999
② [日] 吉原英树. 国际经营. 有裴阁出版社, 1997

资比例为25%～40%的时候,作为东道国的日本的本地人员选拔为高级管理人员的比例达到90%,而欧美母公司出资比例达到100%的时候,日本人担任领导者的比例也有47%。

表5.2　　　　　欧美公司投资比例和分公司总经理国籍

母公司出资比例	总经理 外国人	日本人	其他	合计
25%～49%	2（4%）	47（90）	3（6）	52（100）
50%	4（5）	72（82）	12（14）	88（100）
51%～99%	21（23）	43（67）	0（0）	64（100）
100%	105（48）	103（47）	9（4）	217（100）
合计	132（31）	265（63）	24（6）	421（100）

资料来源:Keisuk.日本公司的当地化比较.2000年7月

但是在欧美的日本海外公司中,东道国本地人员晋升的情况就不一样。日本独资公司中,本地人只占到12%,而日本母公司出资只有50%的合资兼并企业中,欧美本地人担任总经理职位的也只有49%。说明日本公司较欧美公司在人员晋升选拔上本地化程度低。

表5.3　　　　　日本公司所有制和分公司总经理的国籍

新成立或兼并(家)	海外子公司的总经理 日本人	当地人	合计
新成立	395（88%）	53（12%）	448（100%）
兼并	80（51%）	76（49%）	156（100%）
合计	475（79%）	129（21%）	604（100%）

资料来源:Keisuk.日本公司的当地化比较.2000年7月

4. 玻璃天花板效应

所谓玻璃天花板效应是指由于母公司人事战略和文化差异,本地人员的职业选择和职务晋升似乎被一层玻璃挡着，可望而不可及，对职业生涯的进一步规划在此受阻。在跨国公司晋升体系中东道国人才常常遇到玻璃天花板效应，职业生涯发展受到制约。玻璃天花板效应的特点是，虽然没有明文规定的晋升歧视条件，但是在实施中，对外派人员和本地人员的待遇具有差异，业绩同样优秀的甚至更好的本地人员往往得不到晋升。由于职业生涯中黄金时光逐渐减少，向上的空间也越来越少，本地人员很容易产生对"玻璃天花板效应"的不满，从而引起管理上的冲突和本地人才流失。

3.3 本地人员绩效考核

建立科学的绩效评价机制和完善的激励机制是跨国公司本地化战略的核心功能。人力资源管理的绩效评价对于加强企业管理、提高企业的管理水平具有积极而重要的意义。跨国公司的"激励机制"，是关于企业所有者与经营者如何分享成果的一种契约，组织通过设计适当的奖酬形式和工作环境，以一定的行为规范和惩罚措施，借助信息沟通，来激发、引导、规划组织成员的行为，达到组织及其成员的目标。

3.3.1 评估方案设计的文化差异

设计本地人员绩效考评方案有两种途径：一是拥有一套共同的绩效考评系统，无论是哪个东道国分公司都统一执行评估标准，使不同东道国公司之间本地员工的绩效评估标准一样。例如百事可乐公司就是在全球150个国家和地区设立分支机构，通过一套共同的绩效考评系统对各个分公司的本地人员进行评估，其目的是激发本地管理人员和经营人员追求高水平的绩效，在绩效和多元文化中达到平衡。

另一种方法是各个东道国本地公司自行制定评估方案，根据本地员工的特点，制定本地人员评估方案，使绩效评估与本地环境、本地文化密切联系。

本地人员工作绩效评估指标体系包括两个方面：一是工作业绩，一是工作表现。工作业绩评估指标应按照各个公司营运业务、工作分析和岗位规范进行，而工作表现评估方案则反映企业所在国的文化价值观，涉及国与国之间文化的差异性和适应性。因此，制定本地员工绩效标准时应注意母国公司和东道国公司之间价值观的共性和个性，注意文化差异对工作绩效方案的影响，以此提高评估的效度和信度，使评估方案具有可操作性和有效性。不同文化价值观对绩效评估标准所具有的导向作用，见表5.4，对本地员工的行为表现进行评估时应考虑文化价值观的作用。

表 5.4　不同文化价值观对绩效评价的导向作用

评价导向	个人主义为核心的价值观	群体主义为核心的价值观
1	主观能动性和创造性	按领导的指示或要求办事，认真负责
2	喜欢自己选择工作	服从分配，吃苦耐劳
3	人际关系上，喜欢使用"对抗"策略	避免冲突，团结沟通
4	每个员工都应该对自己的工作表现负责	工作交给谁去做并不是最重要的，关键在于整体的凝聚力
5	工作态度上的积极性是衡量员工业绩表现的首要指标	工作的积极性表现为对集体的业绩负责
6	侧重将来，注重个人潜能	现在具有的完成任务的能力
7	该员工能为企业在将来创造多大利益	能否满足企业现实的需求

3.3.2　绩效评估的原则

对本地人员的评估具有一定风险，因此在执行过程中应该注意下列原则。

1. 以总公司战略为核心

在对本地员工进行绩效评估时，海外公司既要遵循总部或母公司政策，又要考虑本地企业绩效评估的实施手段、方法和途径，并就评估过程提出意见和建议。海外公司对本地人员的业绩评估应以母公司总体方针为指南，同时保持敏感的文化意识。例如许多本地经营管理者对东道国市场的把握往往出于天生直觉和对本地文化的敏感性而不是对跨国公司总体战略的把握，因此绩效考核的指标体系要反映这些本地人员引导企业不断走向成功的能力，考察其是否符合跨国公司总体目标的组织管理决策目标。跨文化绩效管理既要反映本地人员的工作业绩和工作表现，又要符合企业的长期战略要求。

2. 具有文化敏感性

对本地人员的绩效考核必须考虑文化因素，否则可能遭到本地员工的反感。例如，许多欧美跨国公司 HR 部门发现，在多数亚洲国家，反馈是不公开的，对员工的反馈是含蓄的、含糊的、温和的和缓慢的；而西方国家则是直截了当，如有不同意见立即提出来，而且是强烈的，因此，绩效反馈运用西方公司的方式可能会引起跨文化的冲突。由于反馈与员工薪酬待遇和职务晋升直接相关，要求管理方在提供反馈时必须注意大量细节。注意评估反馈的目的是提高绩效而不是指责文化差异。通过评估最大程度地调动本地员工的主观能动性，努力实现企业利益最大化。完善的激励机制能够起到"三位一体"的作用，即吸引优秀的本地人才到企业来；开发员工的潜能，激励本地员工充分发挥其才能和智慧；造就良好的竞争环境，留住优秀的本地人才。

绩效标准的制定和对绩效标准的解释应该是规范的，通俗易懂的，容易为本地员工所掌握。

3. 促进对本地员工的管理

搞好对本地员工的绩效评价有助于促进对本地员工的管理。一般来说，成功的跨国公司在海外经营时都拥有独特的优势，加强对本地员工的管理有利于保持企业的独特优势。绩效评估可以强化本地员工的管理，是保持企业独特优势的重要基础工作。为此可以从以下几个方面进行：

采用工作业绩及时反馈方法，帮助本地员工了解工作进展和工作结果，找出自身的差距缺点，改善工作方法，提高工作效率和效益。

通过绩效考评形成竞争机制，使新员工脱颖而出，积极赶超老员工，本地员工赶超外派员工。

制定个人业绩挂钩的分红计划，每年根据员工的完成工作业绩情况，以及工作的表现，由其直接上级给出的评定结果发出奖金，促进优秀本地员工的保留。

采取以能力业绩为衡量标准的激励制度，使本地员工获得公平感，提高企业凝聚力。

3.4 本地人员薪资报酬

确定当地人员劳动报酬是跨文化管理的主要任务。长期以来，西方发达国家跨国公司的薪酬制度由于受低成本战略的影响，以及东道国劳动力市场薪酬体系的限制，外派人员与本地员工的薪酬水平存在显著差异。有统计表明，相当多的跨国公司的薪酬方案设计存在不平等现象，同样的工作职位和工作业绩，外派人员的薪酬水平往往较高，而本地员工的待遇却普遍较低。这种差异经常造成本地员工心理上的不平衡，影响工作热情，以及和外派人员之间的关系。随着跨国公司人力资源本地化战略的实施，不平等薪酬体系已经成为跨国公司经营管理的障碍，不但导致优秀本地人才的大量流失，而且造成企业经营业绩的下滑，影响跨国公司在东道国的发展战略实施。

3.4.1 本地人员薪资报酬原则

东道国人员的薪资报酬原则主要体现在两个方面：内部公平性和外部竞争性。

内部公平原则有助于拉近本地员工和外派人员之间的薪酬差异，避免员工心理不平衡。公司人力资源管理部门在设计本地化薪酬方案时要从三个方面进行考虑：（1）岗位对知识技能的要求；（2）岗位对解决问题能力的要求；（3）岗位对承担责任大小的要求。

随着跨国公司本地化战略的实施越来越深入，企业人事政策特别重视企业内部公平性的原则。许多跨国公司的人事政策还特别强调，除了考虑汇率和国家生活水平的差异以外，一切应以能力和业绩出发。不论是本地人员还是外派人员，不论是何种文化背景，都应实行同工同酬制度。除了个别公司急需，同时东道国无法找到的人才可以予以特殊津贴奖励以外，所有人员应该按照公平原则给予薪酬待遇。

由于内部公平原则的执行可以减少人员摩擦，消除跨文化冲突，因此成为跨国公司实施人力资源本地化战略的主要途径。

外部竞争性是为了保持公司在东道国的竞争地位，吸引本地人才进入企业，激励本地人才为企业努力工作，并保证优秀的人员继续留在企业工作的原则。为保证外部的竞争力，跨国公司人力资源部门的主要工作是进行市场调查。调查应包括：

同行业跨国公司本地员工薪酬水平调查；

同行业本地企业员工薪酬水平调查；

本地区跨国公司本地员工薪酬水平调查。

通过市场调查，公司制定合适的具有竞争力的薪酬方案，从而吸引和保持优秀的本地人员能够为企业服务。

3.4.2 本地人员薪酬方案设计

本地化的薪酬方案是基于本地化战略、职务说明书、绩效考评体系和市场调查结果而设计建立起来的。一般而言，这个薪酬制度包括固定薪酬+业绩薪酬+福利等形式，发放的薪酬货币部分是当地货币，部分是母国货币。其设计原则是，固定薪酬必须保证本地员工的薪酬水平具有相对的内部公平性与外部竞争力，发放时还应考虑两国货币的汇率情况、货币购买力以及东道国的生活水平。

薪酬结构要能够反映出本地员工各岗位对公司整体业绩的价值贡献，一般来说，主要包括岗位工资和绩效工资。人力资源部需要从岗位基本知识技能要求，岗位的业绩目标和岗位承担责任的大小，以及员工的工作绩效入手，设计出合理的、科学的和有竞争力的本地员工薪酬体系。

人力资源部门可以利用岗位分析的结果确定薪酬范围，设立岗位薪酬级别阶梯，使岗位之间的薪酬差距充分体现出来。但是，由于岗位价值评估不可能完全准确，所以企业往往引入业绩薪酬制度，目的是使薪酬结构更公平、更具有竞争力和灵活性,从而激发本地员工的积极性。

母公司薪酬制度极大地影响了海外公司的薪酬方案的设计。以日本企业为例,日本企业大多实行终身雇用制度,薪酬水平很少和工作业绩联系起来,见表5.5,日本海外公司的薪酬制度被认为是缺乏竞争力的,使相当多的本地员工感到失望,并造成了人员的流失。

表5.5 日本公司工作业绩和平均工资增长率/减少率的关系

		工资增长率小于5%	工资增长率为5%~10%	工资减少率小于5%	工资减少率为5%~10%
中层干部	业绩最好的	46.8%	28.5%		
	业绩最差的			61.5%	16.2%
普通员工	业绩最好的	47.9%	29.5%		
	业绩最差的			65.4%	18.0%

资料来源:*Japan Labor Bulletin*,2004(4)

公司制定固定薪酬时也需要考虑外部公平的问题,即薪酬是否具有市场竞争力。薪酬调查中,了解其他同行业跨国公司的薪酬水平尤其重要,是制定公司薪酬方案的基础。一方面,公司各岗位薪酬级别需要参考同行业薪酬水平进行调整,确保在合理薪酬水平下公司能招到合适的人才;另一方面,人力资源部门还需定时了解竞争对手薪酬变化情况,以确保公司薪酬水平保持动态竞争力。

跨国公司海外公司的本地员工一般可以获得高于国内同行业的薪酬水平,这是跨国公司吸引本地人才的重要手段。但是本地员工的薪酬水平也并非完全依靠公司的财务能力,还要视员工的工作岗位性质、工作强度、业绩和表现而定。因此也经常发生跨国公司的本地员工的薪酬水平低于东道国国内同行业员工薪酬水平的情况。以在中国业务增长比较快的企业,某著名电器跨国公司为例:被招聘到该公司的本地普通销售人员3个月的试用期,基本工资(2005年)仅为1 000多元人民币。正式录用后,本地员工的薪水再确定。当地政府部门认为,这样的待遇甚至不如一些本土企业。[1]

3.4.3 本地员工福利制度

跨国公司提供的舒适的工作环境、相对丰厚的薪资、良好的福利保障都是

---

[1] 徐锋,杨瑞. 中国劳资调查. 21世纪经济报道,2003

留住本地人才的基本措施，这一系列措施使得员工具有公平感、安全感、成就感。跨国公司制定的福利项目主要包括带薪休假、住房补贴、进修自主、医疗失业及退休保障计划等。

对于发展中国家的员工而言，跨国公司本地员工的福利金方案中最为重要的项目是养老金、医疗保险、失业保险和住房公积金四大块。本地员工保险金交纳水平一般以员工一年（1~12月）的平均工资为基数来确定。其中，由公司交纳的部分，分别为养老金、医疗保险金、失业保险金、住房公积金等。以在华某公司为例（见表5.6），其养老金公司交纳约占22%；医疗保险约占12%；失业保险约占2%，住房公积金约7%；个人交纳分别占7%、2%、1%和7%。

表5.6　　　　　　　中国某市外资企业福利金交纳比例%

项　　目	养老金%	医疗保险%	失业保险%	住房公积金%
企业交纳比例	22	12	2	7
个人交纳比例	7	2	1	7

许多跨国公司为了保留和激励人才，在本地员工进入公司工作并签订劳动合同以后，公司将本地员工的各项保险都纳入了社会统筹，除了对当地政府规定的各种保险费用做到及时交纳以外，还结合企业员工岗位的情况，为本地员工投入人寿保险、人身意外伤害保险和商业医疗保险等其他多种保险计划，并开展各种具有福利性质的活动，例如企业在员工的生日和病伤等特殊时期的祝福和慰问活动，提供免费工作餐、免费交通费等，以及组织员工旅游、欣赏音乐会等文体活动，使本地员工能感受到公司的轻松、温馨的文化氛围。优秀的企业福利制度能够吸引本地人才，保持员工的士气和降低流失率。

第四节　本地化战略实施障碍与对策

4.1　运用整合型人力资源管理系统

在实施本地化过程中人们将遇到什么样的难题？如何解决这些难题？整合型人力资源管理系统是解决这些问题的重要策略。整合型人力资源管理系统主要包括：教育经营管理者树立正确的本地化理念、合理的福利待遇、加强沟通和理解，以及加强当地员工职业生涯开发。

4.2 树立正确的本地化理念

树立正确的本地化理念是海外公司实施本地化的基础。

4.2.1 本地化是平等化

本地化过程中要教育员工，本地化不意味着被本地人所替代，本地化也不是仅仅指东道国人员利益最大化。本地化是指跨国公司对待自己外派人员和对待当地人员没有差异，鼓励所有员工发展而不论他们的国籍。在全球经济化的今天，几乎所有成功的跨国公司都是跨文化管理十分成功的企业，成功的跨国公司的领导者（见图5.7）是本地化和全球化的合金，他们实施的是平等化的管理。

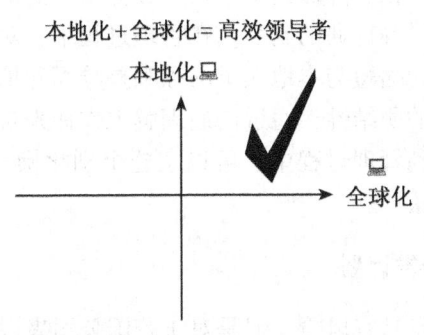

图5.7　本地化领导的认识观

4.2.2 本地人才的全球化是本地化战略的基础

本地化也是一个创造公平机会的环境过程，是在不降低海外公司财务竞争力的前提下，对所有员工的劳动报酬和升迁实施平等待遇的过程。在这些企业中，员工的劳动生产率得到最大提升，个人业绩和公司业绩达到同行业最高水平。

4.3 加强沟通和理解

本地化以公司价值观为基础，重视母公司人员和东道国人员之间的沟通管理。通过本地化帮助员工看到现实中双方的差异和对方的积极一面，尽量减少和包容双方观点的差异。在有分歧的时候，澄清事实，消除不必要的顾虑，不要随意贴民族国家的标签，讲求沟通风格。在管理过程中要把选拔晋升等职业生涯发展计划予以公布，透明化处理，通过人力资源开发，使公司经营管理者队伍的建设持续发展，保证各个部门的管理者是负责可靠和有能力的。通过积极建设跨文化团队，倡导团结和谐的公司文明。例如某跨国公司在世界各地拥有 1 300 家子公司，自称是一家"多国籍"的公司，它鼓励其子公司淡化其母公司的民族背景，完全按东道国本地公司的方式运作，加强沟通理解，因此被称为是实施本地化战略的典范。

4.4 合理的福利待遇

本地化战略中特别重要的问题是如何处理福利待遇的差异性。奉行一个标准政策，福利待遇平等是本地化战略实施的重要发展趋势。合理的福利待遇政策可以防止公司利用一些国家和地区劳动保障制度不完善，在进行生产能力向海外转移时损害东道国本地人员的利益，从而损害公司在东道国的声誉。

合理的福利制度是在不降低当地公司财务竞争力的前提下，对所有员工的劳动报酬和升迁实施平等待遇的制度。在管理过程中，对可能发生的矛盾具有预见性，例如不要因为缩短与本地人员的福利差异而匆忙地把外派员工福利降低，要坚持管理团队的团结性，通过沟通理解工作让来自不同文化背景的员工具有积极士气。在福利管理过程中，可以实施个别化操作，同时具有同情心，并准备好各种替代方法。

4.5 本地人才开发计划

虽然本地人才开发具有风险，但是对于跨国公司来说，开发本地人员是公司获取人才精英，从而立足本地市场的有效手段。

制定本地员工职业开发的计划包括：

1. 制定公司晋升政策，要确立在本地人员升迁以前必须进行培训开发的政策；提供平等升迁机会。在制度上，人才分配比例上要区别出第一级和第二级的高素质人才，并为他们的未来升迁制定好规划。

2. 加大培训力度，提高当地人员素质水平，培养懂业务，懂政策，懂管理的当地中高层管理人员，重点强调国际经营战略能力，每年给予 2~3 个赴海外母公司实习的工作名额，以同总部建立更多的联系。

3. 重视培养本地员工的远大抱负、职业道德和社会责任感，利用现有的管理队伍，为第一级高素质人才提供指导帮助，成立人才培养辅助中心。

4. 在管理上，每月举行一到二次例行管理会，向本地人员和全公司员工做人才开发报告。

在本地人才开发计划中，要强化跨文化意识，在提高母公司人员对本地化战略认识的同时，要求当地人员努力了解总公司的企业文化；外派人员要努力了解当地文化，要加强本地人员管理实践，培养对领导风格和沟通风格的认知，注意改变狭隘的心理定式，扩大跨文化认同范围，树立耐心和开放心理，提高理解文化差异的跨文化意识水平。

小　结

人力资源本地化是跨国公司经营管理本地化战略的重要组成部分。海外境外经营的环境、企业本地化战略、本地人才的素质和海外公司对本地人才的需求程度都影响了人力资源本地化的实施。人力资源本地化管理更是一个复杂的系统，牵涉到本地人员的招聘、培训、考核和薪酬方案的制定。利益和文化冲突深刻影响本地化战略的实施过程，影响到本地人员和外派人员之间的关系、跨国公司和东道国政府之间的关系，以及母公司和分公司之间的关系。只有树立正确的本地化理念，处理好外派人员和本地人员之间的关系，搞好本地人员管理，才能使人力资源本地化战略为企业的经营战略服务。

思　考　题

1. 跨国经营战略和人力资源本地化战略的关系是什么？
2. 企业实施本地化战略的动机是什么？
3. 在实施本地化战略中如何处理外派人员的管理？
4. 在薪酬和晋升方面本地人员和外派人员有何矛盾？如何处理？

第六章 跨文化冲突和人员整合管理

学习概要
1. 跨文化并购中的冲突特点和形态
2. 跨文化整合特点和过程
3. 跨文化人员整合的方法

跨文化冲突是国际经营管理中不同文化相互接触的一种反应,无论是跨国并购之初,还是在此后的经营决策、日常管理活动中,都可能出现种种不和谐的音符,发生矛盾,产生摩擦。对具体企业来说,跨国并购涉及公司治理结构变化、组织结构变化和利益格局的变化,优势可能发生突变,从而对企业管理带来新的挑战。人们发现,虽然许多新观念、新思想、新方式不断为人们所熟悉接受,但是固有的文化惯性和利益格局仍然使得人们心理上对其他文化团体不断产生怀疑、排斥和打击,并导致相互激烈的碰撞,从而给人力资源管理带来了难度。

企业文化整合是将具有不同心理特点、社会特点和个性特点的人融合成一个和谐的整体的过程。在跨文化管理中,整合团队是连接跨文化双方和多方的桥梁,是能否实现跨国并购目标的关键。但是,在企业跨国并购中常常会遇到的问题是,收购资产容易,"收购"一般人员也容易,但是"整合"起一支能实现跨国经营目标的团队却不容易。随着跨国跨边界经营活动的不断深入,人们重新发现和认识到企业跨国经营不仅仅是双输(lose/lose),或者一输一赢(win/lose)的后果,而且也可以是双赢的结果。

人力资源整合管理就是以双赢为目的,为双方提供合作协同活动的过程,通过加深文化差异性的理解,解决好跨国经营过程中的文化冲突现象,从而实现整体利益的最大化。

本章主要阐述跨国公司人力资源管理中基于文化价值观带来的冲突和沟通问题,分析跨文化冲突的类型和表现形态,并就跨国并购中的跨文化整合问题进行探讨,重点介绍跨文化整合的方法,最后阐述跨文化环境下员工士气、管理及其策略。

第一节 跨文化冲突

1.1 跨文化冲突概念

1.1.1 跨文化冲突的定义

企业组织中人与人之间基于文化和利益而产生的关系是产生冲突的基础,在跨国公司内部由于各种因素导致的冲突属于跨文化冲突。关于跨文化冲突有多种定义:

有的学者认为,跨文化人力资源冲突是因为不同国家、不同形态的文化或者文化要素之间相互对立、相互排斥的行为过程,是来自不同国家和地区,拥有不同教育和文化背景以及价值观体系的员工管理层之间的冲突。[1]

也有的学者认为,跨文化冲突是在一定的历史条件下,两种不同的企业文化整合时,由于员工分属不同文化背景的国家而产生的冲突。[2]

本书认为,所谓文化冲突是指不同形态的文化或者文化要素之间相互对立、相互排斥的过程,它既指跨国企业在他国经营时与东道国的文化观念不同而产生的冲突,又包含了在一个企业内部由于管理层之间、员工之间的价值观和行为方式的巨大差异引起的冲突,跨文化冲突的深层次原因实际上是利益格局的冲突。

人力资源管理中的跨文化冲突经常表现为海外公司并购方人力资源管理理念、方法与被并购方本地员工固有的文化观念、习俗之间的冲突,本质上是分属不同文化背景的群体之间的文化冲突。由于跨文化冲突蕴涵在人力资源管理的整体活动中,因此跨文化冲突管理是人力资源管理的重要功能。

1.1.2 文化差异

没有文化差异,就谈不上跨文化冲突,文化差异是跨文化冲突的基础。

跨文化差异体现在三个方面:精神文化差异、制度文化差异和物质文化差异。

1. 精神文化差异。企业精神文化是企业价值观、企业精神、企业经营观念和经营哲学等意识形态的总和,它是企业文化的核心,不同的企业具有不同的精神文化。

2. 制度文化差异。企业制度文化是指为实现企业目标,而给企业员工行

---

[1] 赵世伟. 跨国企业的跨文化冲突管理. 人力资源开发杂志, 2005 (9)
[2] 胡庆江, 马丽兵. 海外企业跨文化冲突管理. 商业时代, 2005 (5)

为制定的规章和制度,每一个企业都有自己的一套制度文化。

3. 物质文化差异。企业物质文化往往以实物形式体现,如企业产品、广告和包装等,不同企业的物质文化是不同的。

跨文化冲突不全是负面的。冲突理论认为,冲突按其性质可以分为两类:一类为建设性冲突或良性冲突;一类为破坏性冲突或恶性冲突,作为人力资源管理者,在进行冲突管理时重要的是能够区分良性冲突与恶性冲突,从而实施正确的冲突管理。

企业文化差异与跨文化冲突有密切关系,虽然文化差异并不一定会带来跨文化冲突,但是跨文化冲突的基础之一是文化差异性。衡量文化的特征有两个指标:差异性和刚性。差异性是用以衡量两个企业间价值体系区别的重要指标,企业文化的刚性则用来衡量企业文化的强弱及改变的难易程度。当两个指标取不同的值时,会产生四种典型的状态。见图6.1。

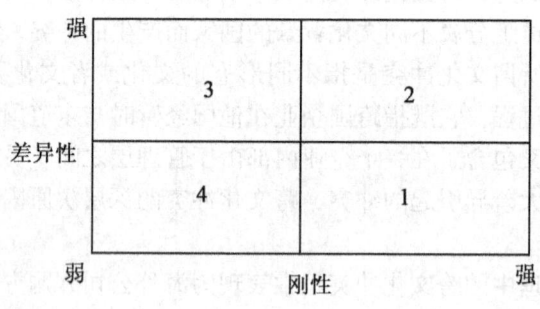

图 6.1　冲突中双方文化势力

1型表示并购企业之间的文化差异较小,但企业的文化刚性很大,本体文化不易改变。

2型表示,当两个企业文化差异很大而且刚性也很大时,企业成员对各自民族文化和企业的核心价值观有着高度的认同和文化的定势。

3型表示,两种文化差异较大但企业的文化刚性较小,属于共存的文化模式。

4型表示,当两种文化差异较小而且刚性小,易于改变时,双方企业成员可能易于放弃原有价值观,转而接受新的价值观。

企业文化的差异性主要包括管理层国际文化胜任力、组织文化培养、兼并收购后企业的人力资源制度系统有效性(沟通过程,制度文化,胜任力要求,跨文化团队)。在跨国经营中各方相互间的学习和借鉴是必需的。但是,学习的目标是为了提高工作业绩和新企业的竞争力,而不是为了消灭彼此之间的文化差异性。

1.2 跨文化冲突特征

1.2.1 跨文化冲突中的群体和个体

组织因素和个体因素是影响跨文化并购的重要因素,组织因素涉及企业双方在规模、地位、群体文化识别性、双方企业的凝聚力以及文化的渗透性、合法性、稳定性、相似性和适应性等,同时也包括了在人力资源管理活动中的行为,比如对对方文化是采取整合还是接受的态度,组织结构是水平的还是垂直的?合并后是裁员还是不裁员等,都是导致企业文化冲突的文化背景框架。

个体因素包括对并购的心理接受程度,是否感到威胁、不确定性、社会支持,有关咨询和沟通,以及双方成员的自信和自重等(见表6.1)。

表6.1 跨文化冲突中的群体和个体因素

团体因素	个体因素	群体相对规模
威胁	不确定性	
地域差异		
文化识别性/文化渗透性/合法性/	社会支持	
稳定性/相似性/适应性	专业咨询和沟通	
组织凝聚力	自信和自重	
企业声誉和资格		
整合/接受		
水平/垂直		
裁员/不裁员		
整合的模式		

经营管理者自身的文化特征影响了跨国兼并行为,因此成为重要的关键因素。这些个体特征包括:对新群体代表特征的认知,对新老群体文化的识别,群体内部的焦虑,群体间的焦虑。

不同类型的管理者对跨国经营中的不确定性有不同反应。经营管理者如果是单一文化的管理者,往往会对新环境不适应,为了找到减少焦虑的方法,很容易返回到熟悉的老环境中,从而导致文化冲突。相反,如果管理者是一位跨文化管理者,他的活动将以寻找文化适应为主导,探索各种解决困难的方案,以各种有效的方法解决文化冲突问题（见图 6.2）。

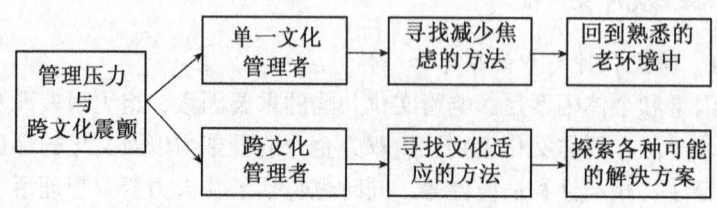

图 6.2　并购活动中不同类型的管理者

1.2.2　组织反应和个体反应

1. 组织反应特征

从组织角度看，各种分歧事件是跨文化并购的结果，表现为来自不同文化背景的个体在管理经营上的利益分歧、战略目标的分歧、价值观的分歧、管理方式的分歧等，体现出多元文化企业经营管理包括人力资源管理的错综复杂性，见图 6.3。

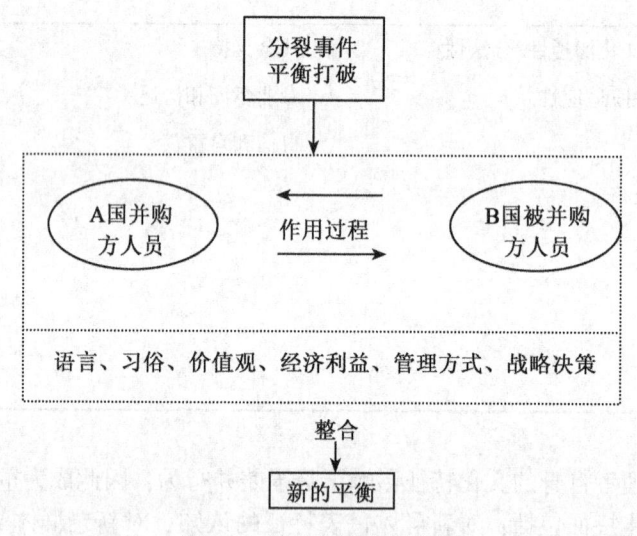

图 6.3　跨文化冲突和平衡

跨文化冲突具有多种特征。首先，跨文化冲突是个体心理、情感、思想、观念等的外在反映，相当多的冲突需要较长时间的积累才表现出来。在冲突的酝酿阶段，他人往往难以直接观察，具有隐蔽性特征。其次，许多冲突首先在非正式的组织中酝酿和传递，然后在正式组织中表现出来，但此时，隐性冲突已经成为显性冲突。第三，许多冲突既包含语言、习俗、价值观方面的冲突，又有经济利益冲突，因而具有复杂性特征。第四，由于文化冲突和文化沟通经常同时存在，因此跨文化冲突又具有交融性特征。最后，冲突酝酿到一定时候，显性的冲突表现出来，例如各种分裂事件的发生等，将原有的文化平衡打破。当冲突得到正确解决时，又可以达到新的平衡。总之在跨国公司的多元文化背景下，组织行为和个体行为及其反应形成了一个相互作用反应链。

2. 个体反应

个体对待他人和对待自己的态度影响了跨文化环境中的行为趋向。一项研究认为，个体对待他人和自己的态度可以区分出四种交往模式，见图 6.4，即包容、合作、屈从和冲突。

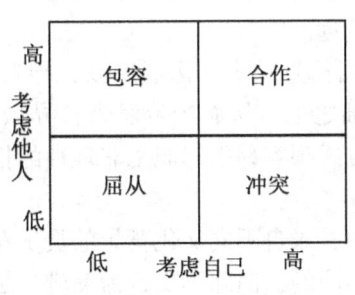

图 6.4 跨文化态度模型

当管理者进入差异性文化区域时，在与自己个性特征不完全相同的人群相互沟通作用时，能否正确理解受特定文化影响的员工个性特点，是异域文化中管理者成功驾驭文化冲突的关键所在。认知障碍、沟通障碍、经营管理方式的差异、种族优越感等是引起文化冲突的原因，但是根本原因是双方利益分歧。这些因素造成了文化冲突，引起沟通中断和非理性认识反应。见图 6.5。

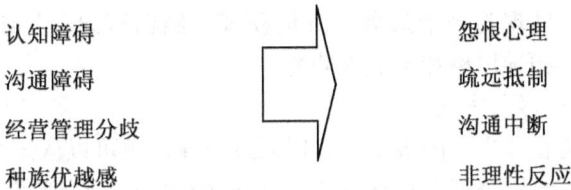

图 6.5 沟通中的非理性反应

跨文化冲突中，认知障碍、沟通障碍、经营管理分歧和种族优越感是产生各种不良心理和行为的主要原因。

（1）怨恨心理。伴随企业之间的合资合作的实施，企业文化重新构造在所难免，员工的不适应和对原文化的怀念、经济利益的分歧等导致的冲突时有发生。如果双方缺乏耐心，不愿意从彼此的文化背景中寻求文化共性，就容易产生怨恨心理。

（2）疏远抵制。文化冲突影响了不同文化背景经理和员工之间的关系，大家缺乏好感，没有相互接触的动力，管理者只能按照呆板的规章制度控制企业的运营，从而疏远本地员工，本地员工则对工作缺乏热情甚至不思进取。恶性循环使管理者的行动计划实施起来十分困难。

（3）沟通中断。当外派管理人员和本地员工之间的距离大到一定程度时，自下而上的沟通便自然中断，信息缺失和信息不对称导致管理人员和员工都无法了解对方，双方越走越远。

（4）非理性反应。当信息缺失、沟通中断，导致恶意猜测，双方的假设建立在不正确的信息基础之上，从而产生对来自异域文化背景的人员感情用事，这种非理性的行为方式很容易引起职工非理性的报复，致使误会增多，矛盾加深。

总之，在跨国并购中，来自不同文化背景的员工对企业战略目标和实施目标的管理方法的反应是不同的，消除不良行为反应，是人力资源管理的主要任务。

1.3 跨文化冲突形式

跨国并购中的文化冲突是指不同形态的文化或者文化要素之间相互对立、相互排斥的过程，它既指跨国企业在他国经营时与东道国的文化观念不同而产生的冲突，又包含了在一个企业内部由于管理层之间、员工之间的价值观和行为方式的巨大差异引起的冲突。

跨国并购经常会带来母国民族文化和东道国民族文化的碰撞，这一文化冲突表现形态主要体现为企业形象、决策模式、经营理念、组织结构、管理模式、生产流程、领导风格和价值观冲突。

1.3.1 企业形象冲突

企业形象是企业文化的表层，人们通过企业形象可以认知企业的文化，具有巨大的价值。跨国公司在进行兼并前，各个公司的社会形象已经广为人知，同时，企业形象作为企业文化的重要组成部分对员工的认同起着十分重要作用。由于各自的代表产品和公众形象不同，因此这种差异性在短期之内很难为双方公众所接受。尤其是各自都有为大众所知名的品牌，在本国享有盛誉的企业更是如此。并购以前，人们经常期待企业能够充分运用两者间的互补性，但是可能产生的是不协调，这将给市场带来巨大的冲击，使得新企业进退两难。合资并购以后的公司形象基于其历史、特征、认识率的差异，以及各方希望本民族文化和本企业文化能成为新企业形象的主体，往往成为竞争对象，造成冲突。

1.3.2 决策模式冲突

跨文化新企业经常面临这样一个问题：以何种方式来制定有效的企业战略和各项方针政策？这就涉及企业的决策模式，包括具体的决策流程、决策方法、决策参与者以及最后负责人等。企业领导者在决策目标上的冲突，是带有根本性的冲突，不但受到双方领导者的个性、意识、专业知识、工作经验的约束，也受到决策结果的检验。如果企业无法进行整合，原有的两种决策模式必然会发生碰撞、延缓甚至阻碍管理层做出有效决策。

1.3.3 经营理念冲突

不同文化背景的企业，在如何权衡经济效益与社会福利、短期获利与长远发展等问题的时候，会表现出很大的差异。跨国跨边界经营既可以在友好的气氛中进行，也可以在敌视的气氛中开始。跨国并购不论对于企业经营管理者还是员工都是一个敏感问题，如果双方股东经营者都认为购并将对双方公司是有利的，可以保证大家获得成功，就是友好跨国经营，如果有一方认为于己不利，就可能存在敌视现象。当一方企业的跨国并购是恶意时，最容易引起被并购公司的反抗，导致极度保守、非理性反应、怀恨心理等不良后果。一项针对银行兼并进行的研究（Buono，1985）发现，在跨国并购经营活动中，双方群体都把对方看成入侵的敌人，新组织中的困难被归咎于对方银行造成的，每一个群体都坚持采用自己群体原有的工作方式，每一个群体都有对方的消极故事和传言，每一个群体对购并前的组织十分怀旧，购并以后很长时间，员工仍坚持购并前原有的群体成员身份。

在经营理念引导下，有的企业致力于产品质量领先，以产品的独特性为生命，有的企业则希望尽快推出廉价实用的新产品，对产品质量的要求略显"粗犷"，以获取成本领先地位。这些经营理念分歧，也是跨国并购中发生冲突的主要原因。

1.3.4 组织结构冲突

跨国并购使公司的组织结构变得复杂，而组织结构设计如果不能有效沟通容易引发矛盾。很多跨国公司层级数目繁多，增加了信息在传递过程中有被过滤掉的可能性，从而增加了组织纵向沟通的难度；而企业横向沟通则可能由于地域空间的距离加大变得更加困难,所以过于复杂的组织结构会导致沟通障碍。

组织结构的设立如果不适应跨文化背景,不被企业员工特别是东道国员工所采纳,也容易引发冲突。例如外派人员不接受当地文化信息,组织结构照搬总部公司的模式,而东道国员工不习惯新的组织结构,对新的组织结构认同感低,此时容易产生分歧与摩擦。

1.3.5 管理模式冲突

跨国公司中,文化的多样性强烈影响了企业管理模式。人们发现,企业中不同国家民族间的多元文化、拥有不同教育和文化背景以及价值观体系的员工等环境要素,迫使分公司和子公司的各级管理部门不能只考虑母公司的文化,而必须同时考虑采纳东道国丰富多样的民族文化,以避免跨文化冲突发生。

跨国并购中文化模式的确定要视双方文化的强弱而定,某些企业在进行国外并购时,直接将母公司的企业文化强行注入国外的子公司,子公司管理以母公司的企业文化为基础,对国外被并购方公司的当地文化进行压制。这种注入法是一种强烈的组织文化占领,一般适用于强弱对比悬殊的企业文化,并且当地员工能对母公司的文化完全接受的情况。从管理效果看,是一种比较偏激的母公司文化至上的策略,跨国公司管理中采用这种模式的非常少。并购企业中不同的国家民族文化观念经常会影响员工相互之间的关系和交往,种族优越感会造成一方员工的优越感和另一方员工的不满或自卑感,影响员工之间的相互看法和评价,以及团队的合作。对并购双方行为方式的不理解和不相容可以造成对总体文化不理解和不尊重,在经营管理中不能以平等的态度交流,甚至造成战略分歧。

很多大型的跨国公司通过并购能够取得良好业绩,是因为这些公司在母国已经建立了良好的管理系统以及相互配套的人力资源开发系统,当公司在海外执行生产管理的标准时可以很好地借鉴总部或母公司的规则和经验。此外,企业管理模式是否结合东道国本地情况也是一个重要原因。这些公司在海外公司制定生产管理方案的时候,能够结合当地政治经济文化特点,重新设计良好的管理系统,所以才获得了很大的利益。

1.3.6 生产流程冲突

在生产流程管理中,公司内部各方对生产工艺流程的理解和实施也经常产生跨文化冲突。这些冲突主要包括:质量控制过程的分歧和对各种质量认证标准的价值判断分歧。企业生产管理中的质量控制,需要双方的管理者共同商量,共同解决问题。

在质量控制或全质量管理过程中,双方管理者经常因为员工执行不力而产生冲突，一方认为对员工的工作流程管理过于松懈，无法满足质量控制的要求；另一方则认为过于苛刻，继续沿用传统的工作流程。

各种认证正在成为组织生产管理过程中的重要内容，但是并购双方常常对各种认证产生意见分歧。例如一方认为 ISO9000 的认证并没有多大实质性意义，只是做给合资方或母公司看的，企业的质量管理重要任务是实施相关标准，将有关管理行为文件化，并最终获得独立的国际认证组织审核通过而已；另一方则认为 ISO9000 可以很好地包容质量控制，但是 ISO9000 仅仅是通过文件检查的过程，是一个检查企业管理目标是否完成的测试，因此认证不能代表企业管理的一切。双方对各种质量认证活动上的观点分歧是一种价值判断的分歧，也是造成质量管理行为分歧甚至造成双方激烈冲突的重要因素。如果双方都抱有向对方学习的心态，并在此基础上，找到两种文化或多种文化的结合点，发挥两种文化或多种文化的优势，就能在企业生产管理中逐步建立起新型的统一的文化价值观，从而提高企业生产流程管理的水平。

1.3.7 领导风格冲突

公司内分属不同国家的领导所具有的风格对并购企业管理行为方式也具有重大影响。领导风格冲突包括领导行为偏好的冲突（以管事为主的领导风格和以加强关系为主的领导风格）、领导权势（强势领导和弱势领导）冲突、母公司领导风格和子公司领导风格的冲突以及领导决策（个人决策和集体决策）的冲突。

跨文化管理实践中，由于总部领导实施压抑政策常常引发合资方中高层管理人员和员工的反感，并引发独立效应的事件经常发生。例如迪玛中意合资公司是一家拥有高科技丝绸处理技术、市场竞争力强的企业，但来自东道国的本地董事长经常耍"大家长"脾气，绕开对方的意大利籍总经理，自己直接对公司产供销进行干预，甚至将银行贷款放在自己一方的账户上，结果引起意方总经理强烈不满，生气辞职回国，导致并购企业陷入困境。

此外，以重视关系的高背景文化偏好和重视契约的低背景文化偏好有很大的差异，往往是引发冲突的重要原因。例如，企业战略的制定和文件融合过程中要求双方领导者能冷静地认真思考未来组织的发展，员工可以做什么，应该如何做，组织培训以及人力资源管理的计划等问题，但是仅有一个好的计划是不够的，还需要更多的细节来补充，而这种细节的补充和执行往往成为冲突的起因。一项研究发现，中国和美国的两国管理者沟通行为方式的文化偏好有较大差异。① 中国管理人员更加注重等级，工作较为被动，意见表达方式较为委

---

① 李新. 中外合资企业文化冲突管理研究. 大连理工大学出版社，2001

婉，注重和谐气氛的保持以及注重给予和获得之间的平衡。美国企业管理人员则注重公开的表达，工作更加主动，语言表达直接坦率，简明扼要，注重具体事情的解决，注重收益。这种偏好常常是引发并购双方冲突的重要原因（见表6.2）。

表6.2　　　　　　　　　中美企业管理人员的行为差异比较

中　　国	美　　国
注重人	注重事
注重等级	注重合作
被动	主动
间接委婉	直接公开
学习式（请教式）	教导式（诲人不倦式）
注重过程	简明扼要
注重和谐的气氛	注重具体相关事项的一致
注重给予与获得的平衡	注重收益

资料来源：李新．中外合资企业文化冲突管理研究．大连理工大学出版社，2001

1.3.8　价值观冲突

作为"一种多元文化的机构"，跨国公司是不同文化共存的区域，存在着大量的文化差异，这正是各种跨文化冲突的基础。企业文化价值观具有核心地位，原有企业文化是企业核心力的形成基础，在并购中必然对新的文化价值观起到反衬和反作用，需要大量的融合和调试工作才能形成新的文化价值观。在跨国并购过程中，并购方企业的文化价值观处于领先地位，被并购企业受到威胁，对于被并购企业员工来说，由于并购，很多要素例如员工满意感和主人翁意识，伦理道德感和对企业组织的忠诚，可能从表层上消失，但是自身文化的底蕴，特别是对人性的假设、价值观、信仰和社会规范的认同等，作为深层次要素仍然发挥作用（见图6.6）。此外，来自不同母文化背景下的管理者和员工都秉承自己所习惯的思维方式、工作习惯和沟通方式，不愿或者难以接受"他文化"，也是双方冲突的重要因素。

1.3.9　人事管理冲突

1. 招聘标准问题

跨国并购人事问题包括三类：如何挑选合适的外派人员？人员是否符合东道国被并购公司的环境？外派人员招聘中，是以外派人员的业务能力为招聘标准，还是以沟通外交能力为招聘标准？这些问题不仅涉及外派人员的能力素

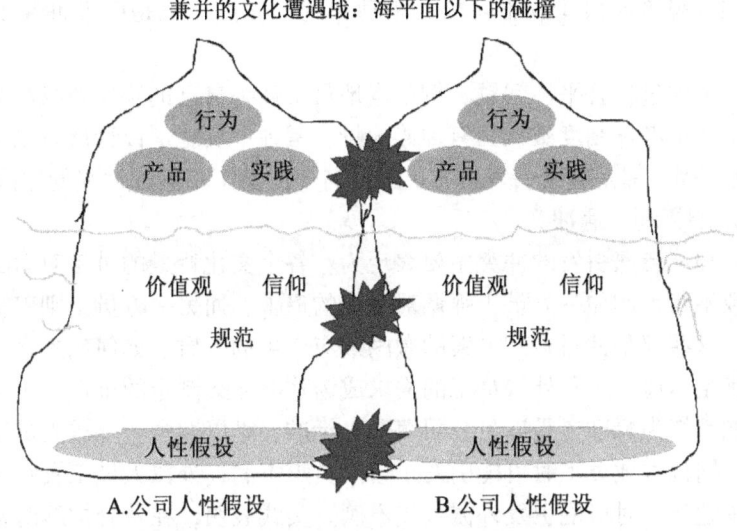

图 6.6　跨国经营中的文化碰撞

质,也牵涉到企业并购的成败。

2. 外派人员和本地人员招聘比例问题

如果减少本地人员招聘名额,是否会引发东道国政府的不满?本地人员和外派人员的招聘比例是否合适,是否影响了公司的运作管理水平?例如有的公司发现,在招聘本地人员管理企业以后,公司绩效下降,此时改任母公司外派人员可能引发本地人员不满,进而引发跨文化冲突。

3. 岗位描述、工作分析上的差异带来的问题

不同文化背景下工作要求和工作习惯是不一样的。并购双方可能产生的分歧包括:外派人员或本地雇员的素质能力是否能够满足公司的需求?某一岗位的特定条件要求是否容易引发岗位安置的敏感反应?本地员工招聘中确定的"职位等级基础"是否合适?并购方外派员工高于被并购方本地员工的职务安置是否合适等。

4. 绩效考评冲突

在实施绩效评估过程中的跨文化分歧表现为以下两类:

一是对绩效机制判断的分歧。例如被并购方的本地员工认为,母公司有效的激励机制在海外公司实施时没有取得效果,这些机制不能引起本地员工的兴趣。本地员工的工作积极性难以调动。不同文化背景的员工对激励机制的态度和评价不一致,激励方式对某一文化背景员工无效,员工缺乏激情,本地员工

对激励方式或者惩罚方式难以接受；还有对考评制度中的具体实施方法的不满，例如忽视培训和其他非薪酬的激励作用的做法，也是引发冲突的重要原因。

二是考评过程公平性问题。例如本地员工认为自己的工作业绩没有得到公正评估；业绩考评制度被认为有种族偏见，考评中实施了以种族背景为中心的"裙带风"等，都是经常引发一方员工对另一方员工不满和冲突的原因。

5. 薪酬福利待遇冲突

薪酬福利待遇引发的冲突主要表现为：各个文化背景的员工对薪酬的态度差异导致不满。例如一方员工强调对金钱的追求，而另一方员工则着重工作生活平衡，这些都是针对薪酬方案的激励效应产生的矛盾。如何确立合适的薪酬制度以满足本地员工和外派员工的需求成为薪酬方案制定的难点。工资标准以当地薪酬系统为标准还是以母公司薪酬为标准，难以取舍。外派人员工资水平高于同一岗位本地员工时可能引发东道国员工不满；外派人员工资水平低于同一岗位本地员工时可能引发外派人员不满。实践表明，在晋升加薪时被认为有种族偏见，在工资福利待遇上因国家不同而造成的差异都是引发冲突的重要原因。

6. 员工晋升管理冲突

并购双方东道国本地员工和外派员工在晋升和晋升策略上经常发生冲突。例如，一家国际知名公司的人员晋升原则是：需要高职位人员时，就到外部和内部劳动力市场上去寻找，而不是进行员工培训。公司要求被招聘人员必须具有在最短时间内就能担任某个具体工作的素质和能力。人员的职业晋升主要靠自学和在职"实习"工作。如果公司业务成长而员工没能"跟着成长"，就会被淘汰。但是，这一政策受到被并购方本地人事经理的反对，该人事经理主张帮助员工跟着企业成长，企业要承担员工的培训开发成本，在被并购方东道国员工中，实施可持续发展的人力资源战略。由于公司总部不同意本地人事经理的意见，双方冲突不断，最终迫使这位本地人事经理不得不辞职。

7. 其他人力资源管理功能冲突

人力资源管理中的跨文化冲突还表现在以下几个方面：

跨国公司是注重实效管理还是注重人伦关系的管理；

如何调节人事管理的风格差异；

是奉行正规化程序化人力资源管理还是随机性人力资源管理；

是采纳个人决策个人负责的管理风格还是集体决策集体负责的管理风格；

对员工是实施监督式管理还是自主式管理；

高水平管理方法和低员工素质之间的矛盾如何解决？

对产品和服务质量的理解和重视程度的差异如何解决？

对工作质量要求上的差异引发的冲突等。

以上列举的人事冲突，涉及人员的安排、激励、劳动报酬等，如果使用不当，将会造成人事不安，甚至造成企业知识资本的大量流失。例如某公司由于职位数量有限，人力安排计划和激励计划不当，双方都希望保持自己原有的职位或权威，结果引起从董事会成员到销售人员各个层次人力资源的冲突，高层管理人员离职，关键的中层管理人员和技术专家难以保持稳定，导致合资失败。

在跨国并购中，员工激励、协调组织、领导职权和人力资源决策方面，都可能发生跨文化冲突。文化冲突具有复杂性、间接性和交融性特点，跨文化管理的核心任务是立足长期发展。在经营活动中应强调合作双方的相互利益的重要性，要认识到并购双方为了谋求自己的利益而相互损害的做法是不明智的。双方应为了共同利益，精诚合作，从整体利益出发，兼顾双方的需求，从而实现"双赢"目标。

第二节 人员整合过程

2.1 人员整合指标

企业跨国经营中，人们往往考虑得更多的是诸如资产、技术、市场、无形资产等因素的整合，而人力资源因素却经常被掩饰或忽略。事实上，人事整合通常是关系跨国并购成败的关键因素。企业跨国并购中失败的案例高于成功案例，就是因为大多数并购企业的人事整合失败了。世界著名人力资源顾问公司华信惠悦在调查"什么是并购整合关键因素"中，190名来自世界各国的高级管理人员有76%的认为人事整合是最重要的因素。资产、技术、市场和客户的整合全靠人力资源整合去实施。经营管理者如果没有出色的人事整合能力作保障显然难以完成并购整合的重任。如果人事整合不力，不能妥善处理好双方高管和员工的问题，人力资源就会趋向于离开企业，并购后企业的一些优势将会在激烈的冲突中消失殆尽。

跨国并购不仅是资本的运作，也是人力资源的运作，因此相关数据的收集十分重要。对人力资源变量的分析主要从两个方面进行：一是从效益角度对企业并购前员工的生产率进行考察，二是从员工自身角度对兼并前企业人员的数量和质量优势、人员规模、质量优势和弱势（绩效表现/生产率）、教育水平和技能素质、个体职业生涯目标、人员的价值观和期望值等进行考察。表6.3列举了跨国并购前对被并购方人力资源的考核指标体系。

表6.3　　　　　　　　　　　跨国并购中人员考核指标

被并购公司的员工指标	员工人数 人均营业额 人均利润 人均生产率 人均净利润 人均定单额 人均销售计划 员工教育结构 绩效评分 人均工资 人均成本 工资总额/销售额 工资总额/利润 培训成本/工资总额 人均固定资产 正式员工/合同工比率
被并购方公司的管理指标	管理控制幅度 人事流动率 平均年龄 年龄结构（20-30-40-50-60岁） 具有多种技能员工 工作轮换率 晋升/降级 工作组织重建率 辞职率 平均资历（工龄） 旷工率 事故率 提交建议率（人/年） 员工满意度（申述率） 工会和职代会 ISO9000，SA800的认证

2.2 人员整合过程

一般说来，人事整合是减少跨文化冲突的基础工作。在跨国并购中，企业常常会遇到的问题是，收购资产容易，"收购"一般人员也容易，但是"整合"出一支能实现收购目标的团队却很不容易。以下是人力资源整合的主要步骤。

2.2.1　确定人事整合的具体目标

认识整合是一个复杂的管理过程，需要规划出具体的目标。这些目标包括：

选择合适的企业文化整合伙伴；
组成相应的团队；
为企业创造一个新的企业结构、企业战略和人力资源战略及实施方案；
保留精英员工；
对企业改革过程进行管理；
和企业的股东进行有效沟通；
对企业新人力资源进行评估；
对企业股东的期望和需求进行评估；
对企业购并后满足各方需求的计划进行修订；
从购并中进行学习。

2.2.2　通过绩效考评进行整合

绩效是指企业跨国并购以后的经营绩效，主要表现为并购后企业的规模与市场份额扩大，以及并购双方是否能从中获益。通过加强企业被并购方员工的绩效管理，可以提高企业整合的质量。为此企业要明确考核方式是否符合并购后公司的具体情况，指导、监督被并购企业制定新的考核制度；了解并监督公司考核过程的合理性，指导并购后企业按规定制度流程操作；对考核结果进行备案，以审查评价整合结果是否合理，是否达到并购目标。

企业人力资源部考核管理工作包括：

监督公司制定绩效管理制度；
监督各公司的绩效考核过程；
参与公司中高层考核过程；
审批公司部门经理及员工层关键岗位考核结果；
对公司的关键岗位（部门经理以上）考核指标进行备案；
对公司各岗位考核指标进行备案；
对被并购企业整合目标进行对照和总结。

如何改进被并购团队的绩效是关系企业整合是否成功的关键要素，为此需要强化沟通渠道，避免不必要的冲突。

2.2.3　强化薪酬整合

薪酬整合是人事整合最敏感的问题。并购企业对人力资源部薪酬管理的工作责任包括两项：一是指导公司制定新的薪酬制度及薪酬标准，二是指导公司开展薪酬整合工作。

并购后薪酬管理的最重要工作是如何进行变更和调整。由于薪酬调整是岗位调整的结果，因此，首先要建立科学、高效、公平的组织结构和岗位规范，在此基础上进行薪酬调整。

在跨国并购中，因公司兼并收购导致的机构调整和单方调岗调薪，企业与员工之间需要进行协商，如若协商不成，可按照有关法律法规执行，即在劳动合同订立时所依据的客观情况发生重大变化，致使原劳动合同无法履行时，经当事人协商不能就变更劳动合同达成协议的，公司可以解除劳动合同，但是并购企业需按相关规定提前以书面形式通知员工，并对员工支付经济补偿金。

在企业跨国并购中，公司因为实施企业战略，往往会根据自己意愿进行精简机构，撤消某些岗位甚至部门，同时公司也需要重点保留优秀人才。此时必然会涉及员工的薪酬问题，因此企业整合时要制定具有市场竞争力的薪酬政策和方案。

跨国并购企业应对被并购企业薪酬管理进行控制，具体过程包括以下步骤：对新的公司年度薪酬总量进行控制，对于超出预算的情况要报总部处理；控制并购后企业的岗位数量、实施定岗定编、定部门与岗位职责，了解被并购企业的薪酬管理制度及薪酬标准，做好对接工作，总部重视对经理岗位的任职人员的考核，人事档案要进行存档。见表6.4。

表6.4　　　　　　　　　　　　薪酬整合方式

项目	内容
1	对新的公司年度薪酬总量进行控制，对于超出预算的情况要报总部处理
2	并购后企业部门设置，定岗定编、岗位职责的控制和制度的制定
3	对被兼并企业薪酬管理及薪酬标准的控制和制度建设，做好对接工作
4	总部对经理岗位人员的考核和人事档案的存档

跨国并购企业人力资源薪酬管理工作包括五项：了解双方企业组织结构及人员编制；对总经理及其他核心岗位人事档案进行备案；对有关部门经理层岗位人事档案进行备案；对企业部门经理层岗位人事任免进行审核；对新公司薪酬制度及薪酬标准进行审核；监督企业日常薪酬管理工作执行情况。此外，为了避免被并购企业优秀人员的流失，对关键岗位人员的工资报酬不要斤斤计较，要进行人力资本投资，留住被并购企业的优秀人才。

第三节 人员整合方法

3.1 跨文化沟通管理

跨国公司的并购能够取得成功，很大部分原因是该公司已经建立了良好的人力资源开发系统。跨文化人力资源管理的指导方针就是要在跨国公司内部持续地进行对话，包括企业领导者的对话和员工之间的对话。通过对话，跨国并购公司自身优秀的企业管理理念、方法、文化价值观能在被并购企业里得到执行、理解和融合；建立沟通网络可提高并购双方的凝聚力，提高企业的管理水平、员工的工作生活质量和促进员工的职业生涯发展，见图6.7。

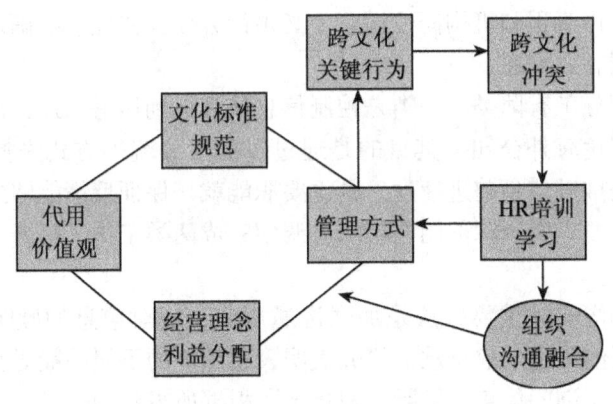

图6.7 跨文化沟通过程

3.1.1 跨文化沟通目标

跨文化人力资源管理的目标是改进员工和管理者对各国文化价值观、政治制度、人员管理的理解，改变对企业内部其他国家员工的误解，纠正扭曲和错误的观念，建立具有共性的文化基础，改善不同文化背景人员关系的实践过程。例如，定期跨文化会谈，讨论各种企业内部经济合同，改善劳动关系等，这些是跨文化沟通的主要任务。

人们已经认识到跨文化并购是否成功，关键是人力资源的政策是否正确和员工是否参与。跨文化沟通处处体现在人力资源管理的全过程中，包括组织结构建立中的沟通，招聘过程中的沟通，培训过程中的沟通，绩效考评过程中的沟通，薪资报酬中的沟通，领导执行中的沟通，培训开发中的跨文化沟通等。

3.1.2 沟通的形式和手段

组织协调沟通是管理的基础。任何组织都离不开沟通。组织沟通形式随着全球化进程的深入，随着互联网、电子邮件等新技术的发展，在方式、渠道、内容、频率等各个方面发生了重大变化，跨国并购的双方掌握现代组织的协调沟通手段比以往任何一个时期都更重要。

3.1.3 组织协调

母公司组织结构文化适应性、东道国组织结构的稳定性和员工对组织结构适应性是组织协调的基础。例如，某合资企业的东道国管理人员利用组织结构空隙，实施并购以前的组织管理方式，结果不但遭到并购公司外派经理的强烈抗议，而且管理效益很低，最终导致失败。因此，在组织结构上如何有效地进行控制是跨文化沟通的一个重要问题。随着涌入组织的信息量的增加，各个工作领域需要从多元化信息中捕捉所需信息，跨文化沟通的重要性和难度都在增加。组织在工作流程和机构岗位设置上必须最方便、快捷、准确地捕捉和控制信息，以达到有效沟通。

组织协调分工有两类。一类是控制信息从某地到达另一地，例如母公司的信息流向并到达海外公司，其目的是通过过滤、分流等方式来控制信息的流量。另一类是推进信息前进速度，其重要职能就是保证反馈能够到达它应该达到的目标。企业人力资源部门在组织协调中完成两类工作，是跨文化沟通的重要实施者。

组织协调沟通的重要方法是加强沟通反应，即对信息的倾听、询问和反应，对接收到的信息采取行动。研究表明，组织中的下属一般对其上司是开放的，他们向上司询问信息，倾听上司指示，根据所得到的信息行动，因此增强沟通开放性的重要方面是上司对其下属更开放，同事之间更开放。沟通开放性的主要功能是处理非常规信息，例如坏消息就是一种典型的非常规消息。如果沟通是开放的，组织就能够更早地确定其问题，在失控之前解决问题。如果沟通是封闭的，组织不能确认其问题，直到问题发展成为危机。因此，从某种意义上说，人事整合的主要功能就是加强组织沟通的开放性。

3.1.4 跨文化沟通理解力

如何理解和认知双方的文化特征，也是跨国并购文化政策的基础。图6.8是对文化沟通理解过程的描述，反映了整合过程中双方心理的融合过程。

跨文化沟通的理解是强化整合的重要手段，由于双方的人力资源政策已经不适合新公司，应制定新的有关制度。特别是在跨国并购活动中，在对待被并购公司员工时，尤其是处理被并购公司员工的解雇问题时应遵循以下原则：

1. 不要表现出权利和支配地位；

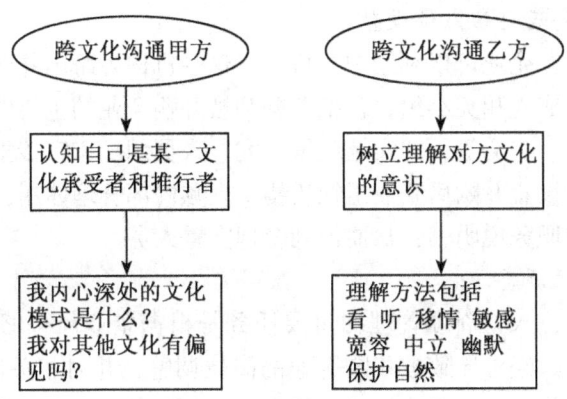

图 6.8 跨文化沟通的理解力

2. 不要有输赢行为；
3. 在整个处理过程中保持有条理和专业化的行为方式；
4. 对被并购公司员工保持积极友好态度，加强沟通；
5. 加强文化沟通，重视员工参与和管理人员的开发；
6. 建立企业的新道德、新文化，促进组织新文化的形成。

3.2 员工期望值管理

企业在实施并购后，了解员工的新期望值，是人力资源管理的重要任务。

一方面，人力资源管理部门要向并购双方员工阐明企业对每一个员工的期待；另一方面要调查、收集、整理员工对组织的期待，并告知企业领导。

了解员工的期望值，可以提高员工的凝聚力，提高员工工作动机和工作责任感，减少各方员工动机、目标的冲突，有针对性地加以调停。

人力资源管理部门要了解并购双方企业员工的情况，例如原有企业人员的数量和质量、人员规模、双方优势和弱势（绩效表现/生产率）、教育水平和技能素质以及员工的职业生涯目标，然后和企业的期望值进行比较，以拟订出符合企业和员工期望的整合目标。

3.3 员工安置管理

企业并购后，重要的是引导新企业采取健康有序的管理，避免并购产生的非理性行为；引导并购企业管理层按合理、合法的程序并购，减少失业等问题对员工和社会产生的冲击。规范化的管理可保证双方企业获得最大的收益，承受最小的风险和损失,员工获得合理安置。

3.3.1 并购后企业岗位设置

并购过程中,企业可以利用中介机构。这些机构为跨国并购提供各种专业化的优质服务,成立相关小组,包括并购和被并购企业的主要领导、人力资源部门、生产部门、工会等,并实施政策研究、人员调配、宣传报道等活动。要制定计划,合理设置并购后企业组织机构,理顺内部管理体制,认真准备并购后部门和个人的职务说明书,从而做到合理安置人员。

3.3.2 岗位调整

并购过程中,人力资源管理的重要任务是根据企业新战略对岗位进行调整。由于公司并购经常导致被并购企业的岗位调整,并对相关部门进行调整,甚至撤消,因而将极大地影响员工的稳定和企业稳定,需要有相应的人力资源管理对策。图6.9是跨国公司并购以后,对现有工作岗位进行调整的具体

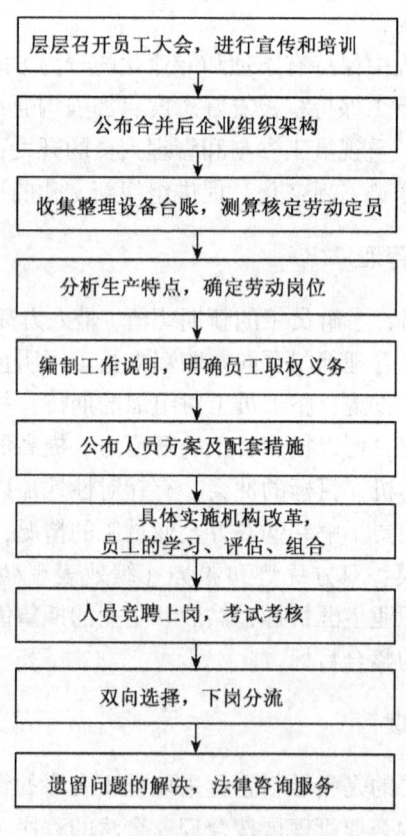

图6.9 并购过程中的岗位调整

步骤。人力资源部门应十分谨慎，只有通过大量的宣传和沟通工作，以及细致的人事安排工作，才能使这一敏感性很高的整合活动顺利完成。

总之，在跨文化的岗位重新安置管理中，只有遵循公开公正的岗位变革和专业化的工作程序，才能保证人员安置工作顺利完成。

3.4 人员流动管理

跨国并购经常会导致人力资源发生变动，出现人才流失现象，特别是被并购的企业，人才流失现象经常发生，而且流失的人才主要是企业高级管理人员、技术人员以及其他关键的人才。

1987年我国台湾宏基公司收购美国康点公司由于人力资源整合策略出现了故障，收购后的康点公司发生了严重的人才断层危机，管理人员和研究人员流失严重，而宏基公司又缺乏国际企业管理人才，无法派员填补成长的缺口。此后3年公司累积亏损5亿美元，到1989年，宏基公司只好以撤资告终。

造成跨国并购企业出现人才流失现象的主要原因有以下几个方面：

一是担心新环境下的适应性问题，离开企业，向外流动以躲避因两种企业制度和企业文化在合并时产生的摩擦而引起的对抗。

二是被并购企业在控制权转移后，被并购企业的员工产生消极和对抗的反应，造成人事不安，导致这部分员工流出企业。

三是由于并购而带来的业务重叠和冗员，以及相应的人员调配、调整、解雇、合并等人事变化，使员工感受到未来的不确定性，导致凝聚力下降，促使人才离开企业。

四是在并购期间，被并购企业的组织结构遭到变革或破坏，出现了新的管理层，产生了新的控制力，使被并购人员的职务地位下降，感到较大的心理落差，尤其对于经营不善的公司，并购者常会缩小营运规模并进行人员裁减，这构成了员工心理上沉重的压力。

五是不喜欢并购后新的企业文化和企业制度，感到与自身价值观有冲突，难以适应，或者民族主义情绪的对立等。

综上所述，企业并购是否真正成功，很大程度上取决于能否有效地保留和整合双方企业的人力资源，搞好人力资源流动管理。为此，并购公司首先要将目标企业的人员分为三类：不接受收购方理念的、态度动摇疑惑的和愿意跟随积极参与的。然后，采取相应的管理措施：对于不接受并购方理念的人员应该让其相对满意地离去；对于态度动摇疑惑的与愿意跟随的，要说服与诱导甚至奖励，目的是稳定人才、稳定目标公司；而那些富于才能的管理人员和技术人员，因为他们不管在何处任职，必然是各家公司竞相网罗的对象，并购方应尽快制定出稳定人才的相应政策，包括实质性的物质激励措施和有针对性的未来职业生涯晋升计划，以及有效的沟通，以解除关键人才的后顾之忧，激励他们留下来，在新的公司努力工作。

3.5 人力资源协同管理

人力资源协同管理的动因是促进企业业务的整合，这是并购后企业建设的重要任务。通过跨国并购，在全球范围内优化配置资源，实现并购双方企业的业务整合。

首先，对并购企业业务的整合必然需要人力资源的协同管理，即并购公司根据双方业务的特点配置人力资源，通过协同管理，使人力资源效益最大化。例如惠普公司并购康柏公司时，由于双方业务范围重叠很大，全世界各个市场上有惠普的地方就有康柏，因此合并以后，人员安置矛盾十分突出，人力资源难以协同管理。联想集团对IBM公司的并购，双方的业务范围是互补的；IBM在笔记本电脑上体现出优势，无论从技术上还是销售上都很强；而联想集团的主要精力则放在台式机方面，双方对市场范围的划分很清楚，因此在公司业务整合以后，人员安置矛盾较小，所引发的人力资源管理冲突也相对较小。

其次跨国并购后，双方公司的组织结构纳入跨国公司一体化过程，必然有较大的改革，同时管理层级也会产生重叠，需要整合，这也是人力资源协同管理的重要原因。

再次，由于企业在并购后在技术和信息方面有较大的优势，出于提高效率的动机，并购后企业必然主动地进行员工精简活动和安置活动，更加需要人力资源的协同管理。

最后，基于文化差异而发生的文化冲突需要通过文化理解和文化互补来消除，通过协同管理可以达到双方的文化磨合。

跨国并购企业的协同管理的方法主要包括以下几个方面：

一是向双方的员工进行广泛宣传，说明和指出企业兼并的目标，向双方股东和相关组织详细说明兼并的收益。

二是兼并双方的高级管理层应积极参与业务整合活动和文化整合活动，通过向被并购企业派遣人员，提高工作效率，落实新公司的相关战略，控制新公司的战略实施，避免动荡和矛盾。

三是建立新文化框架，加强文化平衡工作，特别是帮助被并购企业员工的情感达到平衡满意，强化员工国际化意识，树立多元文化的思想观念。

四是落实协同管理制度的建设。包括功能性组织结构的设置、组织文化制度建设和绩效联系起来的企业管理模式等。

五是利用企业培训和开发手段进行在职培训和脱产培训,提高员工的协同意识以及他们的协同管理水平,从而提高企业绩效。

六是做好人才储备。

企业在实施并购前要有一定的人才储备,特别要成立一个接管团队,而且这个团队应该是理解并购方的理念与文化的,做到并购活动的组织落实。所有的收购行动开始之时都是一项极为机密的行动,通常只有最高决策人和企业骨干知道,所以储备团队的人员一般是由企业中特殊的骨干组成。也有可能是企业最高决策人将收购事宜委托给某个顾问咨询公司,由顾问咨询公司组成一个行动小组,并指派储备团队人员参加。如果收购在完成之前全部依赖一个"孤胆英雄"单枪匹马作战,可以肯定的是在收购后期及整合期间,团队整合会遇到麻烦。在并购过程中,工作越向后进行越是繁琐,也越需要收购双方的整合。如果没有储备人员参加,在并购进行中将会出现断层。所以,在并购之前,储备一定的接管团队非常有必要。

3.6　组织学习管理

3.6.1　文化冲突圈

人力资源管理的许多功能,比如绩效反馈,在跨国公司多元化环境下容易导致跨文化的误解,而这一误解又经常导致文化冲突圈的产生,其后果是带来沟通中断、管理层和员工道德水平下降、团队绩效降低以及潜在的人才流失等。如果这一情况没有及时解决,同样的事情还会在其他管理者之间产生,见图6.10。

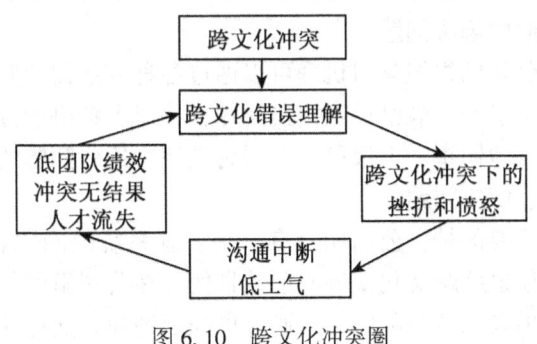

图6.10　跨文化冲突圈

3.6.2　组织学习

组织学习的概念在跨国公司里总是和突破文化冲突圈的概念相互联系,通过组织学习可以防止此类事情再次发生从而使整个公司受益。由于企业管理中某种程度的文化误解是不可避免的，跨国公司管理者应该做的是如何预防这些误解发生，防止文化误解转变成文化冲突。同时，管理者应该把这些文化误解事件作为一个契机，在整个跨国公司内部进行开发性学习。这一任务只有通过组织学习圈才能完成。组织学习圈很重要，对解决文化冲突具有重要功能。见图6.11。

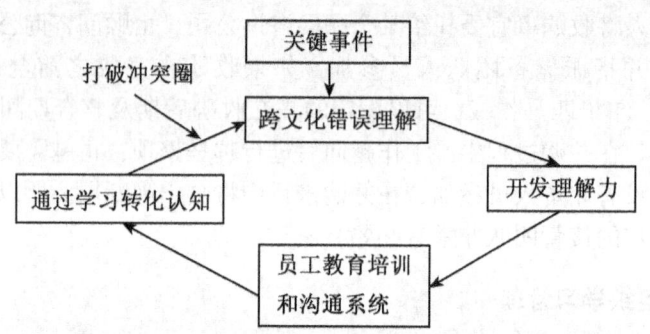

图6.11 组织学习与冲突圈的突破

跨文化冲突在跨国公司中并非少见，这些冲突对员工流动、沟通、团队活动、士气以及公司业绩都有消极的影响。重要的是如何教育管理者和员工，使他们掌握有效处理跨文化冲突、学会沟通的各种方法。

组织学习的机理就是通过各种方法使跨文化误解能够表面化、公开化，从而解决问题。和传统思想不同的是，组织学习并不要掩盖矛盾，而是强调沟通和理解，以及正面的解决问题。

首先，跨国公司的组织学习机理可以通过各种方法促使问题表面化、公开化。例如鼓励员工参与，鼓励员工提出问题，并寻求解决的方案。通过使问题表面化。员工和其他同事、上级可以共同讨论解决这一问题的方法，并促使高层领导重视问题、解决问题。

其次，更加重要的是，公司应该有一个管理系统使问题表面化、公开化，这个系统可以抓住这些跨文化误解问题并且使它在公司里引起大家的注意。例如，人力资源管理者和各个部门领导通过离职面谈找到文化冲突的线索，或是通过提交报告使上级主管知晓。

最后，跨国公司应该开发出一种系统和企业文化，使文化冲突在发生以前就得到制止。例如培训东道国本地人员和母公司外派人员，使大家明白母国和东道国的文化差异，以及沟通风格差异。通过培训制度公司可以让外派人员接受进一步的教育,如了解东道国商业文化、问候语言等,或者到东道国进行实习。公司应该让具有国际文化经验的管理者提供各种帮助,以停止跨文化的误解和团队冲突,即使问题发生了,也能使跨文化冲突的损失最小化。

当问题发生时,跨国公司应该从组织学习理论中弄清楚问题所在,并找到解决问题的结论。一个学习团体,只有通过信息加工,才能使潜在的行为得到改变。企业跨文化组织学习的四个概念是知识获得、信息分配、解释说明和组织记忆。

知识可以看成是创新。新思想的实际创新,通过其他组织的想法而获得新的点子,对于组织学习是非常重要的经验。当问题发生时,组织可以考察企业问题发生的基本假设,通过培训开发,使大家了解问题,解释问题发生的原因,通过讨论,掌握新的行为规则,使企业绩效得到提高。组织学习还可以将这一事件的意义传输给公司其他单位,从而提高公司的竞争优势。

3.7 组织士气管理

企业中进行组织士气管理十分必要。并购前后,双方企业由于缺乏必要的信息,以及并购组织的文化差异和经营管理的差异性都会产生心理焦虑、不安紧张和员工不满,从而引发员工的高流失率,特别是关键人才的高流失率和双方的高冲突率,又会带来生产率下降、生产服务质量的下降。因此,搞好组织士气管理十分重要。见图 6.12。

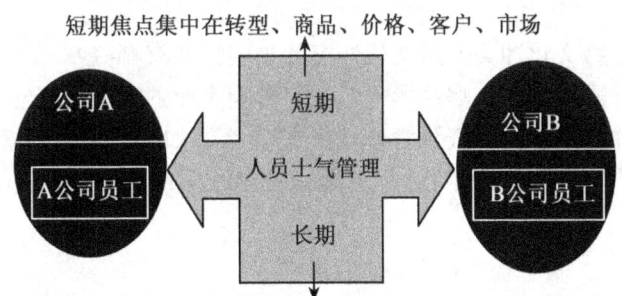

图 6.12 并购企业人员士气管理焦点

并购公司进行员工的士气管理工作可以从以下几个方面进行考核:
人力资源目标是否明确?
购并后企业员工对新战略是否愿意高度参与和支持?

员工和管理层对新战略实施的途径和方法是否适应？
企业组织结构和人事制度是否保证企业战略目标实施质量？
双方员工是否有共同愿景？
员工是否有足够的弹性和适应性应付企业环境的变化和企业的改革？
当前的人事制度能否使高绩效员工留下来？
组织继续开发员工的职业生涯和提升胜任力的能力。
企业员工是否愿意继续倾听客户的意见，千方百计地满足客户的需求？

小　　结

面对经济全球化、信息革命和知识经济的挑战以及国际市场的新格局，跨国公司为了执行全球经营战略，加强其在国际市场上的竞争优势和战略地位，跨国并购高速发展。跨国并购的跨文化的内涵极为丰富，主要包括企业经营环境、企业理念差异等。在文化整合方面主要处理以下关系：承认环境差异，承认双赢理念，相互尊重。统一融合并购双方的企业文化标识，在内容、形式、标识上做到相互融洽，形成一体。制定出一套双方都可接受的新的规章制度。跨文化人员整合至少要从多方面着手：给来自不同背景的员工一个美好的远景以及实际的改善，因为有效的跨文化人员整合是能够创造效益的。

思　考　题

1. 什么是跨文化冲突？跨文化冲突的主要特征有哪些？
2. 跨国并购的冲突有哪些形式？如何影响企业的人员管理？
3. 跨国并购中的人力资源管理任务是什么？如何进行人员整合管理？整合的方法主要有哪些？如何在企业并购以后继续保持创新精神和员工士气？

第七章 跨文化培训和开发

学习概要
1. 跨文化培训的重要意义
2. 跨文化培训的对象和内容
3. 跨文化培训的方法和途径
4. 职业生涯和培训

许多跨国公司为了获取更大的竞争优势,从提升员工的技能和素质着手,不断强化企业的人力资本投资,在人员培训上投入了大量的精力和资金,不断尝试应用更多的更有效的培训方法和手段,以帮助员工能够适应复杂多变的国际环境,提高海外企业管理水平和竞争力。

本章的任务是,通过对跨文化培训的内涵和外延的识别,掌握跨文化培训的基本概念,学习跨文化培训的方法以及跨文化培训过程和内容,了解跨国公司人力资源管理部门实施培训和开发的目的,了解跨文化环境下员工培训、开发与单一文化环境下的培训、开发活动的差异,以及跨文化培训中外派人员和本地人员的开发和职业生涯发展的特点。

第一节 跨文化培训的基本概念

1.1 跨文化培训的功能

所谓跨文化培训是指为实现跨国公司战略目标,提高国际外派人员和东道国人员素质,运用系统培训途径,通过制定培训计划、实施培训、评估培训效果所进行的人力资源全球开发的过程。传统上,跨文化培训主要是指跨国公司母公司外派人员的培训,随着跨国公司本地化成为跨国经营的主要战略,跨文化人力资源培训的任务也在扩大,东道国员工的培训同样成为跨文化培训的主要任务。

跨文化培训制约了跨国公司人力资源的素质,影响到企业人力资源管理的总体功能。跨文化培训是跨文化人力资源管理的核心功能(见图 7.1),主要

表现在以下几个方面:

跨文化培训提高了企业国际人力资源的质量;
影响了国际人力资源的规划;
培训结果影响了国际职务的工作岗位分析和国际员工的任职资格以及能力模式;
国际员工在进行人事安置以后,也需要通过培训进行企业文化的融合;
跨文化培训的指标体系确立和员工的绩效评估结果相互联系;
员工的晋升需要培训开发的辅助才能完成;
通过跨文化培训才能正确处理跨文化劳动关系。
显然,培训是跨文化人力资源管理的重要基础。

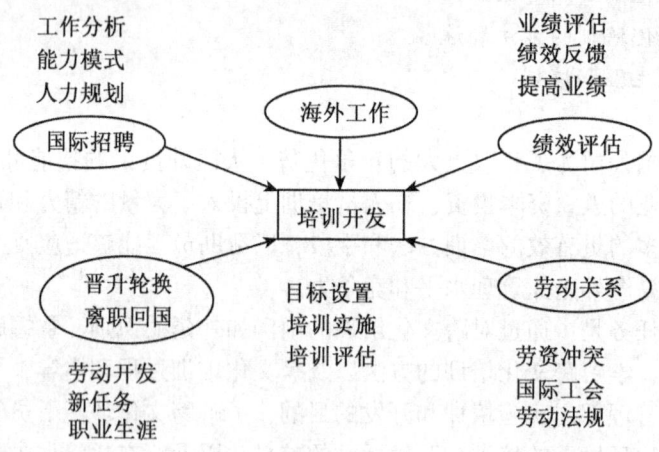

图 7.1 跨文化培训功能

搞好跨文化培训有利于跨文化人力资源管理水平的提高,相反,培训工作中存在的问题也影响到跨文化人力资源管理的功能发挥。例如,跨国公司在进入一个新的国际市场的时候,对员工开发和培训的模式切入点无法确定,因此母国的培训计划方案往往成为首选方案。由于分公司的培训开发计划从母国带来,具有母国中心的色彩,培训内容与方法并不十分符合东道国的环境要求,如何因地制宜,使培训开发适应东道国本地文化成为一个关键问题。经验表明,最成功的培训计划就是将母公司的竞争性和当地的文化、政治以及社会经济及价值观等相互结合并融入到分公司企业管理的培训方案中。再如,培训成本也是一个影响功能的问题,在实际工作中,有很多公司只是片面强调节约培训成本,忽视了培训效果,其结果必然是令人失望的。在跨文化环境中,和成本相比较,国际员工更需要培训以提高能力和绩效,必要的培训成本付出是跨国公司管理取得成功的保证。

总之，跨文化培训开发不但影响了企业跨文化人力资源管理，同时也影响到跨国公司经营管理是否成功。

1.2 跨文化培训开发的动因

企业实施跨文化培训的动因体现在以下几个方面：

1.2.1 为组织战略和发展服务

人力资源已经成为跨国公司竞争的核心，跨文化培训正是提高人力资源产出效益的重要手段。合理控制和科学管理来自不同国家、民族、地区、组织的员工，可以端正各国员工对异域文化和多元文化的态度，使他们能够理解、接受乃至欣赏异域文化和多元文化以及相关的风俗，有利于人力资源的整合。

跨国经营的一个重要问题是如何帮助员工适应跨文化的环境，企业不仅需要对外派人员进行跨文化培训，而且组织内的其他成员，包括东道国人员也同样需要培养文化敏感性和适应性。即使那些并没有直接在跨文化环境工作的人员同样会遇到跨文化的冲击和震颤，例如在母国总部工作的经理和员工会接触到来自国外的客户、供应商，在总部工作的经理和员工出差到国外会遇到文化适应的问题。跨文化培训可以提高企业的跨文化管理水平，减少员工可能遇到的文化震颤，加深不同国籍或文化背景的员工对企业经营理念的理解，实现组织的战略，并保持全球市场竞争力。

随着对跨文化培训重要性认识的深入，跨国公司纷纷建立自己的大学和学校，这已经成为跨国公司加强企业建设与发展的重要手段。一项调查发现，几乎所有的世界知名企业都有自己的培训系统，建立了培训中心，同时为培训和开发倾入了大量的财力和物力（见表7.1）。例如财富500强企业，每年都要举办大量的为外派人员家属服务的跨文化培训班，平均每一期的时间为1~2天，每天成本约为25 000美元。

表7.1　　　　　　　　　　　美国公司培训费用

企　　业	培训费占工资总额比例（1993年）
通用电气	4.6%
美国 Robotics	4.2%
摩托罗拉	4.0%
W. H. Brady	3.0%
德州仪器	3.0%
联邦信号	1.5%
培训费用占美国工业平均值	1.0%

资料来源：Gretchen Lang, Cross culture training—how much difference does it really make? *International Herald*, 2004

大量的经验表明，企业组织的决策者对跨文化培训开发工作的实施有着巨大的作用，组织的经理人员应该意识到跨文化培训的重要性。只有当他们充分意识到跨文化培训的重要性并付诸实施，组织内的跨文化培训才能更有效率，而不是走过场。

1.2.2 减少管理理念和管理方法的冲突

人力资源的来源国际化使不同肤色的人们越来越多的成为同事。来自不同国家、民族的管理者具有不同的文化背景、价值观、需要、态度以及相应的行为方式。管理是受文化制约的，企业内部存在的种种文化差异必然会引起企业内部管理人员之间的管理理念和管理方法的冲击与碰撞。在企业日常运作和对外交往中，管理者缺乏跨文化交流的知识和技巧，会使相互间的沟通产生误解和不必要的摩擦，甚至引起民族对立情绪，从而影响员工的凝聚力，影响工作效率，降低企业的竞争力。不良的文化冲突是企业跨国经营中人力资源管理必须克服的障碍。跨国公司要想进行成功的跨文化管理，就必须进行跨文化培训，培养管理者对不同文化环境的反应能力和适应能力，加强沟通和理解，形成企业强大的文化感召力和文化凝聚力。

1.2.3 提高绩效，促进职业生涯发展

跨文化培训可以大大降低外派失败。一项调查显示，在跨国经营中，有1/3的海外经理失败而归，主要原因就是跨国企业未能挑选那些经过跨文化培训的合适人选去海外。这不但造成了企业损失，而且也带来了员工职业生涯的失败。

跨文化培训可以有效地促进员工学习和职业生涯的发展。培训可以帮助外派人员了解东道国文化，做好未来工作的准备。跨文化培训也可以帮助东道国本地员工的发展，可以提高本地员工技术业务能力，还可以帮助他们了解母公司的战略和文化理念，了解企业文化价值观，从而有效地找准自身的位置、发展的方向，促进职业生涯发展。

跨文化学习心理包含了感知、注意、记忆、思维、动机、复制以及情绪和意志等多种元素，学习过程是一个心理转换过程、行为改变过程和开发潜能的过程。利用培训，帮助各国员工在知识、认知、经验、能力、态度和情绪方面都得到改善。

1.2.4 跨文化培训开发计划

为了搞好外派人员和东道国人员的培训和开发，需要规划跨文化培训管理的范围，制定跨文化培训开发计划。

跨文化培训开发的计划主要包括三个方面：

培训开发的目的；
培训开发的方法；
培训开发的效果评估。

制定培训开发计划，首先需要对企业进行诊断，对计划的相关要素，包括领导者、培训者、受训者和教学设备等做出统一安排。由于培训涉及企业的整个系统，因此得到企业高层领导的支持十分重要。图7.2是跨文化培训开发的计划制定过程。

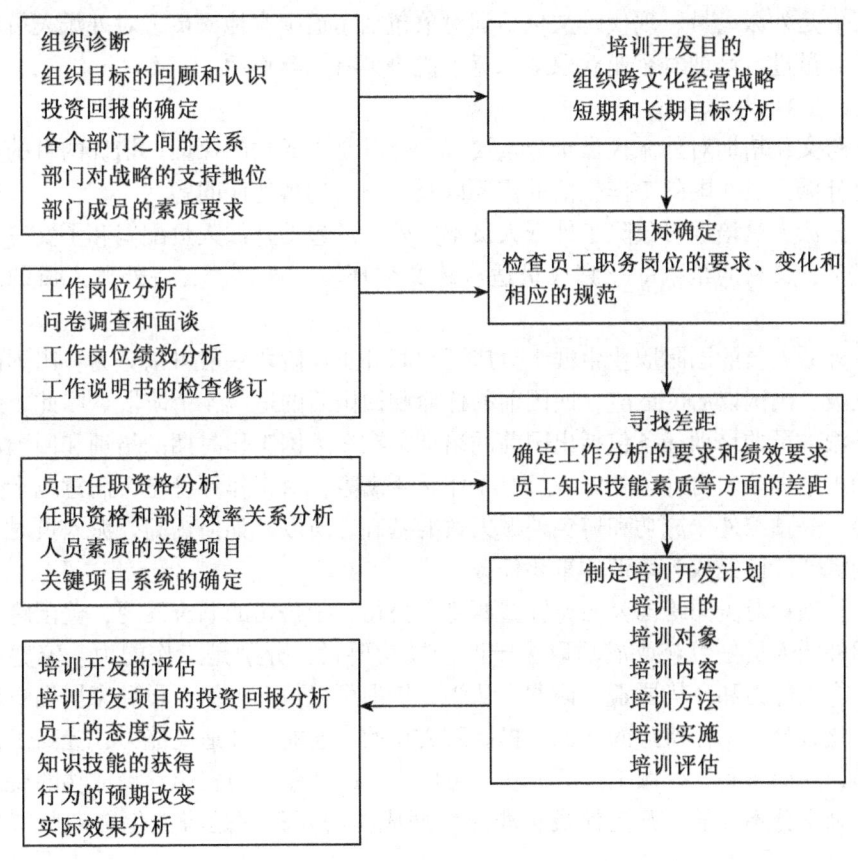

图 7.2　培训开发计划的制定过程

制定培训开发计划，第一需要进行组织诊断，通过组织诊断了解培训的需求和确立培训的目的，通过分析企业经营战略和长短期目标，确定各个部门的管理目标。第二是进行岗位分析，了解岗位规范和要求。第三是对员工的任职资格进行分析，确定员工素质的关键项目，了解员工的工作绩效，以及在知识、技能等方面的差距。第四是制定培训开发计划，包括培训的目标、对象、内容、方法以及实施过程。最后是对跨文化培训项目的效果进行评估，并进行反馈。

1.3 跨文化培训对象

跨文化管理成功的要素是人，培训的本质是让受训者的行为通过培训达到预期的变化，受训者在跨文化培训活动中具有主体地位。传统跨文化培训的对象仅仅是外派人员，现代跨文化培训对象包括东道国本地人员，对外派人员和本地人员进行培训对企业获取全球竞争优势具有同等作用。

1.3.1 外派人员

跨文化培训对外派人员十分重要，是外派是否成功的保证。培训的目的是满足外派人员在国外工作生活的需要以及回国后的再适应问题。

外派人员培训对象除了外派人员本人外，还包括外派人员配偶和子女等家庭成员，其目的是帮助家庭成员适应跨文化环境，理解、支持外派人员的工作。

外派人员的国际职业生涯十分广泛，海外工作阶段一般可以分为：出国前的选拔，出国以后的适应，回国前的任命和回国后的适应4个阶段。因此，针对外派人员的培训任务包括出国前的培训，在东道国工作时期的培训和回国前后的再培训等。另外，外派人员对工作是否满意，对工作环境是否满意也十分重要，是预测外派成功和避免外派失败的基础。所以，如何提高外派人员对工作的满意度已经成为培训的重要任务。

一项针对美国跨国公司派驻墨西哥分公司、子公司的调查发现，美国跨国公司外派人员是否获取成功取决于四个成功要素，分别是工作能力、家庭因素、个人能力和环境要素。该调查认为，培训可以帮助外派人员和家属提高对跨文化背景下工作特点的认识，提高跨文化的沟通能力和适应能力，提高工作业绩，从而有利于外派工作的成功。可以说，跨文化人力资源管理成功的要素和培训是分不开的，凡是使员工职业生涯成功的要素都是跨文化培训所带来的。

外派人员的素质首先是其工作能力，包括技术能力、组织能力、完成海外工作任命的能力。

其次是沟通要素。语言是沟通能力的基础，拥有高水平语言能力的外派人员同低水平的外派人员相互比较，具有更大的成功性。语言能力也是处理当地员工关系和融合当地文化的基础。了解环境也是沟通能力的基础，包括了解东道国公共政治、法律和社会经济系统等，工作能力和沟通能力是外派是否成功的内在因素。

最后是家庭要素。跨文化培训对象也包括外派人员的家属，家庭成员对亲属派往海外工作的热情支持和能力，是外派人员的职业成功的基础，家庭要素可以导致外派成功或者失败。

总之，跨文化培训为外派人员提供了更多的海外成功机会，保证了外派人员的文化素质和技能能够达到在东道国工作的需要水平，促进外派人员的沟通能力发展，提高跨文化环境下外派人员的工作业绩。跨文化培训还对外派人员的家庭适应具有重大的影响力，对提高外派人员的满意度具有正面效应。

1.3.2 本地人员

长期以来跨文化培训的重点是外派人员，而对东道国人员的培训并不重视。随着本土化政策的实施，跨国公司对东道国人员的培训也越来越重视。

东道国本地人员培训目标和企业发展战略及实施阶段具有相关性。当跨国公司实施母公司战略时，对东道国人员的培训目的主要是文化的沟通，帮助东道国本地人员了解母公司的战略和文化，更好地执行母公司的战略，服从母公司的领导，完成任务。随着跨国公司开发海外东道国市场成为企业长期战略，公司的人力资源战略逐渐向开发本地员工转移，人力资源本地化战略成为指导员工培训的方向。随着本地人员的培训内容逐渐扩大，培训方法也有了变化，在跨国公司培训体系中的地位越来越重要。

根据企业战略，对东道国人员的培训目的主要集中在三个方面。一是文化整合，利用培训使东道国人员更好地理解本民族文化与母公司文化之间的异同，减少跨文化管理冲突，提高企业的绩效。二是开发东道国人员的管理技能和生产技术，使东道国人员不但可以掌握相关技术，还可以开展有针对性的研发活动；三是培养高素质管理人员，通过培训发现人才和培养人才，使公司本土化政策的执行有可靠的人力保证。

1.4 跨文化培训内容

所谓培训内容是指提高跨国公司外派人员和东道国人员素质的各种不同类型的要素，例如对外派人员的培训内容，包括掌握不同国家、地区的文化、语言、宗教、价值观念、生活态度、教育、科技水平、物质文明程度、社会组织形式、政治、法律等相关知识，以及具有相应的态度和行为。

提高外派人员和东道国人员在国际环境工作的胜任力是跨文化培训的任务，因此了解和建立外派人员胜任力模型十分重要，是选择确定培训内容的第一步。国际人员的胜任力模型由以下三个方面构成：认知类、技能类和态度类

(见图7.3、图7.4、图7.5)。

1.4.1 认知类

认知类培训是跨文化培训的一项基础内容,其目的是使受训者对于有关跨文化管理建立理性认识,对跨国经营的实践活动予以理论指导。认知知识通过各种媒介(培训、出版物、电子媒介等)所获得,其模型包括六个方面:人民/员工、社会规范/企业制度、差异文化/自我文化、工作实践、沟通风格/人际关系以及其他基本信息。

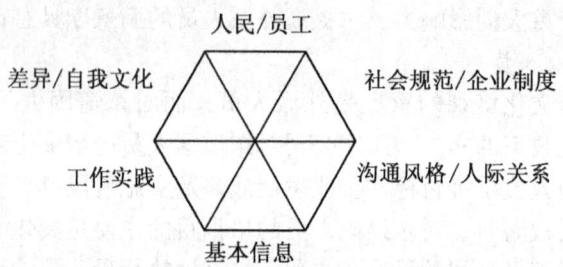

图7.3 跨文化培训胜任力认知模型

有关文化认知类的内容主要包括:

1. 文化的概念与内涵、特点、组成要素以及跨文化的价值模式比较、特定文化环境的分析介绍等,例如了解某个国家的国情,包括人文、历史和风俗习惯等。

2. 受文化影响的工作领域。文化具有广泛的影响力,与工作行为密切相关。例如文化对员工行为、管理风格、决策、行业规范、职能部门等的影响;或者与来自其他文化背景的工作伙伴共事时减少民族狭隘主义或种族偏见等。

认知类培训方法的主要形式有讲座、录像、电影和阅读等。通过学习,可以将特定领域的知识告诉受训者,使之了解跨文化环境中工作行为的特点、性质,分析其共性和差异性,以及行为的可能结果。例如,各国企业人力资源管理的文化差异,除了语言因素外,还包括管理方法、内容的适应性。在实践中一名在中国成功的管理者未必会在美国同样受到好评。在英国被认为是精明的谈判专家到了韩国可能会被认为过于傲慢。一位在日本颇受尊敬的企业领导到了印度可能会被员工认为不近人情。此时,这些外派人员就需要事先理解文化如何影响管理、谈判以及领导风格。文化知识与工作息息相关,文化认知类培训内容可以引申出"什么才是适当的行为"的问题,因而直接影响到外派人员的工作绩效,是跨文化管理行为实践的基础和依据。

1.4.2 技能类

技能类的培训内容是认知类的实践，主要解决跨文化环境中"怎么做"的问题。在掌握一项技能之前，受训人员总是要对其进行理性认识，知道它的涵义、必要性和作用等，所以认知类的培训内容是经验技能类内容的基础，经验技能类则是认知类的实践。

作为经验技能类的胜任力模型，主要包括工作操作能力、信息加工能力、团队参与能力、弹性/适应能力、沟通/倾听能力、关系能力以及领导能力等，是适应跨文化环境重要的胜任力。

经验技能是通过培训、工作实践、社会实践积累和获得的。经验技能类培训目的是要把存在于人头脑中的知识化为行动，通过最大程度的参与来修正行为习惯，掌握必需的技能。

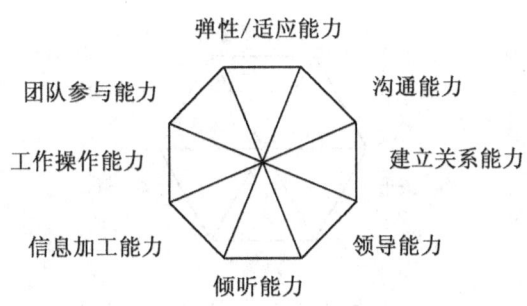

图7.4　跨文化胜任力技能模型

配合经验能力类模型，主要培训方法有：模拟、实地体验、环境模拟、角色扮演、计算机网络、工作考察等。经验技能既需要在长期的交往过程中逐渐积累形成，同时又需要通过培训有组织有目的的学习掌握。

在跨文化情境中不可避免地要与不同文化背景的人发生关系。交往的程度越深，需要掌握的行为技能就越多。因此，经验技能类培训内容中最主要的是跨文化沟通技能。跨文化沟通涉及信息的发出者和接收者的文化背景。在沟通过程中，信息的发出者如何将信息编码，如何赋予信息以意义，是否可以发出，接收者解释各种信息的条件和解码都受到文化的影响和制约。不同文化的价值观、语言、宗教背景、风俗习惯等都会影响沟通过程，最终影响对信息的反应——行为。非本族语使用者即使经过一定的语言训练，发音准确，懂得语法，并拥有一定的词汇量，在交流的过程中，也可能因彼此文化的差异而出现交际行为失误和语言使用错误。例如把在国内企业管理中通行的方法手段没有进行文化沟通与整合，就拿到国外公司实施，可能会很难像在国内企业那么受欢迎。为此，培训就是要克服跨文化沟通障碍，开发人际交往的有效行为。

1.4.3 态度类

态度情感是个体长期形成的品质和心理感受，培训对其影响一般较为困难。态度的形成离不开人的认知，是认知知识结果在情感上的反映。

员工胜任力的态度模型包括文化的敏感性、风险承担、谦逊、诚恳、诚实、忍耐性和个人动机等。态度决定了知识和技能的掌握，也决定了经验的积累速度。培训内容不论是认知知识类还是经验技能类，都涉及个体的态度。以员工语言培训为例，对文化的认同可以影响语言的掌握和学习的动机。所以，跨文化培训既需要把知识类和技能类进行结合培训，又要树立个体正确的文化态度和积极的情感。

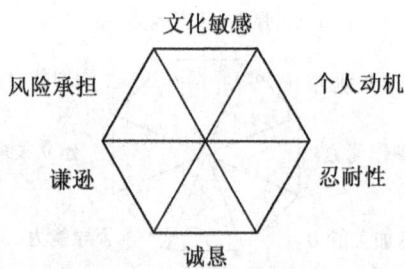

图 7.5　跨文化培训胜任力态度模型

对跨文化环境下人们的交流所做的调查研究发现（郑垒，2001），在语言交际过程中，两个不同文化背景的人能否进行有效的交流，不仅取决于对语言本身的理解及熟练程度，还取决于对作为背景的社会文化因素的掌握和运用水平，以及对对方文化是否认同。大量跨国经营的实践也证明，重视文化环境或忽视文化环境对企业经营成败具有重大影响。只有对东道国文化理解深刻，具有正确的态度，才能很好地在跨文化环境中生存发展。所以企业对外派人员和东道国人员以及第三国人员进行跨文化态度培训十分必要。

1.4.4 培训内容选择原则

跨文化培训内容多，范围大，时间有限，因此正确选择培训内容关系到培训活动的效率。跨文化培训内容的选择应遵循以下三个原则：

一是主流性原则。把培训开发的重点放在跨文化环境中，将占主导地位的文化，即社会中大多数成员的世界观、思维方式、价值取向及行为标准，以及相关的企业管理、技术研发管理等内容进行重点认识和理解。以日本本田公司为例（表7.2），外派人员的培训内容包括两个方面。一方面是知识认知类，包括国际化与企业战略关系、对国际合同的重新认识，以及对文化影响的了解。另一方面是经验技能类，要求外派人员掌握跨文化下的应变能力和沟通能力。既赋予感性认识，又有理性的理论学习，增加外派人员对东道国文化的认识。

二是实用性原则。跨文化培训内容必须与受训者的未来工作岗位、环境、经营管理活动内容密切联系。要结合工作实际，激发受训者学习跨文化知识的兴趣，用实际案例、资料、数据等使受训者对东道国文化有切实了解，不要让受训者认为跨文化培训过于抽象和空洞。

表 7.2　　　　　　　　　　**本田公司跨文化培训内容**

		培　训　内　容
知识认知类	国际化与企业战略关系	何谓国际化 日本人和国际性本田与国际化、全球本土化 本田对肩负全球本土化重任的人才的要求
	文化影响	影响商务运作的文化因素 信息差异与行业差异 危机管理 对差别的认识 对隐私的不同理解 语言冲突 礼仪、举止、忌讳 人生观、劳动观与组织观 组织成立、功能组建与秩序维持 招聘、培养、评价考核与待遇问题 从比较文化的角度理解日本人的沟通模式
	对国际合同的再认识	合同意义 缔结合同的意义 合同内容与缔结过程 履行合同的意义 对缔结合同的一般态度

续表

	培 训 内 容	
经验技能类	跨文化适应的基本应对技能	收集跨文化信息的技能 商务活动中必要的跨文化交往技能 在跨文化环境中解决问题的方法 跨文化环境中解决问题的一般模式 本田式的解决问题方法 推进工作的方法
	跨文化沟通技能	如何开发与运用非语言沟通能力 有助于提高交往效率的沟通能力
	训导技能	培训、指导当地员工培训方法的定位、指导的基本态度与原则 培训、指导方面的具体注意事项

资料来源：范征，张灵．试论基于动态平衡模型的跨文化培训．外国经济与管理，第25卷，2003（5）

三是方法论原则，在选择培训内容的同时考虑培训方法。培训方法的选择是否得当是提高学习者的跨文化交际及经营意识、培养跨文化交际能力的关键要素。例如对外派人员进行目的国语言文化培训，就可以通过情景式方法，让培训者沉醉在东道国语言的氛围中，通过同东道国使用者的亲身接触，增加外派人员对东道国语言文化的感性和理性认识。为了使培训内容和形式联系密切，跨国公司除了举办短期培训班、文化专题讲座外，还可以设立跨文化交流训练机构，或是把经营管理外派人员送到国外接受文化敏感性培训，这些方法已经被证明是很好的培训方法。培训方法应该有利于营造系统的跨文化交际氛围，调动培训者的参与意识。

1.5 跨文化培训评估

培训是对人力资源的投入（各种资源和时间），而产出或工作绩效以及个体行为的预期变化则是衡量培训效果的重要指标。通过对跨文化培训进行评估和反馈，可以不断改进培训方法和手段，提高员工工作绩效。

1.5.1 衡量培训效果的四要素模型

国际著名学者 Wisconsin 大学教授唐·柯克帕屈克（Kirkpatrick，1959 年）提出了四层次模型理论。四层次评估模型中前两个层次主要是对培训的过程进行评估，而后两个层次主要是对培训的结果进行评估。作为跨文化培训效果的衡量指标，这四层次模型构成了一个评估体系。

1. 反应层次，即一级评估。这是培训评估中的最低层次，主要通过对受训者的情绪、注意力、兴趣等调查研究，得出受训者对培训的看法和态度。这一层次的评估通常采用调查调查的形式进行调查，例如：员工的变化能够引起小组的注意吗/作为小组成员是否能评价一下培训班同事们的表现/培训小组成员是否喜欢培训活动等。

2. 学习层次，即二级评估。该层次的评估主要是用来了解受训者通过培训学到了什么。评估方式采用书面测试、操作测试、等级情景模拟测试等，主要评估受训者是否获得了相关的知识和技能。例如询问受训者是否了解公司出售给最大的十位客户的销售量或销售额有多少/过去 6 个月本公司销售的新产品是什么/如果公司的福利有问题，公司员工应该找谁询问/作为公司员工是否认为公司的多元化经营有效果等。

3. 行为层次，即三级评估。行为层次的评估是用来测定受训者在日常工作中是否自觉运用了培训中所学到的知识和技能，并在工作行为中表现出来的测试。个体是否发生了预期的变化，需要依靠受训者的上下级、同事、客户等相关人员对受训者的业绩进行评估来测定，因此行为评估大多采用上级评估的方法或者 360 度培训效果评估法。虽然培训的行为是否发生预期变化是培训评估的关键点，但是预测起来具有一定的难度。例如虽然培训以后员工行为态度发生了预期的变化，但是这种变化也有可能是由于培训以外因素造成的，如员工主管在工作中的榜样和支持、公司正式和非正式的奖励制度以及团队气氛等。

4. 效果层次，即四级评估，用来判断培训后员工工作业绩提高的程度。可以通过事故率、产品合格率、产量、销售量等具体指标来进行测定。该层次的评估需要采集大量的数据，对企业来说有一定的困难。如利润的提高、降低废品率、提高生产速度等，都是培训的效果，这些信息资料的收集需要专业人员进行。除了信息资料的收集方法外，还有专家评估法，即在制定下一个培训计划之前，通过员工主管的描述和工作绩效最好员工的描述，确定优秀工作绩效应该具有的工作行为和工作表现和应达到的工作结果。见表 7.3。

表 7.3　　　　　　　　　　唐·柯克帕屈克的四层次模型

层次	说　明
反应	兴趣，热情，投入
学习	原理，数据，技能
行为	生产，服务，管理等
效果	生产率，废品率，投诉率

1.5.2　跨文化培训效果的经验性描述

基于大量跨文化培训实践，人们在经验上对提高培训效果的因素给予了总结。例如 Triadic 等人在 1994 年证明，当跨文化培训中强调不同文化之间的联系和相似性时，可以培养受训者对其他文化团体的积极态度和积极感情。其他的有关成功跨文化培训的描述有：

- 认知和行为上的预演有助于新行为模式的保持
- 参与式学习比符号学习更为有效
- 母国和东道国文化差异性越大，就越需要严格的培训
- 个人自我表现验证效率越高，培训效果越好
- 让受训者感知到和新文化之间的相似性有助于形成新的行为模式
- 渐进性的行为模式比一次性行为模式更有效

第二节　外派人员培训

外派人员是跨文化培训的主要对象，提高外派人员的素质，满足跨国经营的需要是跨文化培训的重要任务。有效培训的活动包括：分析影响外派人员培训的情景因素，制定外派人员培训方案，按照外派人员在跨文化环境中的工作特点，采用科学的培训方法和手段。

培训方案的形成受到多种要素的影响，其中组织要素、工作任务要素、情景要素和人事要素是四个重要的影响因子（见图 7.6）。

2.1　影响培训方案的要素

2.1.1　组织要素

对培训方案有影响的组织要素有两类：第一类是跨国公司的出资比例。跨国公司海外公司是独资公司或是合资公司，由于出资比例不一样，公司对外派

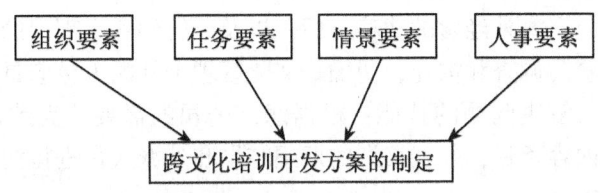

图 7.6 影响外派人员培训的因素

人员的素质要求有差异,独资企业的外派人员在公司内部谈判沟通方面的要求可能低于合资企业,而在外部决策和业务技能方面的要求可能高于合资企业,由此对外派人员的素质要求也具有差异性。第二类组织要素是指组织结构。跨国公司母公司和海外子公司的组织结构是不一样的,相关的岗位设置和岗位规范也有区别,外派人员要适应这种变化,符合不同组织结构和不同工作岗位的要求,就需要有针对性地培训。

2.1.2 任务要素

任务要素是在跨国公司战略指导下层层分解的管理目标。为了完成管理目标,外派人员应该具有相应的知识技能和素质。例如为了完成公司海外收购的任务,外派人员必须具有国际企业经营能力、谈判能力以及国际金融的相关知识等。为了完成公司经营管理任务,外派人员需要通过培训掌握相关的知识技能。

2.1.3 情景要素

情景要素是指外派人员所处的跨文化环境。情景要素分为间接情景和直接情景。间接情景包括东道国的政治、经济、法律和社会文化习俗等,直接情景主要指外派人员直接接触的海外子公司的工作部门,上级、同事和下属,以及公司的制度文化等。在培训中提供东道国的社会文化环境信息,提供海外公司逼真的工作场所情景,都有利于减少外派人员的文化震颤,提高其适应能力。

2.1.4 人事要素

人事要素是指外派人员的工作岗位所要求的任职资格要素,即完成工作任务所需要的知识与能力:领导技能,开发能力,情感,动机,负责的能力,文化理解能力等。人事要素直接影响培训内容的构成,是制定培训方案中十分重要的部分。

2.2 外派人员培训方案的制定过程

跨文化培训方案的制定分为 3 个步骤。

步骤1：确定培训的目的

了解跨国公司海外经营的战略目标，以及分解到各个部门的管理目标；通过对各部门的事前调查和沟通，明确跨文化管理中外派人员应具有的知识、能力和素质，以及解决问题的技能；根据海外公司的需要，大致确定培训的范围，列出培训内容条目，并就培训的期望结果和外派人员进行沟通，这是拟定培训方案的前提。

步骤2：求证培训具体目标

根据发展战略，让成员在充分沟通交流的环境中分析和检验培训方案，认识培训的必要性，分析培训的指标和标准，讨论和求证各种可行的方案。在求证培训具体目标时，应考虑如何使员工更好地应付不同文化的冲击，减轻他们的不适应感和挫败感，促进不同文化背景的人之间的沟通和理解；避免对各种文化形成偏见等。通过讨论和列举人力资源培训目标，对培训结果达成共识。

步骤3：方案选择

通过和各个部门的广泛讨论和求证，就培训目的、内容等达成共识，并由人力资源管理部门最终选择最佳方案，确定培训方法、时间、地点以及经费，并送达公司领导层进行审核，进而实施对外派人员的培训计划，完成培训任务。

2.3 人员配置和培训类型

跨国公司对外派人员的人事配置可以分为四个步骤：特定国际职务选拔和任命，东道国工作落地后的适应/母公司的支持监控，回国后的职务任命与准备，以及回国后的工作/母公司再适应（见图7.7）。跨文化培训方案应结合企业人事配置圈来确定。

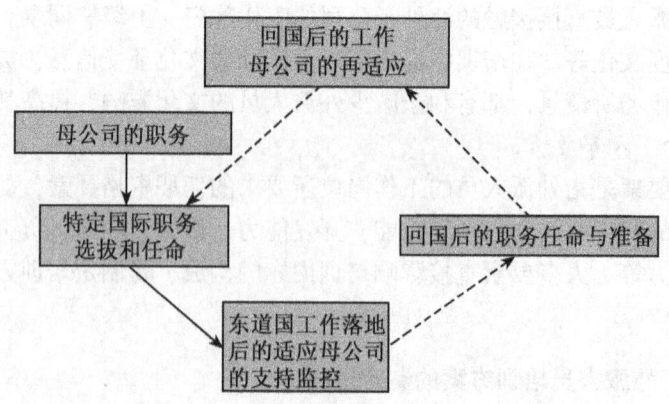

图7.7 外派人员的人事配置圈和培训类型

围绕外派人员的配置过程的四个环节，跨文化培训分别是出国前培训、到任后培训、归国前培训和归国后培训四种类型。每一种类型的培训方案应包括相关培训内容体系、培训过程和实施经费。见表7.4。

表7.4　　基于外派人事配置圈的跨文化培训类型

出国前培训	到任后培训	回国前培训	回国后培训
未来工作的环境 公司海外经营战略 国际企业管理能力 国际金融知识 公司所在国的生活方式、习俗 家庭成员的出国准备	正确对待文化差异 正确处理文化冲突 公司工作环境人际关系的处理 工作方法和工作效率 企业文化 家庭成员的适应困难及解决方案	母公司的管理和技术变化 新工作环境特点和内容 母公司文化介绍 现有工作的方法和注意事项 家庭成员的回国准备	回国后如何克服文化再震颤 适应人际关系的变动 适应职务的变化 学习新管理技能 学习新技术 家庭成员的适应性

出国前培训的主要内容是对未来工作的环境进行了解，学习公司的海外经营战略，提高作为外派人员应该具有的国际企业管理能力，以及掌握国际金融知识，了解公司所在国的生活方式、习俗，以及家庭成员出国前的准备等。

到任后的培训内容主要有：正确对待文化差异，正确处理文化冲突，公司工作环境人际关系的处理，工作方法和工作效率，以及企业文化。

归国前的培训主要有：母公司的管理和技术变化，新工作环境特点和内容，母公司文化介绍，完成现有工作的方法和注意事项，家庭成员的回国准备。

外派人员回国再适应培训方案主要包括5个方面：回国后如何克服文化再震颤，适应人际关系的变动，适应职务的变化，学习新管理技能，学习新技术等。

跨文化培训的每一种类型都是同等的重要。以回国再培训为例，外派人员回国后，重新进入母国环境，面对的是经过一特定时间以后的工作和家庭新环境，面对着和同事、上级、下级、家人、朋友等重新建立关系的压力，需要重新适应。这种回国时遇到的文化逆冲击造成的伤害有时并不亚于出国上任时遇到的文化冲击造成的伤害。为了让外派人员尽快适应回国后的新环境，回国前后接受再适应培训十分必要，是减少外派回国人员逆文化震颤的手段。

外派人员成功要素具有复合性特点：家庭成员和其他因素共同决定了外派工作人员在海外工作生活的成功与否，因此培训方案还应包括对外派人员家属的培训。

跨文化培训是一个系统过程，公司人力资源管理部门需要和公司有关部门就跨文化培训方案达成共识，包括外派人员培训的步骤的确定，培训方法的拟定（例如课堂培训，在线培训，以现场指导为基础的支持培训，评估和咨询式的培训，文化敏感性培训），培训的时间地点，员工的工作安排以及培训实施方案的经费支出等。

2.4 培训的实施步骤

外派人员培训是一个系统过程，主要由以下几个步骤组成，见图7.8。

第一，开展培训需求调查。培训需求调查有助于公司领导层和人力资源部门以及各个直线职能部门对培训需求有深刻了解，为实现组织战略愿意进行投资，培训需求调查还有助于培训内容和方案更具有针对性，培训能实现企业战略目标、具有国际竞争力的人员。

第二，确定培训内容。根据培训目的、培训对象、培训时间的要求，制定具有差异性的培训内容。

第三，制定培训方案（时间，内容，方法，手段地点等）。

第四，实施培训。

第五，对培训效果进行评估，通过反馈，进行修正，提高外派人员培训效果。

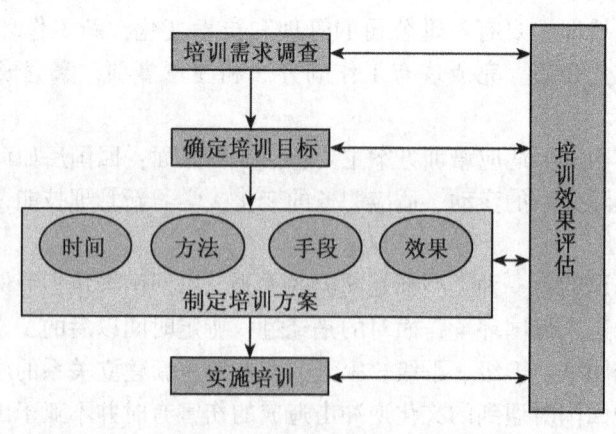

图7.8 外派人员培训步骤

2.5 跨文化培训的媒介

媒介是指培训中运用的工具形式，培训媒介不但是实施外派人员培训的基础，而且媒介的水平也制约了跨文化培训的水平，是科学实施跨文化培训的必要条件。

跨文化培训的媒介主要包括以下六种：

1. 文化简报：介绍母国文化和东道国文化的特点，包括习俗、传统、日常生活行为等。文化简报的形式有纸质器具和电子器具，如 DVD 等。

2. 地区简报：介绍母国或东道国的历史、地理、政治和经济状况，以及其他有用的信息，形式，包括纸质器具和电子器具，如 DVD 等。

3. 案例：用案例介绍和说明母国文化或东道国文化的特点，通过白描手法，勾勒出母国和东道国企业或地区的社会群体生活状况，以及个人的真实生活情况。

4. 角色情景：通过设置受训的情景，使培训的背景同母国或东道国的生活和工作实际状况完全一样，使受训者能够面对真实的情况（模拟情景）进行培训。

5. 量表问卷：用书面的语言表述受训者将来要生活、工作的母国或东道国的情景；或是提出相应问题，要求受训者对有关情景问题做出回答，并解释为什么要这样做；或是自我分析，了解自身状态，见表 7.5。

6. 实地考察：提供受训者到母国和东道国或其他国家、地区的访问机会，使受训者亲身体验当地的生活和海外公司的工作情景。运用问卷了解被试者的心理、技能、知识以及个性等方面的情况。通过计算机软件，提供各种跨文化管理的实际情景，如公司产业或企业的运作特征，要求受训者作出一系列的判断推理和决策，考察分析决策能力。

表 7.5　　　　　　　　　外派人员适应性自检表

1. 外派到国外对我的工作和职业生涯有何影响？
2. 到国外生活对我的家庭成员的影响如何？
3. 国外的生活我能够适应吗？我有准备吗？
4. 我是否喜欢国外的生活？其他文化对我的影响有多大？
5. 我如何搬家？家里的宠物如何处置？
6. 我们的国外生活水平和国内相比是否下降？
7. 海外的饮食是否符合我和我的家庭成员的胃口？
8. 语言问题会构成我在国外生活的障碍吗？

2.6 培训方法与选择条件

外派人员的培训方法可以按照多种角度进行分类，其中运用最广泛的是以下四种类型（见表7.6、表7.7、表7.8和表7.9）。

2.6.1 按照培训时间长短分类

根据外派人员海外工作的时间长短，确定培训的方法。

2.6.2 按照学习程度分类

根据培训的程度，分为初级班和高级班等形式，并选择相应的培训方法和内容。

表7.6　　　　　　　　　按照时间分类的培训方法

预计在东道国工作年度	训练程度和水平	培训方法
长期 1~3年	高（培训时间 1~2个月）	印象法 评估中心法 实地考察法 模仿认同法 敏感法 高强度语言训练法
中期 6~12个月	中（培训时间 1~4个星期）	情感法 语言培训法 角色扮演法 关键事件法 案例法 压力减轻法 中等程度语言训练法
短期 1~6个月	低（1个星期 以内）	信息给予法 地区简报法 文化简报法 电影书籍法 翻译解释法 基本语言训练法

表 7.7　　　　　　　　　按照学习程度分类的方法

初级培训班	
培训方法	培训内容
上课演讲	东道国商业经济
多媒体	东道国文化的背景信息
阅读	国家民族文化
背景资料学习	公司运作的基本信息
高级培训班	
培训方法	培训内容
东道国实地考察	东道国经济发展
同东道国的专业技术和经理人员座谈	东道国一般文化
高强度语言训练	商业文化
	社会制度

2.6.3　按照语言培训方式分类

语言培训是跨文化培训中重要的内容，可以分为基本语言知识培训方法和文化知识培训方法，每一类有相应的学习方式。

表 7.8　　　　　　　　　按照语言培训方式分类

基本语言知识培训	培训方法
特殊文化资料	阅读朗诵
	听、说、读、写综合训练
文化知识培训	培训方法
对关键事件的认识和解释	案例分析
不同文化成员之间的交流	讨论
个人主义/集体主义、时间和空间的认识等文化知识	案例、讨论、交流
	东道国参观

2.6.4 按照培训材料分类

培训的材料,可以从形式角度和内容角度进行分类。

1. 培训材料的形式

按照培训材料的形式可以分为符号学习法和参与学习法(见图7.9)。前者主要是运用语言相关的形式,包括理论学习、知识学习、规则学习等,对于受训者掌握相关信息十分有用。参与学习法属于互动式学习,要求受训者亲身参与活动,运用的材料不仅仅是符号,更包括其他感知器官能够感受到的材料。符号学习法包括电影、书籍、演讲、地区简报、案例研究、文化分析等,目的是了解东道国文化。文化包括习惯、传统和日常行为历史、地理、经济、政治等一般信息,勾画出东道国文化中的个人生活及工作的真实状况,了解东道国的生活工作条件。参与学习法包括向受训者提供去东道国或陌生地区短期工作的机会、敏感性训练(文化认同)、角色扮演、拓能训练以及仿真训练(针对东道国环境的培训活动)等。

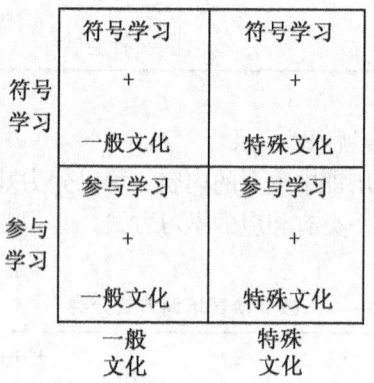

图 7.9　学习类型组合图

2. 培训内容角度

按照培训的内容角度,可以分为一般文化培训和特殊文化培训。

一般文化型是指跨文化培训具有的一般性文化特点,一般文化型是将一个社会群体和另一个社会群体区别开的组织成员共有的重要假设内容,主要有五个文化维度:权利差距、个人主义/集体主义、男性主义/女性主义、风险规避性、长期和短期取向型。这些文化特点可以适用于任何一种文化分析,具有普遍的共性。特殊文化型则是指某一特定文化的特征,母国公司和东道国公司经济数据和信息、母国公司和东道国公司员工的管理系统、企业价值观和员工态度等，是分析某一特定地区、企业、组织的工具。根据培训材料的四种类型，培训的方法可以分为四种组合。

表7.9 学习类型组合

培训类型	符号型 一般文化型	符号型 特殊文化型	参与型 一般文化型	参与型 特殊文化型
培训方法	课堂授课与课堂讨论；学习各种文化理论；对多元文化的认识和认同	利用多媒体传授各种文化的内容；某种文化断代与沟通的讲解；如何克服对某一地区民族文化带来的震颤；阅读如何欢迎来访客人等书籍资料	文化讲习班；不同文化背景的小组成员讨论；协助文化融合的方法；文化讲习班技术；讨论小组的文化差异；理解小组沟通的方法技巧；角色扮演、文化事件、实地考察、自我评估等	文化沟通讲习班；文化敏感性训练；各种学习类型组合

2.6.5 外派人员培训方法的选择

选择培训方法必须考虑实施方法的条件，确定哪些因子对培训方法的选择有深刻的影响。一般来说，这些条件因子包括以下三项：

1. 与东道国交往的程度
2. 工作、生活差异性程度
3. 文化差异性程度

与东道国交往程度高，采用经验性的、训练精确度较高的培训方法则有利；相反，和东道国交往程度低，采用数据陈述性的、精确性较低的培训方法比较合适。从工作和文化差异性看，差异性越大，越要采用精确度较高的、经验性的培训方法，例如情景考察、交往式的语言训练，通过沟通加深了解，降低差异感。母国和东道国文化差异性，也会制约培训方法的选择，例如，要求通过培训使员工对多元化有更深刻的了解，那么就要选择经验性方法和分析性方法，而不仅仅是采用数据学习性的方法，见图7.10。

跨文化培训方法和管理实践密切结合可以取得更好效果。例如比较文化学习法、案例分析法、纠错法、实践法、角色扮演法、情景模拟法等。这些方法之所以行之有效，是因为培训把单向的静态的知识传授，改变为双向的动态的过程，将知识传授与跨文化能力培养合为一体，跨文化培训的精确度较高。

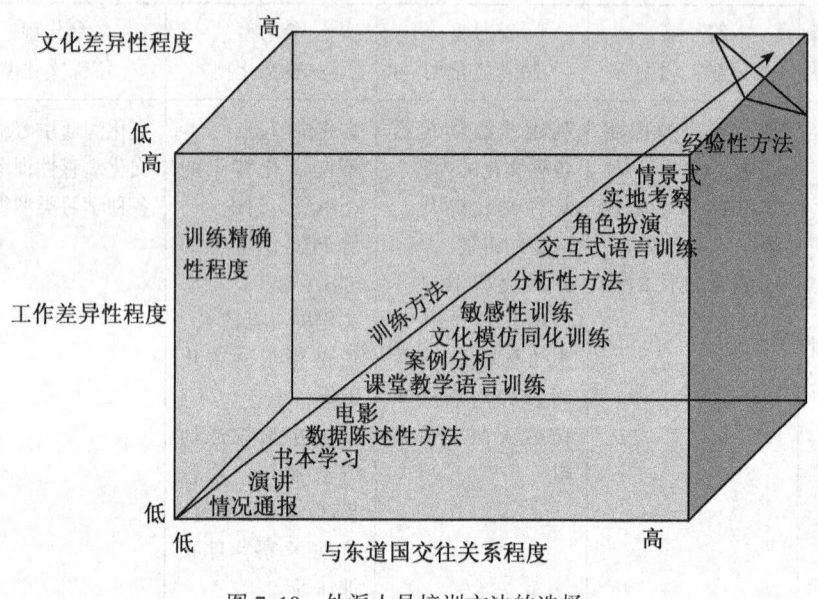

图 7.10　外派人员培训方法的选择

第三节　东道国本地人员的培训

3.1　本地人员培训的意义

3.1.1　补充本地人才的不足

人力资源本地化的障碍之一是本地职员的素质问题。东道国职员的素质高低直接影响着跨国公司的人员本地化进程。本地职员的素质越高，人员本地化的难度越小。加强本地人员培训也是弥补本地教育不足的一种方法。当东道国的教育水平相对落后，人们接受教育和培训的机会相对较少时，本地人员在诸如外语能力、沟通方面，往往能力不足，知识不够，对跨国公司的管理形成障碍。许多跨国公司发现，要找到优秀的本地人才并非易事，这足以令不少致力于人员本地化的跨国公司束手无策，不得不加强海外派遣工作，从而增加了企业人力成本。例如摩托罗拉公司是在亚洲最早倡导本地化的西方跨国企业，可是后来该公司重新派遣外籍管理人员来替代那些原来已"本地化"的管理职位。原因就在于,摩托罗拉公司在诺基亚和爱立信的强大竞争压力面前,发现它不能在亚洲找到非常有竞争力的管理人才,从而使公司的经营遭到威胁。

总之,本地劳动力市场国际化人才储备不足和东道国人才国际化水平不高是跨国经营中的重要问题,造成跨国企业的人才本地化战略受阻。因此,加强本地人员培训关系到跨国公司的全球的发展。

3.1.2 纠正本地化错误圈

加强本地员工培训也是纠正本地化错误圈的重要途径。所谓本地化错误圈是指跨国公司人员本地化的动机仅仅是为了降低人工成本,而没有认识到人力资本投资的重要性,因此公司陷入低人工成本投入、低员工业绩回报的困境。实践中,许多跨国公司只注意到雇用外籍管理人员的巨大的人工支出成本,却对盲目的本地化视而不见,忽视本地员工素质低对企业造成的负面影响,缺乏对东道国人员的培训,当发现本地人员的素质技能等不适应企业发展时,不得不重新聘请外派人员,结果不但带来人员重置的压力、更大的人工支出,而且带来了跨文化人员冲突。图 7.11 是本地化的错误圈,揭示了跨国公司忽视东道国本地员工开发培训所带来的后果。因此,积极开展本地人员的培训开发,树立正确的人员本地化战略观,显得十分必要。

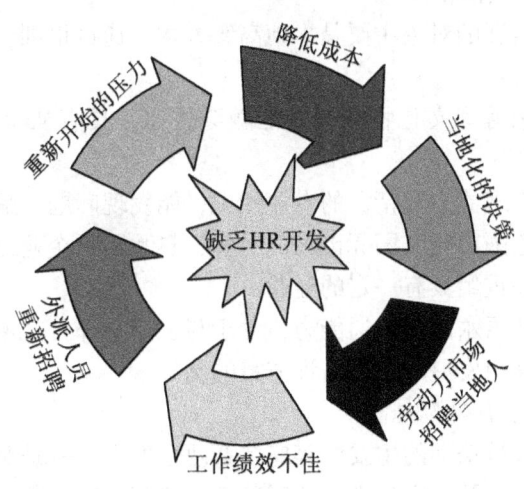

图 7.11 本地化错误圈

3.1.3 配合海外公司经营

人力资源开发战略有助于公司海外经营的顺利开展。在海外公司建立之初,公司对母公司的依赖性较强,关键岗位主要由外派管理人员和技术人员担任。随着对本地市场的开发,公司逐渐在当地市场站稳脚跟,并有能力自主经营决策,对母公司的依赖性减弱,独立性增强,同时公司对高素质人才,特别是本地人才的需求逐渐增长。

对当地员工的培训开发,建立本地人才库,可以有效满足公司对本地人才的需求。对高素质的本地员工的充分利用,有助于子公司获取东道国社会资本,应付本地市场的各种挑战,从而在竞争中获取优势。

3.2 本地人员培训内容

3.2.1 企业文化敏感性培训

1. 文化敏感性培训的意义

企业文化敏感性培训是为了促进本地员工对多元文化的认识和融合。这不但是外派人员培训的主要内容,也是东道国本地人员培训的任务。文化敏感性培训对加强东道国员工的文化融合很有帮助。例如,某合资企业开展"向投资方学习"的跨文化培训,夯实了东道国员工和合资企业之间建立亲密信任的"整体关系"的基础,建立了真诚的合作关系,而不是简单的雇用与被雇用的关系,加强了合资双方的感情融合。

2. 文化敏感性培训的目标

文化敏感性培训的对象主要是本地高级人才。通过培训,本地高级人才应具有以下必备素质:

理解母国和东道国文化特点,并能融会贯通,具有从全局出发的战略眼光;

具有较高的管理能力和精深的专业知识,能发现问题、解决问题;

具有运作东道国市场和国际市场的经验,熟悉国际企业经营活动途径和手段,对企业兼并和重组具有一定的经验;

具有较高的外语水平和沟通能力,善于与公司总部打交道。明确人才素质要求是制定符合公司发展战略的培训方案的基础。

3. 文化敏感性培训的内容

东道国本地人员培训的主要内容应包括两个方面:一是对文化的认识、语言学习、跨文化沟通及冲突处理、地区环境模拟等,以缩小文化距离,改善环境。此外,企业价值观也是敏感性培训的重要内容。通过价值观的认同帮助东道国员工对母公司文化特征进行认知和提高分析能力,弄清楚母公司文化是如何决定人的行为的,掌握公司主导文化的精髓。

4. 文化敏感性培训的方法

敏感性培训的第一种方法是脱产培训。一般是把10名左右员工集中到培训室或远离企业的地方，由专业培训师对他们进行为期1~2周的脱产培训。培训过程中，受训员工没有任何负担地相互坦诚交谈，内容只限于他们之间当时发生的事情。通过这种方式，受训员工能够发现和学习原来自己没有注意到的文化差异，打破心中的文化障碍，加强不同文化间的合作意识和联系。通过敏感性培训可以明显减少跨文化企业的员工的文化偏见，增加相互间的信任感和内部控制倾向，提高员工对不同文化的鉴别和适应能力。

第二种方法是导师制。由人力资源部和各个职能部门共同为东道国本地员工选定教练的"导师"，该导师向新员工系统地介绍组织的结构、政策，开展与工作生活相关的各种小型培训活动，并向新员工引荐他的工作同事。导师制会使本地员工感到一种亲切和友好，帮助东道国人员特别是新员工消除无所适从和孤独感。

第三种方法是强化法。本地新员工进入公司后，有关部门可以颁发写有公司价值观、使命、愿景的员工手册，在新员工参加的大会上，公司领导可以详细地讲述代表公司风格的人物和事件，以强化本地新员工对企业价值观的记忆。当然，只凭最初几天的口头宣讲是不够的，公司还可以结合工作实际向新员工不断强化跨国公司的文化理念。推行价值观，最重要的是公司最高领导要以身作则，对公司的价值观具有坚定信念等，这样才能获得本地员工下属的信任。

其他方法也可以起到很好的作用。包括：本地员工文化融合自检表（见表7.10）、本地人员研讨会、课程、语言培训、书籍、网站、讨论和模拟演练等方式，以及聘用文化顾问，指导员工跨越不熟悉的文化领域。

表7.10　　　　　　　　　**本地员工文化融合自检表**

1. 和外籍员工相处是否愉快？
2. 外籍员工有值得我学习的地方吗？
3. 当和外籍经理有矛盾的时候我是如何处理的？
4. 如果外籍员工有特殊的生活补贴，我会感到不平等吗？
5. 和外籍员工在一起的时候，我能直截了当地提出自己的看法吗？
6. 我经常有对外籍员工所在国的不良的情绪吗？
7. 我经常把对国家的情绪带到工作中吗？
8. 如果工作中遇到困难，我是愿意让本国同事解决还是请外籍员工帮助？

3.2.2 企业专业知识培训

提高本地员工的知识技能水平,提高企业绩效,促进员工个人职业生涯的发展是专业知识能力培训的主要目的。

1. 岗位培训

本地新人一进入企业就应该接受上岗培训,通过导师制度,依靠培训"教练",新进本地员工可以随时获得有关工作和技术的信息。即使是一位资深的本地员工,公司也应不断更新他的技能和知识,结合专业技术的新发展,例如公司设备的升级、公司研发的扩大、产品服务的新项目等,为资深本地员工提供相应的专业培训。

2. 特殊技能培训

东道国技术员工通过到母公司受训的出国机会,获得母公司的专业知识和技术知识。本地员工一旦晋升为管理者,公司就应该提供更多相应的领导技能的培训,帮助他们提高分析、决策、领导、控制、谈判以及处理危机等方面的能力。

3. 在职轮岗培训

通过在职培训进行实践锻炼对于本地员工成长非常重要,跨国公司应尽可能多地为管理人员提供轮岗的机会。除了利用企业内部资源外,跨国公司还提供时间、经费上的便利,积极鼓励员工利用社会资源进行专业知识的学习深造。

3.3 本地人员培训方法与途径

3.3.1 培训方法

进入跨国公司的本地人员的职务工作是不同的,一般可以分为管理层和普通员工两个层次。由于他们对企业所负的责任范围和工作性质不同,因此对本地管理层人员和普通员工的培训方法也具有差异性。

1. 本地管理层培训方法

跨文化开发讲座,目的是增加本地管理层对跨国公司文化的理解和认同。

共同愿景讨论法,主要用于促进文化融合,帮助本地管理层员工加强工作岗位中的道德伦理的实践,从而加深本地管理人员对母公司和子公司文化的理解和支持。

跨文化情感培训法和利益分享讨论,主要用于沟通和促进管理人员与下属的合作。

轮岗深造以及管理方法培训,帮助本地管理人员掌握管理知识和提升管理技能。

2. 本地普通员工培训方法

团队训练法、品格提炼法和企业口号学习法,用于分享知识和促进本地普通员工对母公司价值观的认同,增加本地员工的凝聚力。

"教练"法主要用于专业知识和技能培训,帮助本单位员工提升专业能力。

价值观融合培训法,促进本地员工间的亲密、信任的感情,增加他们对企业的归属感。

管理技能培训是当普通员工晋升为管理人员以后,公司提供的包括沟通、倾听等方面的培训。表7.11是本地员工的培训方法分类。

表7.11　　　　　　　　不同层次本地人员的培训方法

受训层次	培训方法	运用范围、目的
本地管理层人员	跨文化开发讲座	增加本地管理层对跨国公司文化的理解和认同
	共同愿景讨论法	促进文化融合,帮助本地管理层员工加强工作岗位中的道德伦理的实践,从而加深本地管理人员对母公司和子公司文化的理解和支持。
	跨文化情感培训法和利益分享讨论	沟通和促进管理人员与下属的合作。
	轮岗深造以及管理方法培训	帮助本地管理人员掌握管理知识和提升管理技能。
本地普通员工	团队训练方法 品格提炼法 企业口号学习法	用于分享知识和促进本地普通员工对母公司价值观的认同,增加本地员工的凝聚力。
	"教练"法	主要用于专业知识和技能培训,帮助本单位员工提升专业能力。
	价值观融合培训法	促进本地员工间的亲密、信任的感情,增加他们对企业的归属感。
	管理技能培训	当普通员工晋升为管理人员以后,公司提供包括沟通、倾听等方面的培训。

3.3.2 本地员工培训途径

1. 本地培训

本地培训是指培训地点设置在东道国本地的培训。由于本地培训的对象数量大，培训内容广泛、针对性强，培训费用相对低廉，因此本地培训成为跨国公司主要的培训途径。

本地培训在培训内容上结合公司的实际，有针对性地确定培训方案，可以开设较多的课程。针对普通员工的内容主要包括一般生产知识和相关技能等。针对管理层的学习内容分为三个方面：一是业务工作能力，结合本地职能部门工作的经验开展学习；二是领导力，通过实践案例和教练式学习，帮助本地管理人员提高领导各个职能部门的能力；三是战略管理能力，从更高层次上对东道国本地市场和企业进行分析比较式的学习研究。

本地培训除了企业自身开展以外，也可以委托本地其他培训机构。例如本地管理人才的培训可以通过派往本地大学或咨询培训公司进行。

2. 母公司培训

回母公司进行培训也是一种重要的培训途径，包括在母公司相关部门的实习工作、参加母公司的各项经营管理活动会议，以及到母公司相关部门进行交流学习等方式。本地人员到母公司进行培训不仅可以学习到母公司先进的技术和管理方法，掌握相关的基础知识，而且让本地人员透过亲身工作实践，彻底领会母公司在生产服务等方面的要点，熟悉企业文化，特别是质量第一的管理思想，降低成本、提高生产率的经营要领等，更是需要通过到母公司的实际工作来掌握。例如贝尔公司派遣700多名上海员工赴比利时、美国和新加坡进行培训，回国后成为企业生产管理、科研方面的骨干。

如果母公司正在实施新的战略或者其他的重要管理和技术创新活动，并准备在海外公司开展，更有必要让来自海外公司的人员到母公司参加培训，通过参加体验式培训，让他们掌握母公司战略和活动的精髓，使之成为母公司重要活动的成员，成为母公司战略实施的重要基础。

此外，母公司培训还包括为东道国本地管理人员提供海外公司和母公司的轮岗机会。除了利用内部资源外，跨国公司还提供时间、经费上的便利，积极鼓励员工利用社会资源进行学习深造。

海外培训的经费成本高于本地培训，但是对于公司的成长非常重要。同时，丰富的知识技能培训也为在跨国公司海外公司工作的本地精英员工提供快速成长和实现抱负的机会，从而增强了跨国公司的文化凝聚力。

3. 本地人员培训途径的选择

东道国人员的培训途径可以分为回母公司培训和留在东道国本地进行培

训，两种方法各有优点。选择本地培训，可以大规模地进行，成本较低，和东道国实际密切联系；选择母公司培训，虽然成本较高，花费的时间较多，但是凭借其优良的培训条件和培训教官，在培训的质量上更胜一筹。特别是对公司需要培训的精英人才，到母公司培训是一种具有更加强烈的激励作用的方法，对本地员工的职业生涯发展具有重要意义。

选择哪一种培训途径，需要从三个方面进行考虑：

（1）战略角度：公司实施的是母公司中心战略和多国中心战略；

（2）文化差异性角度：母公司和东道国本地的文化差异性程度；

（3）培训内容和条件：可以分为两种。一种是需要昂贵的培训条件，需要实际考察、创新型的培训内容；另一种是一般常规性培训内容和条件。

通过这三个方面的考察，培训计划者就可以选择出合适的本地人员培训途径（见图 7.12）。

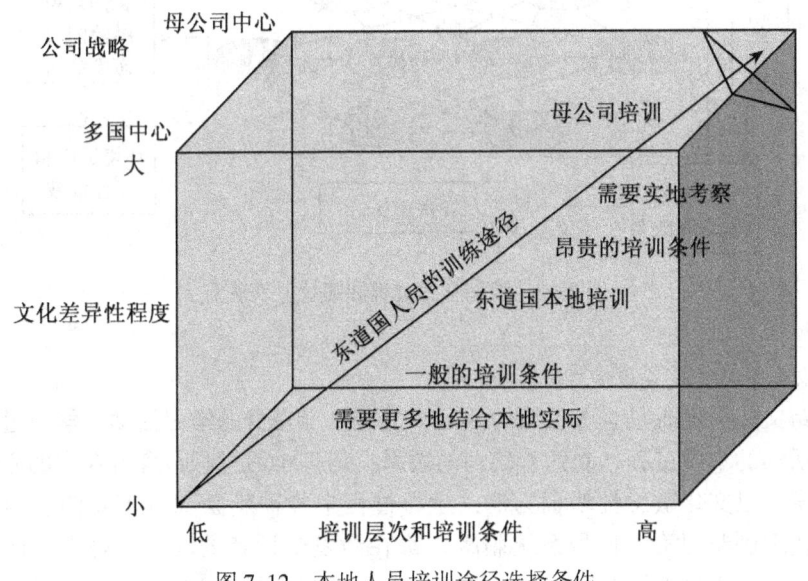

图 7.12　本地人员培训途径选择条件

第四节　跨文化学习与职业生涯计划

跨文化培训既是通过有关部门开展教育培训的过程，也是员工自我学习的过程，对学习活动的特征和学员的学习心理状态的分析是制定培训方案的基础，有益于提高受训者的学习动机，提高跨文化培训的效果。

4.1 跨文化学习过程分析

跨文化培训的目的是完成企业战略目标，培训过程管理包括：结合公司的战略任务，列举和环境相关的事实信息（如图 7.13 所示），并考虑到培训者的自身条件，建立相应的培训指标体系，确立培训方法和途径，在人力资源管理部门的指导下，进行培训工作，开始复杂的学习心理活动。

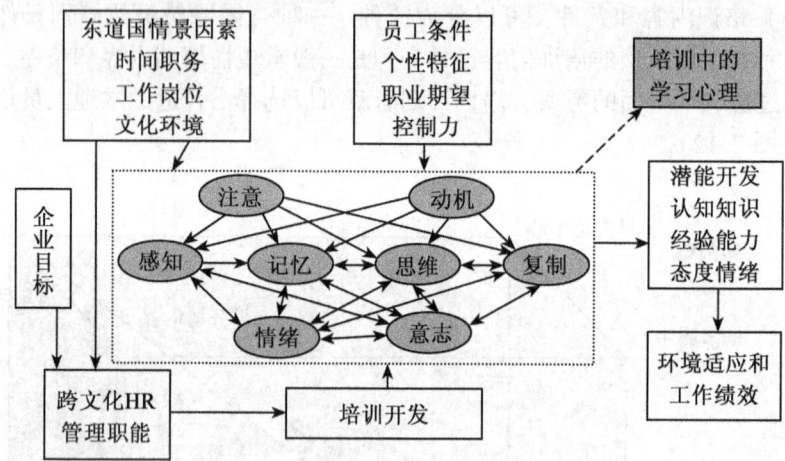

图 7.13　培训学习过程和绩效关系模型

4.1.1　学习心理要素

跨文化培训既是企业组织的活动，也是员工自身的学习活动。学习过程是培训活动的本质过程，制约着培训的效果。培训学习过程包含着众多的心理活动要素，以文化敏感性培训为例，学习过程中各种刺激（外部刺激、内部刺激和代理刺激即第二信号系统刺激）都在激发受训者的动机和好奇，通过对文化障碍和角色束缚进行反省，形成了新的反应模式。这一活动中包括注意、保持、再现与复制、期望与动机等心理活动。

同其他学习活动一样，跨文化学习过程主要有两种形式。一是实践与强化过程：通过实践，反复尝试，不断纠正自己的错误，直至得到满意效果。二是观察和模式化过程：通过观察，模仿他人，形成自己的认知模式。

4.1.2　创新和学习动机

1. 创新

跨文化培训开发过程是培养员工的创造和创新能力的过程。创造和创新既有联系也有区别，创造是人们产生新思维的过程；而创新则是把新思想运用到组织活动中以实现组织目标的过程。创造和创新都需要好的环境，跨文化培训应提供这些环境条件：

有利于创造、创新思维的氛围，包括信任、热情、周到、勇于沟通的坦诚心理等。

有效的交流系统，能促使思想交流，建立促进人们沟通交流的平台。

有效的创新过程管理，能识别、评价创新思想，并从中挑选出少数有价值的进行开发。

培训环境对于员工创新活动十分重要，是提升员工创造和创新的活动基础，同时也是激发学习动机的重要条件。

2. 学习动机

学习动机是培训活动的推动力，没有学习动机任何培训都无法取得成功。影响学习动机的因素包括：培训需求，培训在个体发展中的重要意义，培训材料的吸引力，自我提高的愿望以及培训者的期望值等。

动机对培训过程的影响主要表现在员工学习过程的注意、保持和新行为再形成等心理行为方式。在学习阶段的整个过程中，动机会影响受培训者的观察力、注意程度、学习参与保持力，从而影响了个体学习的认知程度和实际技能、技术获得等绩效。见图7.14。

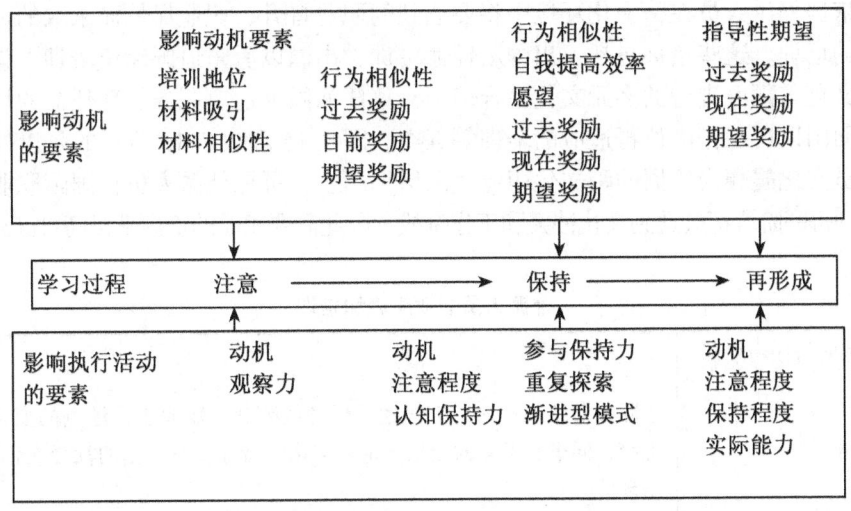

图 7.14　跨文化学习动机模型

跨文化培训是以多元文化团队为基础的培训，不仅包含各种文化标量，也包含各种层次的人员素质要求。以领导者的素质为例，跨文化领导者的素质应包含以下几类（按重要性排列，见表7.12）。

表 7.12　　　　　　　　　　　　跨国公司领导者的素质

跨国公司领导的素质	重要性程度（%）
人际交往能力	40
国际谈判能力	38
有自信心	27
以完成任务为导向	19
开放的个性	19
理解国际金融	13
对自身文化背景的理解	2

4.2　职业生涯培训线

在跨文化环境中的职业生涯规划可以分为两类：外派人员跨文化职业生涯培训线和东道国人员跨文化职业生涯培训线。

4.2.1　外派人员职业生涯培训线

外派人员的职业生涯规划是遵循公司人事配置的指导，由人力资源管理部门依据外派人员在跨文化环境中将要遇到的职业晋升、职业保持而采取的针对性的培训。这些培训包括：出国新任命培训、出国以后东道国岗位培训，为调整文化震颤而进行的多元文化整合培训，离任回国为适应职务、新任命的培训和回国以后工作岗位再适应的培训等五类。图7.15和表7.13所示的是以外派人员文化震颤为依据的跨文化职业生涯培训图表，可见外派人员在国际职业生涯的每一阶段都会遇到文化冲突和工作挑战，因此需要相应的培训来提高自己。

表 7.13　　　　　　　　　　　　外派人员职业生涯和培训

出国前新任命培训	
挑战	国际经营新的任命，工作性质任务的变化，职业工作地点的变化，上级、同事和下属的变化，企业文化的特征，东道国的社会文化风俗环境
培训目标	新的职务所要求的知识技术和相应情感，适应当地企业环境

续表

东道国在职培训	
挑战	现实新环境的陌生,工作任务程序的差异,如何完成新的工作任务,东道国文化差异带来的文化震颤和不适应,沟通困难
培训目标	克服陌生感,培养适应现实新环境、工作岗位要求的能力,尽快进入新角色,提高文化相融合的技能技巧
回国前新任命培训	
挑战	如何面对母国的新环境、新的工作要求
培训目标	了解新任命的内涵和要求,做好相应的准备工作,了解与新工作职务有关的知识和要求。
回国后在职培训	
挑战	新工作的挑战,母公司的环境适应,上级、同事和下属的关系处理
培训目标	掌握相应的工作内涵,具有相应的工作能力、人际沟通技巧和能力

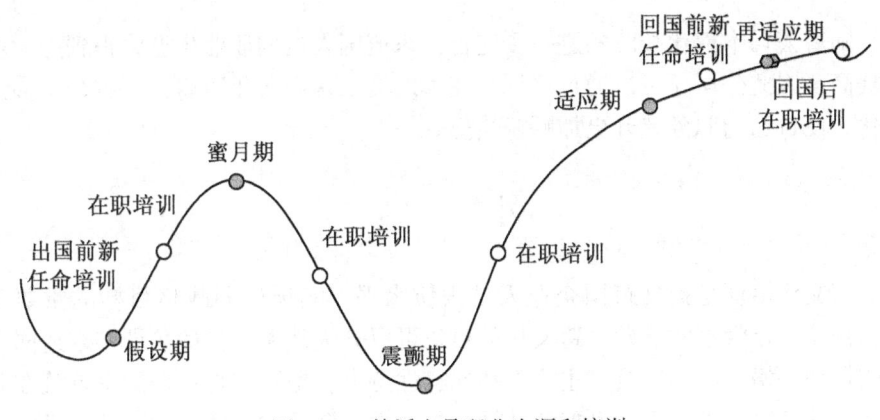

图 7.15 外派人员职业生涯和培训

4.2.2 东道国人员职业生涯培训线

对于东道国员工,跨文化培训和职业生涯的发展与跨文化融合密切相关(见图 7.16)。本国文化和母公司文化的差异既可能带来兴奋和学习、不同思想的碰撞和启迪,也可能带来冲突和不适应,因此培训对东道国员工更快地适应多元化管理十分有利。

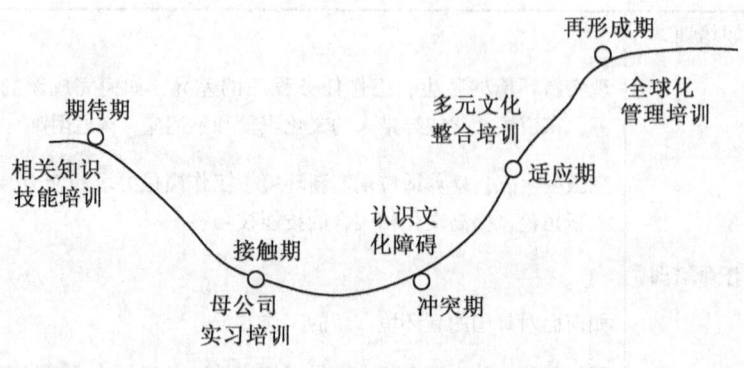

图 7.16 本地人员职业生涯和培训

进入公司以前上岗培训，面对的挑战是如何拥有和工作匹配的工作技能、知识，熟悉工作流程和工艺、企业文化口号，以及形成相应的态度。培训目标是：掌握新的工作知识和拥有相应的能力。为了进一步融合到公司文化中，东道国人员可以通过到母公司实习，了解母公司的文化、工艺、工作流程、新的方法，亲身感受母公司的文化，学习工作流程、新工艺和新的技术以及管理方法。

随着公司本地化战略的进一步完善，东道国人员的职业生涯将得到进一步的提高，因此公司还可以通过培训，使本地员工认识文化障碍，了解公司多元文化，使自己的职务晋升更加顺畅快捷。

小　　结

跨文化培训是提高跨国企业人员素质水平，实现公司战略目标的重要手段，是跨文化管理的基础。跨文化的对象可以分为外派人员的培训和东道国人员的培训。培训内容应具有主流性和现实性特点，把跨文化培训的重点放在差异文化的了解和学习上，例如使外派人员熟悉投资目的国的文化，使东道国人员了解母公司的文化特点等。不论是外派人员或是东道国人员，培训重点都应该放在社会大多数成员的世界观、思维方式、价值取向及行为标准上。

跨文化培训应重视实际运用能力，培训内容必须与东道国的文化和语言、经营活动内容密切相关。在培训过程中要紧密结合实际，减少抽象、空洞和无针对性，从而激发受训者学习的兴趣。

思 考 题

1. 跨文化培训和一般培训的区别是什么？
2. 外派人员培训的方法主要有哪些？
3. 如何选择东道国本地人员的培训途径？
4. 跨文化培训在人力资源管理中的作用是什么？
5. 如何设计一份跨文化培训开发计划？

第八章 跨文化劳动关系管理

学习概要
1. 分析跨文化人力资源管理基本概要
2. 介绍跨文化人力资源管理模型
3. 阐述跨文化环境下的集体协商制度
4. 企业社会责任运动

长期以来，对劳动关系要素的研究长期集中在一国以内企业所有者与企业员工之间，有关问题都设置在国内劳动关系框架内，很少探讨跨文化的劳动关系问题。然而，经济全球化对企业劳动关系产生深刻影响。一方面，不同国家或民族的思维方式、行为方式和民族性格等内在因素对企业劳动关系产生了文化层面上的深刻影响。另一方面，经济全球化、资本流动加速了对劳动力成本的"向下竞争"，使劳动与资本的关系具有全球性特征。国家、民族和地区的劳动关系体现出整体性的宏观社会文化，而单个企业劳动关系则体现出微观层面的企业文化，使劳动关系呈现出前所未有的复杂性。过去发生在一周内单纯的劳资关系蒙上了国家民族之间的关系，劳动关系具有了多元文化的特征，在经济全球化的时代，跨文化劳动关系已经成为跨文化人力资源管理的重要组成部分。

本章首先对跨国公司劳动关系的现象进行讨论和研究，然后介绍跨文化劳动关系理论和跨文化劳动关系模型，接着分析跨国公司中工会和集体协商制度，最后介绍企业社会责任运动以及该运动的发展情况。

第一节 跨文化劳动关系基本理论

1.1 跨文化劳动关系的定义

所谓劳动关系是指劳动者与用人单位（包括各类企业、个体工商户、事业单位等）在实现劳动过程中建立的社会经济关系。从广义上讲，生活在城市和农村的任何劳动者与任何性质的雇主或用人单位之间因从事劳动而结成的社会关系都属于劳动关系的范畴。从狭义上看，劳动关系是指企业组织中存在的管理方与雇员之间、管理方内部和雇员内部的权利安排，以及由这种权利安排所形成的人员行为方式、人员间的关系、矛盾冲突和协调冲突的机制。

劳动关系涉及的是人和人之间的互动关系，其本质是一种经济关系。劳动就业是劳动关系形成的第一步，是劳动者权益实现的基础。没有就业的实现，劳动关系和劳动者权益就无从谈起。在劳动关系中，劳动者（雇员）作为劳动力的供给主体，向雇主让渡自己的劳动力；企业经营者（雇主）作为劳动力的需求主体，向劳动者支付相应的劳动报酬，经济利益是连结二者的基本纽带，伴随着以人为核心的问题。例如：由谁工作？工作过程中如何规定纪律、执行纪律？劳动所得如何分配？

随着经济全球化，越来越多的跨国公司纷纷进入世界各地，国际资本通过独资、合资、合作、兼并等经济活动，不但使世界各地的经济联成一片，同时也使劳动关系越来越具有跨文化色彩。

所谓跨文化劳动关系是指来自不同国家和地区、不同文化背景下的利益群体在劳动过程中形成的关系。例如跨国公司员工工会同企业经营方在跨国经营劳动过程中建立的社会经济关系，这种关系不但影响了东道国员工的工作、生活，影响了企业的经营，而且影响了国家和社会的安定，所以调整好跨文化劳动关系不但是跨国公司人力资源管理的重要课题，也是东道国政府维持政治稳定和经济发展的重要任务。

劳动报酬分配是跨文化劳动关系的重要组成部分，跨国公司内部的劳动报酬分配构成劳动关系的物质基础和经济联系，市场经济要求依据各生产要素在生产中的贡献大小而分配相应的收入，收入水平的高低又是由市场供求状况所决定的。收入分配市场化和全球化，使不同生产要素所有者之间的收入分配具有多元文化特点，也使企业内部不同国家、文化背景的群体之间关系更加复杂，需要通过一定的规则进行利益调整。

在跨文化劳动关系管理中，经常涉及跨国劳务关系，二者之间有何差别呢？劳务关系是指两个或两个以上的平等主体之间就劳务事项形成的关系，而劳动关系是指劳动者与用人单位在实现劳动过程中建立的社会经济关系，所以二者之间是不同的概念。

在全球化的背景下，企业人力资源管理必须从各国的具体国情出发，逐步与国际劳动立法和劳动关系管理制度接轨，建立和规范跨国经营中公司内部和公司之间的劳动关系，最大限度地满足企业和员工需求，提高各国员工工作积极性，提高跨国公司效益和竞争力。

1.2 跨文化劳动关系的特征

跨文化劳动关系具有以下特征：

1.2.1 复杂性

在跨文化环境下，劳动关系十分复杂。跨文化劳动关系管理的复杂性的具体表现有：从过去单一国家内部的劳动关系演变为多国劳动关系，参与劳动关系的利益双方演变为利益多方，显示跨文化劳动关系的复杂性。

跨文化劳动关系的参与方包括：一国企业内部企业所有者或经营方和员工方之间的阶层利益关系，母国经营管理方和东道国的员工的利益关系，母国公司和东道国公司的员工的利益关系，国际工会和东道国工会的员工利益关系等，所以跨文化劳动关系是集阶层矛盾、民族利益、企业利益、员工利益四个矛盾为一体的关系。

美国马里兰大学2002年的调查发现，86%美国公司认为，在海外的美国公司也应该遵守美国工人安全健康条例，其中69%的被调查者强烈同意这一概念，但是，同时有88%的公司认为，如果其他国家公司不管东道国工人的健康安全，那么美国公司就没有义务遵守这一规定，否则美国公司在竞争中会处于不利的地位（*Multinational Monitor May*, 2002）。这一调查说明跨国公司在跨国经营中对待劳动关系的双重标准性，以及和东道国公司以及员工之间的关系的复杂性，说明跨国公司为了维护自身利益而与东道国公司和员工之间产生各种矛盾的不可回避性。

1.2.2 多元文化性

经济全球化使劳动关系的主体来自不同的国家和地区，这使得劳动关系形成的规则、要素具有多元文化性特征。传统上，一国一个地区以内企业劳动关系具有单一文化性特征，劳动关系的双方主体在相互沟通作用时没有文化的障碍，对于劳动关系规则的制定和理解没有语言的障碍，同时长期以来的共有文化背景使单一国家内的劳动关系双方已经形成了一定的模式，双方经济利益关系，甚至冲突都具有单一性。但是，在跨文化环境下，劳动关系主体的相互交流和沟通往往受到不同国家、民族、地区的利益约束，受到多元文化的影响，同时还受到语言障碍的影响。由于对非本国的劳动关系规则不熟悉，劳动关系双方需要一定的时间和磨合才能形成跨文化劳动关系的模式。

跨文化劳动关系管理就是在正确了解跨文化环境下劳动关系的复杂性和多元文化性特征的基础上，积极寻找对策，对跨文化劳动关系进行计划、组织、指挥和调整，使跨文化劳动关系成为积极的、发展的、和谐的关系，以促进企业发展和员工发展。

1.3 跨文化劳动关系的构成

劳动关系是如何构成的？美国劳动关系管理学家约翰·邓洛普（John T. Dunlop, 1914~2003年）关于劳动关系的理论对于劳动关系的内部要素进行了分析。邓洛普认为，劳动关系由四个部分构成，分别是环境要素、规则要素、参与者要素和文化与意识形态要素。

1.3.1 跨文化劳动关系四要素

首先是环境要素。环境要素主要是指国家经济政治形态，包括国家经济制度指数（计划经济—市场经济），国家经济繁荣指数和各国劳动法律的适用性。例如来自不同经济制度的国家的群体在形成劳动关系时经常会遇到问题是采用哪种经济制度（市场经济制度还是计划经济制度），环境要素制约了劳动关系的形成与运作。

其次是规则要素。规则要素主要是指劳动关系规则、劳动契约、劳动合同制度、依法申诉、谈判协商、沟通协作等处理劳动关系的规则。在跨文化劳动关系实施模式中有两类模式：一是采纳东道国本地的文化和劳动关系实践的模式，一是引用母国劳动关系法则，结合东道国法规原则进行。在实践中，跨国公司大多数通过介绍母国的劳动关系规则和做法实现跨国公司分公司劳动关系一体化。例如一些日本跨国公司在英国实施日本式的企业工会联合会形式，这一做法使原来存在于英国企业内部的劳动双方的冲突有所减少。

再次是参与者要素。参与者要素指劳动关系三方参与者，包括以工会为利益代表的雇员方，企业所有者和经营者以及政府。在三方中，政府在处理劳动关系矛盾时作用重大，甚至具有主导地位。因此，企业人事管理的内容和形式、劳动关系的结构和制度文化都是政府必须考虑的，从本质上看，在任何国家中都是政府而不是公司影响了人力资源管理的内容和形式。有关劳动报酬、民主管理、解聘、培训等法律法规都是经由国家政府制定并参与管理的。

最后是文化与意识形态要素，该要素主要包括协作文化、维权文化、契约文化和利益分享文化。这些文化是形成某一类型的劳动关系所必不可少的，是劳动关系维护运作的润滑油。

1.3.2 显性规则和隐性规则

在劳动关系运作中，需要各种规则，这些规则既有显性规则（explicit rules），又有隐性规则（implicit rules）。见图8.1劳动关系四要素模型。

显性规则包括国家对企业劳动关系形成的规定、国家法律制度是否完善

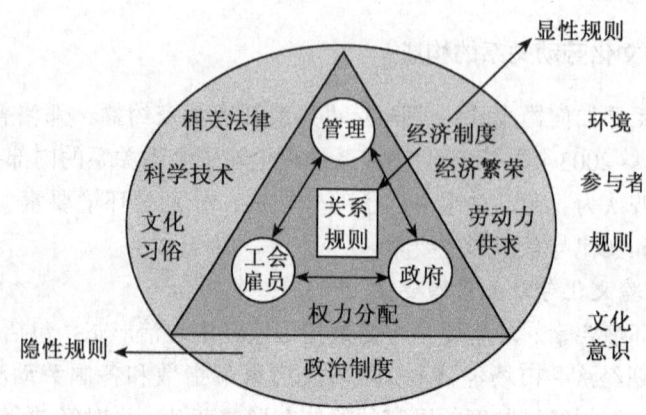

图 8.1 劳动关系四要素模型

以及劳动关系双方在法律允许范围内采取的相关策略。例如劳动合同契约，国家法令政策都是明文规定，并成为规范劳动工作中人和人之间相互经济社会关系的重要规则；而劳动关系双方的策略选择则影响了劳动关系的力量对比。

隐性规则包括经济繁荣的指数、劳动力市场中的供求关系、科学技术水平、社会文化习俗等，是劳动环境软要素，这些要素对于劳动关系没有直接的关系，但却影响了劳动关系双方的经济地位和力量强弱。例如，工会、企业经营主和政府三方在不同层级上加以回应，工会组织会要求在决策（如国外投资）过程中有更多的参与和发言权，从而影响到其他的决策。再例如劳动关系双方处理劳动纠纷时采用的方法手段的偏好，是愿意通过谈判还是强硬抵制的方法也反映出一定社会文化习俗的影响。

1.3.3 利益主体之间的平衡

跨文化劳动关系的复杂性表现在劳动关系具有多个主体，企业经营者一方既有母公司又有海外公司，劳动者一方既有外派员工，又有本地员工；工会组织既有国际工会和母国工会，又有东道国工会，所以多个主体和多个目标构成跨文化劳动关系。

在跨文化劳动关系中，如果海外公司的管理功能并非完全自治，而是在母公司的战略目标指导之下，那么海外公司劳动关系的目标总是以符合母公司的战略目标为基础；相反，如果海外公司经营独立性强，则劳动关系的决策独立性也强。

海外公司的劳动关系中的主体之一主要是当地员工和工会，所以企业人力资源管理的指导原则总是被纳入当地劳动政策法规之中。

跨国公司经济发展战略超越国界，因此与当地政府和当地员工，以及东道国工会建立友好密切联系十分重要。图8.2说明了以工会组织为代表的员工方和公司所有者的雇主方在东道国劳动关系系统中的功能作用：劳动关系管理目标设立后，实现这一目标需要多方的合作，各个利益主体之间保持平衡十分重要。

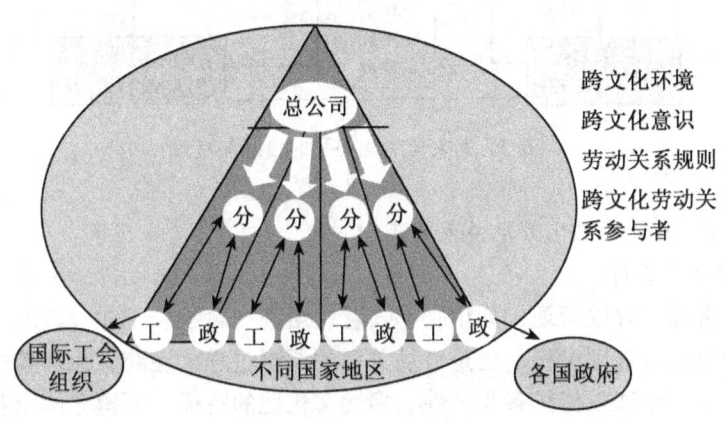

图8.2 跨文化劳动关系系统

1.4 跨文化劳动关系管理功能

1.4.1 劳动关系三方目标

跨文化劳动关系中的三方都有自己的目标。政府方的目标是经济发展和社会稳定，企业所有者的目标是发展企业，获取更高的业绩，员工方的目标是满足员工的经济需求，获取更高的劳动报酬。

三方目标具有差异性。以工会为代表的员工方的目标是满足员工政治经济、物质和精神方面的需求，按照国际惯例和公平原则获得劳动报酬。以企业所有者为代表的雇主方的目标是提高企业经济利益，提高雇主利益，保持企业竞争力。政府的目标是在促进经济发展的同时，促进社会平衡和社会稳定。

跨文化劳动关系建立在三方机制之上（见图8.3），通过互动、谈判和协商制度，开展社会对话和合作，从而达到各自的目标。跨国公司人力资源管理部门应该通过建立和强化三方机制，在社会对话和合作中尊重工会的声音，同工会一道保障职工的民主权利，建立多层次、多格局、多元化的劳动关系。

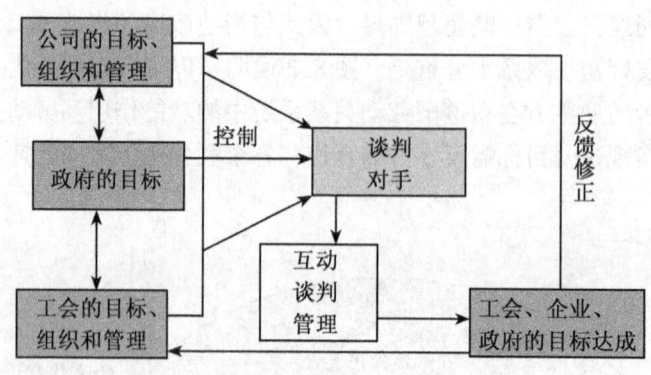

图8.3 跨文化劳动关系的目标与过程

1.4.2 企业跨文化劳动关系管理

1. 常规性管理

人力资源常规性管理,如招聘、安置、培训、薪酬、纪律、离职与裁员管理等,既是人事管理过程,也是劳动关系的调整过程。在跨文化环境中,常规性的人力资源管理工作具有复杂性和多元文化性的特征。要遵守国家和地区以及行业部门的有关法规、规定,尊重工会组织和职工代表大会在民主管理、民主参与、民主监督中的作用。跨国经营活动中处理好劳动关系,是一项重要的人力资源管理功能,主要任务是员工分流和人员晋升制度。

(1) 员工分流管理

在跨国并购活动中经常发生员工分流的现象,要切实考虑职工合法权益。根据实际需要,可以邀请工会负责人参加企业兼并领导小组,参与制定关于职工分流安置和职工解困的具体规定和实施办法。并购活动中注意维护双方特别是被并购方职工的权益和切身利益,让职工能参与协调、解决跨国经营活动中员工分流安置的具体问题。请兼并的双方企业要通过职工(代表)大会或其他有效形式向职工群众公开企业兼并双方的基本情况、兼并理由及方式、兼并可行性分析、产品结构调整方案、职工安置方案及进度安排等,并在广泛听取职工群众正确意见和建议的基础上,进一步修改、完善其分流方案。跨国兼并是直接关系企业前途和职工切身利益的重大举措,涉及面广,政策性强,影响大,难度高。认真做好广大职工群众的宣传、教育工作,要特别注意引导职工转变观念,增强承受能力。宣传教育工作的内容主要有:跨国并购管理政策、人力资源战略重组、人力资源管理融合、企业形象重塑以及建立新的行为规范。

(2) 人事晋升管理

公司在处理与本地员工切身利益有关的人事晋升政策时，可能要考虑各国员工的民族平衡问题，考虑是以人才选拔效益优先还是平衡不同文化背景人事关系优先，这就需要劳动关系双方在平等理性的基础上进行协商谈判。

通过和工会以及员工的充分沟通，企业跨国活动中的人力资源常规管理才能达到预期效果，获得真正成功。

2. 工会关系管理

如何搞好工会关系是跨文化劳动关系管理的重要内容，也是一项非常复杂和困难的工作。

首先跨国公司工会是一个复杂的团体，包含了母国公司职工代表或工会和东道国公司职工代表或工会等不同团体。由于各国工人和工会自身利益不同，各国工会领导和组织活动一般不具有统一性，因此工会关系管理具有复杂性。

其次由于国际工会的参与，如国际劳工组织（ILO）、拉美工会的劳动者运动、欧洲共患难社会工会运动等，工会目标上也赋予了新的活动内容，因此跨文化劳动关系管理的内容也大大超出了一国工会的范围。

最后，各国工会管理具有差异性，例如西方国家工会在新技术产业不断代替传统工作岗位的情况下，为确保群众基础，大力发展妇女、青年、中小企业员工、非固定工人、非正式部门员工以及其他边缘人等新会员。这必然影响到人力资源管理部门如何处理与各国员工和工会的关系，如何与东道国工会进行谈判，如何确定谈判的对象（母公司和海外公司工会的差异），人力资源管理部门如何与企业工会以及职工代表之间进行集体谈判，在劳动合同的制定、执行与变更时如何与工会进行交涉和谈判协商等问题。

3. 各国劳动关系法律法规的适用管理

在处理劳动关系问题上，各国法律法规不同，这牵涉到对总部外派人员和东道国员工就劳动关系存在的申诉和纠纷如何进行裁定、如何搞好企业权利分配等问题。例如某些跨国公司拒绝执行东道国工会法，长期抵制在东道国建立工会，其做法引起了当地政府、工会和公司雇员的不满。

为搞好劳动关系法律法规的适用管理，跨国公司人力资源管理部门应该熟悉、遵守各国劳动法律法规。以在中国的外资企业为例，中国的相关法律，例如《财政部关于外国来华工作人员缴纳个人所得税问题的通知》、劳动法、外国人在中国就业管理规定、外国人个人所得税规定、中国工会法和《国家税务总局关于在中国境内无住所的个人取得工资薪金所得纳税义务问题的通知》等多部法律法规，都是重要的处理劳动关系的依据，人力资源管理部门应认真学习，在处理劳动关系问题时才能熟练运用。

4. 各国员工参与管理

来自不同文化背景的员工对跨国公司的期望是不一致的。加强雇员参与管理，使劳动关系双方的期望保持一致是跨文化劳动关系管理的重要任务。

人力资源管理部门要鼓励各个部门直线领导者通过外派人员与本地员工进行开诚布公的交谈，更多地了解员工对公司的期望。人力资源管理部门要加强沟通，倾听本地员工和外派员工对公司的意见，经常进行员工满意度调查，通过充分的调查、协商和沟通，在公司全体成员中形成一种共有的价值观，提高各国员工对公司目标的认可度。

1.4.3 影响劳动关系管理的因素

跨文化劳动关系的复杂性和多元文化性特征容易形成多种障碍，对劳动关系管理带来极大的挑战。

1. 工会内部统一障碍

在跨文化环境中，要形成一个各个国家工会都认同的共同战略往往十分困难。

首先，各国政府不愿成立超国家的国际工会组织，使母国公司工会和海外公司工会统一成为问题。海外公司的工会必须依靠当地政府的帮助来开展活动，而跨国工会母公司工会则很难得到东道国当地政府的支持。反过来，东道国员工也很难得到母公司所在国的政府支持。各国工会在员工经济利益、工会战略、民族文化上具有差异性，要形成一个各个国家工会都认同的共同目标十分困难。各国政府不愿放弃自己的权利，母公司与子公司工会组织难于统一，以及各国工会员工利益的差异性，使得成立超国家工会或国际工会组织不现实。比如，推行公司经济政策的同时，促进充分就业已经成为尖锐的矛盾。经济的发展是不可能自行产生就业机会的，例如产品重组、人事安排、劳动力配置和劳动报酬分配经常成为跨文化冲突的起因。这些问题与各国员工利益和工会组织的权利密切相关，成为影响劳动关系管理的重要因素。

其次，各国员工利益和跨国公司人力资源管理的矛盾性对劳动关系管理也产生影响。各国工会代表的利益是不一样的，例如西方工会对待经济全球化的态度一般是消极的，因此和东道国工会的目标产生矛盾。例如，为了充分就业，克服就业市场的严峻形势，各国政府和工会都在积极争取自身利益最大化，提高就业率。企业从自身利益出发，减少人工成本，当某些产品下线时就意味着这类员工的减少。因此，工会和企业在这一系列问题上容易产生严重分歧。

最后，各种工会组织，例如东道国工会、东道国公司工会组织、母国工会、母公司工会组织等，都具有差异性，使得人力资源部门的谈判协商对象十分复杂。

如何在促进经济增长与繁荣的同时维护世界劳动力市场上各国员工的基本人权与劳动权，保护各国员工的工作岗位和福利待遇成为各国工会的主要目标，成为跨国公司人事管理政策必须考虑的主要方面。

2. 经营管理层岗位和权限分配的影响

在跨国经营中，不论是公司重组、企业合资，还是兼并和收购企业的活动，管理层岗位和权限分配都是一个敏感的问题。例如合资企业高层管理者的确定主要通过双方控股比例来分配，在人事管理权上，企业合资契约都明确规定外方和东道国方管理人员的比例、管理权限、任命时间长短等，这些权利的分配对劳动关系会产生潜在影响。

长期以来，在跨国公司管理中，总公司往往具有根本的决策权力，而东道国分公司虽然在经营第一线但是却没有权力。比如当地分公司人力资源部门每天面临大量的人事管理问题，但是如果没有总公司的咨询特批，它们不能进行决策。这种状况不但容易引发总公司与分公司双方的矛盾，同时也容易引发分公司经营管理方和当地工会员工的矛盾。另一方面，由于东道国管理人员和东道国员工有天然联系，如果东道国管理人员和东道国员工一起与代表母国或者国外投资方利益的外派人员产生矛盾，就会形成带有民族色彩的权利斗争。

跨国公司在不同国家的分公司所面临问题不同，公司在执行战略时要对企业人力资源进行调整，有的国家分公司要裁员，而另一国却要扩招，这必然引起当地工会和员工的不满，为此进行的谈判协商可能迫使公司放弃相关的战略决策。

此外，是否实施本土化战略，也是跨国公司管理权限分配上的另一个容易引起矛盾的难题。如果企业全部用外派人员担任管理人员，可能引发东道国员工的不满，从而引发跨文化劳动关系问题。即使企业实施了本土化战略，也可能因母国和东道国管理人员的文化差异和经济利益分配、管理经营方法差异等引发冲突。

总之，由于母国和东道国国家利益之间，母公司和海外公司利益之间，母国工会和东道国公司工会之间，员工之间的利益差异性，在企业权利分配这个敏感问题上，极易产生复杂的跨文化劳动关系问题。

3. 管理信息不对称障碍

员工知情权是劳动关系管理中最重要的基础之一。如果工会和员工对公司人力资源决策（招聘、培训、绩效考评、薪酬方案）了解很少，工作参与度很低，那么，在劳动双方的相关关系中就容易造成因信息的不对称导致员工的猜疑，乃至敌对心理，从而引发冲突。另一方面，双方冲突又会导致联系减少，信息量减少乃至中断，从而进一步加深跨文化冲突。

信息的不对称性，是指跨国公司不同劳动关系群体之间所掌握的信息并不是等量的。导致信息不对称的原因主要有五个方面：

第一，公司人力资源部门思想意识上轻视工会和员工的知情权。例如企业经营管理方在制定薪酬方案的时候，对制定细节和原则完全不告知东道国员工。

第二，因语言障碍无法让东道国员工完全了解企业的意图，了解人力资源管理的有关部门信息。

第三，公司内部科层结构过于复杂和官僚行政机构的堕化，管理不力，导致管理协调失灵，信息中断，从而损害员工的知情权。

第四，母公司和子公司之间的信息不对称，也是一个引发跨文化劳动关系紧张的重要因素。由于跨国公司的决策主要在公司总部进行，因此子公司人力资源部门往往并不了解母公司的经营决策信息。从子公司和母公司的关系看，东道国公司管理部门除了人事和销售方面信息了解较多以外，对母公司决策（投资、计划、研发）的了解和参与度很低，因此也很难把人力资源管理提升到企业战略高度，而只能作为企业执行工具，发挥日常业务功能而非战略功能。在制定人力资源管理战略方面受到严重的制约，从而无法向员工提供信息。

第五，东道国当地政府和工会对跨国公司员工关系不重视，对员工知情权的保护不力，对企业信息披露体制的监督不够，也是导致知情权障碍的重要因素。

4. 组织结构问题

如果组织结构设计安排不合理，科层组织人员不能充分调动职工参与积极性，或对他们的行为不能有效约束，就可能出现"管理失灵"问题。管理失灵的后果是，容易导致不同文化背景下的群体产生冲突，包括跨文化劳动关系冲突。

组织结构失灵的主要原因有三个。一是企业组织作为一个有机体，各产权主体之间的利益并不总是一致的。跨文化环境中，组织是若干利益主体的结合，不可避免地需要管理协调，并产生管理协调费用，这可能出现管理的盲区。二是当跨国公司是一个金字塔系统时，由于不同层级角色区别，其信息源必然不一致。组织结构系统越大，层级越多，就越容易造成信息失真或信息不对称，从而造成劳动关系的紧张。第三，组织结构中管理角色不完全明晰，也是跨文化劳动关系紧张产生和蔓延的主要因素。在现代公司中，特别是在不同民族地理区域的组织结构中，虽然权利安排比较明确，但仍存在着不少"模糊区域"。例如，在子公司与母公司的经济联系中，在产品和劳务的转移中，可能存在子公司与母公司之间的讨价还价范围,也存在着子公司与子公司之间的"扯皮"和"踢皮球"空间。实践表明,在跨文化组织中,如果权利主体之间的经营管理权利范围界定是模糊的,当出现有"好处"时容易引发互相争夺,当无利可图有责任时则争相逃避,从而引发各个经营方的冲突,包括劳动关系冲突。

第二节 跨文化劳动关系模型

劳动关系涉及的是人和人的互动关系,处理的是以人为核心的问题。在跨文化劳动关系中,虽然关系主体具有多样性特点,但是总起来看,存在三种不同的关系模型:对峙关系模型、心理契约模型和战略伙伴模型。

2.1 对峙模型(hold up model)

所谓对峙模型是指劳动关系的雇主和雇员双方形成的对立关系,反映了双方在互动中由于利益分歧而形成的矛盾态度。对峙模型由四个部分构成:

一是对峙双方:一方是雇主管理层,另一方是工会雇员。

二是双方利益分享的程度:通过谈判协商双方获得的利益份额。

三是重新分配导致的企业经济业绩的变化、效益提高或者降低的可能性。

四是劳动关系是否对立对企业经济增长的影响。企业的经济增长依赖劳动双方关系是对峙还是合作,以及员工士气大小。见图 8.4 对峙模型图。当企业经营管理者和工会代表的员工方,对利益分享结果表示不满时,双方或一方会采取措施,如改革薪酬方案或举行罢工等,使劳动分配重新进行。但是,双方在采取相应措施时会考虑重新分配是否带来企业绩效变化,进而影响自身利

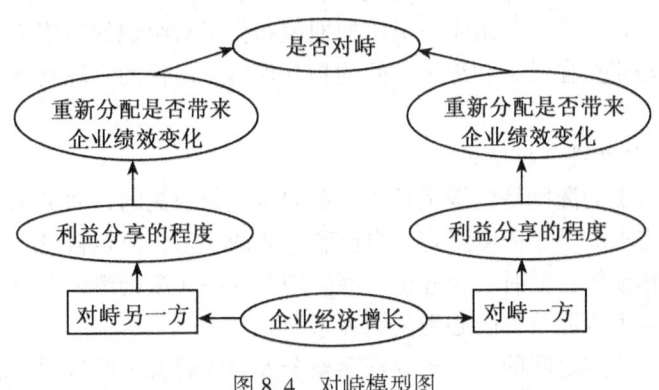

图 8.4 对峙模型图

益。当双方对分配进行逐一考虑以后，决定是否执行对峙战略。

对峙模型中劳动关系双方在互动中具有以下特点：

第一，管理经营者和员工对经济增长分享的程度和分配是否公平的认定是产生对峙的主要原因，如果员工认为自身对企业经济利益的分享度很低，员工将采取对峙行为，要求重新分配从而获得企业经济增长的好处。但是，如果员工认为对峙行为会导致企业关闭，自己失业，就会考虑对峙行为是否合算。另一方面，如果管理经营者认为员工方在要求重新分配时损害了自身利益，他们也将采取对峙态度。因此，如果重新分配带来的对峙使员工利益和企业效益下降不是太快，双方对峙将持续下去；如果对峙导致员工利益和企业效益下降过快，双方就会认识到对峙是一种自杀行为。

第二，如果企业经营管理者和员工双方都在改变对峙现状上设置各种障碍，那么对峙状况将延续下去，并影响企业效益。

第三，不论是员工还是管理经营者都应该认识到，要使企业经济增长机会获得实现，就必须改变对峙现状。

对峙模型建立在劳动关系双方理性博弈基础上，对于分析双方的决策具有重要意义。

2.2 心理契约模型

当劳动关系处在跨文化社会环境下，其社会经济体系具有动态性和复杂性特点，包含各不相同文化背景的个体和群体的心态、行为和期望要素。跨文化劳动关系的具体表现形态既可以是正式的契约和制度，也可以是各种非正式的、无形的道德价值观念和心理需求。其中，以企业和劳动者动态的心理期望满足为基础的心理契约在跨文化劳动关系的调整机制中发挥着主导性的作用。

心理契约是指个人有所奉献与组织有所获取，同组织针对个人期望而有所帮助的一种配合；是企业组织对员工的期望和员工对组织的期望相互作用下达成的关系，是建立在员工和组织之间的相互理解和信任的心理基础上的非文字契约。

2.2.1 心理契约的建立

企业对员工的激励是以满足员工一定的需求为前提的，而员工依据企业对个人期望和需求的满足程度来定位自己和企业的关系，决定自己工作的付出程度并影响工作绩效；同时，企业也会因心理契约而在激励政策上有所调整，从而形成现代人力资源管理的心理契约关系。

劳动者与雇主之间的心理契约贯穿整个人力资源管理的流程。雇主和员工之间的心理契约直接决定了劳动关系的质量。心理契约的主体是员工在企业中的心理状态。用于衡量员工在企业中的地位和心理契约的质量的三个基本条件是工作满意度、工作参与和组织承诺。

工作满意度是指一个人对他所从事工作的态度。工作满意度高的员工会对工作保持积极的态度；对工作不满的员工就会对工作持消极的态度，如推卸责任，逃避承担更多工作。

工作参与是指员工在心理上对工作的认可程度，考虑工作的绩效水平对自我价值的重要程度。工作参与度高的员工对所从事的工作有很强的认同感。

组织承诺是员工对于特定组织与目标的认同，并希望维持组织成员的一种状态。高组织承诺的员工对组织有非常强的认同感和归属感。心理契约的构建是由员工需求、员工自我定位、工作行为和组织承诺、组织激励以及满足员工需求等六个方面构成（见图8.5）。

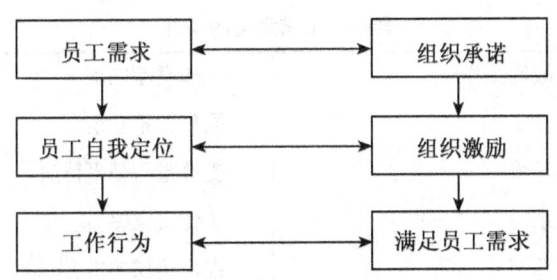

图 8.5 劳动关系的心理契约模式

建立积极的心理契约对企业管理具有重要意义。首先，可以减少雇用双方的不安全感，填补正式契约留下的空白；其次，可以规范雇员的行为，使员工以组织对自己所负的责任来衡量自己对待组织的每一个行为，调节自身行为；再次，可以提高员工对组织的积极情感反应，从而提高企业凝聚力和员工绩效；最后，当心理契约遭到破坏时，员工和组织的关系更具有交易性，员工更多的关注眼前利益，注意从契约关系中解脱出来，造成怨恨、敌对，降低工作热情和工作绩效，使劳动关系处于紧张状态。

2.2.2 跨文化劳动关系管理和心理契约

跨文化劳动关系纠纷中有许多是因为劳动关系主体双方由于文化背景的差异而造成的，文化的不协调使劳动关系的和谐遭到破坏。例如某西方发达国家跨国公司在墨西哥开设分公司，由于工期紧张，要求员工加班，给予高额加班费，但是这一措施却引起当地员工的强烈不满，因为墨西哥的员工更看重休息娱乐的权利，由此造成劳资纠纷。再如某跨国公司新瑞有限公司（中国苏州），为提高员工福利，向员工提供免费午餐。但当地员工经常向公司人力资源总监投诉饭菜不可口，而人力资源总监则认为，公司向员工提供免费午餐，是公司对中国员工的特殊照顾，在世界其他地方的分公司并无同样福利，因此员工不应该过多挑剔。人力资源总监的解释引起中国员工和不满，认为外资企业资本雄厚，理应为员工提供优质服务，结果引起劳资纠纷。在这两个实际例子中，劳动双方对同一事物的期望是不一样的，这种心理的错位是造成劳动关系紧张的重要原因。

为了促进心理契约的达成，劳动关系双方要加强沟通交流，了解对方的要求与期望，管理层要努力同员工建立休戚与共的关系，形成共有价值观，提高员工对公司目标的认同，提高员工工作满意度（见表8.1）把外在要求转化为员工内在动机和工作行为。

表 8.1　　　　　　　　　影响员工满意度的条件

提供适度的挑战性工作	工作类型匹配
公平的报酬	同事关系和谐
支持性的工作环境	受尊重与公平待遇
融洽的同事关系	工作安全感
个性与工作的匹配	提出建议的机会
工作中管理水平	报酬和福利
	工作绩效的认可

劳动关系双方的心理期望不一致或理解不一致时会造成心理契约的失败，引起劳动关系的紧张。劳动关系各方应了解所在国文化传统和商务活动的习惯，认识对方的心理期望，形成心理认同和契约，从而构建和谐的劳动关系。

2.3　战略伙伴关系模型

所谓战略伙伴关系是指企业经营管理方和员工工会之间为实现企业战略目标，取得企业高绩效而建立的伙伴关系。企业经营管理方和东道国工会及员工建立长期的战略合作关系，是跨国企业谋求发展的关键要素。战略伙伴关系，以实现经营方和工会以及员工的"双赢"为根本目的。只有建立了相互信任的合作伙伴关系时，双方才能信赖对方，建立信息共享机制。

在跨文化环境中，如何与以工会为代表的员工方建立战略伙伴关系？有效的人力资源管理途径包括：

重构跨文化人力资源政策和工会政策。

及时通报信息，消除外派人员和东道国人员相互之间的误解与敌对。

对人力资源组织岗位进行再造，不断加强员工在工作岗位的自主性，为企业民主管理服务。

除了有效的人力资源管理外，劳动关系双方建立相互信任的企业文化和员工参与企业管理也十分重要，多国员工的参与和跨文化沟通理解是构成战略伙伴关系的重要因素。见图8.6。

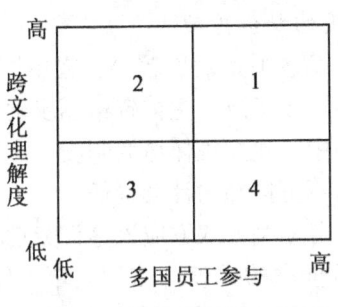

图8.6 伙伴关系类型图

多国员工参与，是指劳动关系的工会和员工方有积极参与企业管理的动机和行为，企业经营方则同意并促进工会和员工方的参与。跨文化理解，则是指在跨文化背景下，双方准确理解对方的信息，没有信息失真的现象发生。

图8.6中，象限1是凝聚型关系，员工参与度和文化理解度都很高，员工和企业经营方能保持密切关系。象限2是友好型，理解度高而参与性低，能相互理解，但关系松散。象限3是分裂型，沟通理解度和员工参与度都很低，双方关系漠然。象限4是摩擦型，双方接触多但是理解性低，容易产生误解，导致摩擦。

总之，在跨文化的环境中，建立高水平的理解和员工参与性的战略合作伙伴关系，可以促进企业和员工的国际化和职业发展，双方共同面向战略目标，从而使劳动关系双方获得长期利益。

第三节 集体协商制度

经济全球化将市场经济的经济规则推向全球范围，同时也将市场经济内在的基本矛盾——劳资矛盾带向世界各地。如何协调和解决这一矛盾，已经成为跨国公司人力资源管理的重要任务。企业集体协商制度就是一项建立在理性基础之上的协调劳动关系利益、解决劳动关系矛盾的重要制度。

3.1 集体协商的社会和法律基础

集体协商是指职工代表与企业代表依法就企业内部劳动报酬、工作时间、休息休假、劳动安全卫生、职业培训、保险福利等事项，进行平等协商，在协商一致的基础上签订集体合同的活动。在用人单位方面的代表与其所属的职工所推举的代表依法就相关项目进行集体协商达成一致后，经职工大会或职工代表大会通过，并报劳动行政管理部门审核批准。

3.1.1 集体协商制度的社会基础

集体协商制度在西方发达国家发展较早，在中国，随着市场经济的发展，中国劳动关系三方机制已逐步形成，主体资格逐步确立。集体协商制度也在逐渐开展。在企业经营管理中，建立集体协商制度，成为中国政府、工会和跨国公司雇主组织三方都负有不可推卸的社会责任。

根据相关法律法规，劳动关系双方应该签订劳动合同。企业用人单位方面的代表与其所属的职工所推举的代表（该用人单位职工成立工会，由该工会代表职工），应依法就劳动报酬、工作时间、休息休假、劳动安全卫生、职业培训、保险福利等事项，进行集体协商达成一致，经职工大会或职工代表大会通过，报劳动行政管理部门审核。在中国，工会是唯一合法的职工利益的代表者和权益的维护者，因此集体协商的主体对象是以工会为代表的劳动群体，集体合同对该用人单位及其全体职工具有法律的约束效力。

3.1.2 集体协商制度的发展历程

集体协商制度具有坚实的基础。1949年6月8日国际劳工局理事会在日内瓦举行的第32届会议，确定了《组织权利和集体谈判权利原则的实施公约》，该公约第4条规定："必要时应采取符合国情的措施，鼓励和推动在雇主或雇主组织与工人组织之间最广泛地发展与使用集体协议的自愿程序，以便通过这种方式确定就业条款和条件。"

1951年6月6日在日内瓦，国际劳工局理事会召集的第34届会议，通过了《集体协议建议书》即《1951年集体协议建议书》。该建议书对集体合同即集体协议进行了界定："就本建议书而言，集体协议系指有关劳动与就业条件的书面协定，其缔结双方：一方为一名雇主，一个雇主团体或一个或几个雇主组织；另一方为一个或几个劳动者代表组织，或在没有此类组织的情况下，由有关劳动者根据本国法律或条例正式选举或委任的代表。"

1981年6月3日国际劳工组织在日内瓦举行的第67届会议，确定了《促进集体谈判公约》。该公约第2条规定："就本公约而言，集体谈判一词适用于一个雇主、一些雇主或一个或数个雇主组织为一方同一个或数个工人组织为另一方之间，为以下的目的所进行的所有谈判：（a）确定劳动和就业条件，和（或）(b）解决雇主和工人之间的关系，和（或）(c）解决雇主或其组织同一个或数个工人组织之间的关系。"该公约第三部分《促进集体谈判》第5条还规定："1.应当根据国家情况，采取措施促进集体谈判。2.上文第1款所涉措施之目的应是：(a)使本公约所涉各行业的雇主同各类工人的集体谈判得以进行；(b)使集体谈判逐渐扩展到本公约第2条（a）、（b）和（c）项所涉的所有方面；(c)促进雇主组织和工人组织之间所达成的程序规则的发展；（d）使集体谈判不因缺乏决定其进程的规则或这些规则不足或不适当而受到妨碍；（e）使解决劳资纠纷的机构和程序的确立有助于促进集体谈判。"

通过国际劳工组织的倡导，规定了集体协商制度的有关概念以及关系，即集体谈判或者说是集体协商，应是雇主或者雇主组织，同代表工人的工会组织或经过工人认可的代表之间进行的谈判协商。

在我国，《中华人民共和国劳动法》第33条规定：企业职工一方与企业可以就劳动报酬、工作时间、休息休假、劳动安全卫生、保险福利等事项，签订集体合同。集体合同草案应当提交职工代表大会或者全体职工讨论通过。集体合同由工会代表职工与企业签订；没有建立工会的企业，由职工推举的代表与企业签订。第35条规定：依法签订的集体合同对企业和企业全体职工具有约束力。

根据国际劳工组织的有关规定和本国的实际情况，我国1996年颁布了《关于逐步实行集体协商和集体合同制度的通知》；2000年颁布了《工资集体协商试行办法》，标志中国已经将集体协商制度纳入企业的管理范围。

3.2 影响集体协商谈判的因素

在跨文化环境下，影响集体谈判的因素首先是东道国宏观经济是否繁荣景气。当经济增长时，一般会带动就业增长和就业条件的改善，因此在协商规程中双方的经济利益更加容易协调。其次，行业类型对协商谈判也有直接影响，例如生活必需品的行业由于员工替代性高，可以增加企业谈判力量，耐用消费品行业不利于企业谈判；此外高新技术企业人力资本存量高，劳动力市场替代率低，所以有利于员工方而不是企业方。第三，工会组织团结程度。当工会组织十分团结，在协商谈判中可能对企业雇主产生更大的压力。第四，企业的实际支付能力。当企业经济效益好、支付能力较强的时候，更容易达成一个对员工有利的合同。第四，其他工会集体谈判的影响。其他企业或行业工会协商谈判的成功或失败，对正在协商的双方也会有影响，包括谈判项目达成情况，会成为正在协商双方的参考目标。第五，集体谈判的交涉技巧和公共关系能力。一般协商技巧和能力较高的一方，会取得更多的成果。第六，当地政府对企业员工的关心和支持也会影响协商谈判的结果。最后，协商谈判也是一个沟通的过程，语言、文化习俗等都影响了协商的效果，也是一项重要的影响因素。

3.3 企业协商谈判过程和策略

跨国公司和工会协商谈判过程包括以下三个主要步骤：

第一阶段是谈判准备阶段，要明确集体协商代表。集体协商代表应依照法定程序产生。职工一方由工会代表。未建工会的企业由职工民主推举代表，并得到半数以上职工的同意。企业代表由法定代表人和法定代表人指定的其他人员担任。工资集体协商的提出方应向另一方提出书面的协商意向书，明确协商的时间、地点、内容等。另一方接到协商意向书后，应在规定时间内予以书面答复，并与提出方共同进行工资集体协商。

第二阶段是谈判阶段。在这一阶段协商双方提出各自要求，然后双方削减自己要求或交换其他利益，双方合作小组努力寻找合理解决方案。

第三阶段是结束阶段。协商双方达成非正式解决方案，双方各自就方案向己方上级核查，起草并签署正式文件。如果没有达成协议书，将继续进行协商，或者采取其他方法。例如对僵局进行调解和罢工。当谈判双方不能进一步接近解决方案时，就发生僵局，这时，需要中立的第三方介入进行调解，通过调查和仲裁，解决双方的矛盾，使劳动关系的双方能够回到谈判桌上，并最终达成协议。

在协商中，要尊重谈判对手。跨国企业在制定协商谈判战略目标时应依据社会环境和员工状况，尊重工会的社会地位和政治地位，在提高效率的同时兼顾公平，维护员工利益，帮助企业员工参与分享社会进步的成果。

要讲究谈判的策略，将人和问题分开，协商重点集中在利益上而不是双方的立场上，在制定协商计划之前首先设想各种可能性，并坚持将结果放在某些客观标准之上。谈判协商双方享有平等的建议权、否决权和陈述权。协商代表应遵守双方确定的协商规则，履行代表职责，并负有保守企业商业秘密的责任。协商中，任何一方不得采取过激、威胁、收买、欺骗等行为。职工和企业任何一方均可提出进行工资集体协商的要求。

集体协商应是雇主和工会及员工之间的真诚谈判。真诚谈判意味着双方在互相较量时，具有做出合理的努力以达成一致（非强迫的）协议的意愿。不真诚谈判则是一种表面谈判，其表现形态有：

协商谈判中，一方或双方互相不让步，有故意不达成协议的意图；

没有议案和要求，使协商流于形式；

实行拖延策略，迫使对方接受条件；

强加条件或单方变更条件；

回避代表和不提供信息等。

显然，不真诚的谈判不利于劳动关系和谐发展，虽然可以为一方带来短期效益，但是对劳动关系的长期稳定和企业效益的可持续发展都是没有帮助的。只有建立在双赢基础上的真诚谈判才是有效劳动关系的基础。

第四节　企业社会责任

在经济全球化的今天，一个企业要成为有市场竞争力的国际化公司，必须解决国际化问题。国际化的核心概念就是企业管理必须按照游戏规则办事，符合国际化企业的各项标准。例如在制造型公司国际化管理的过程中，需要遵守的游戏规则有：ISO9000，这是企业质量管理和质量保证良好的控制标志；ISO14000，该规则主要涉及环境管理体系标准认证，尤其是食品类加工企业等和环境卫生密切相关的企业，ISO14000 的认证尤其重要；职业安全和卫生标准（OHSMS18000）；企业社会责任标准（Social Accountability 8000，简称 SA8000）。企业社会责任标准仿效 ISO9000、ISO14000 和 OHSMS18000，但是关注的不是产品质量和环保体系，而是员工的基本权利和劳动条件，这一标准实际上就是把企业作为社会人来要求，是企业国际化的重要标志。

企业社会责任标准是世界第一个用社会道德责任，规范组织道德行为的标准。SA8000 标准是根据国际劳工组织（ILO）公约、联合国儿童权利公约及世界人权宣言制定而成的，要求企业在劳动标准上符合国际标准和当地的法律。SA8000 是经济全球化的产物，对于跨国公司而言，是进入国际市场的先决条件，从企业现代化管理角度看，是企业从自我道德约束到外部约束的产物。

什么是 SA8000？谁制定的 SA8000？中国企业为什么要实施 SA8000？如何实施 SA8000？实施 SA8000 带来的积极和消极意义是什么？这是跨文化劳动关系调整的重要问题。

4.1　企业社会责任标准制定

企业社会责任的出台伴随着经济全球化的发展，经历了几个阶段。

4.1.1　企业社会责任守则的出台

20 世纪 90 年代初，美国某服装制造企业在发展中国家的供应商的工作环境十分恶劣，企业女工在无人性环境中工作的情景被社会曝光，引起社会极大反响。在社会公众的压力下，该公司为挽救其社会形象，草拟出台了一份公司社会责任守则（也称生产守则），这是全球第一份企业社会责任守则。随后，美国不少大型跨国公司如耐克、沃尔玛、迪斯尼等也纷纷效法，"企业社会责任"成为人们关注的焦点，欧美等国先后出现"企业社会责任"多边组织，并逐渐形成了声势浩大的企业社会责任运动。

4.1.2 经济优先领域理事会

1996年6月欧美的商业组织及相关组织召开了制定企业社会责任规范的初次会议。该会议在欧美商业公司和非政府组织中引起了强烈反响，许多著名的企业机构和非政府组织积极参加了制定新标准的最初几次会议。会议拟订了有关部门新标准的备忘录。一家主要经营经济标准认证的组织——优先领域理事会（CEP）被指定为维护新标准的组织，其基地设在伦敦和纽约。随后CEP设立了标准和认可咨询委员会（CEPAA），任务是跟踪、监督、审查企业社会责任新标准制定的进展情况。欧美国家的很多公司对应用新的社会责任标准反应非常积极。在纽约召开的第一次会议上产生了该标准的草案。

2001年，优先领域理事会更名为社会责任国际组织（简称SAI）。SAI咨询委员会负责起草社会责任国际标准，其组成人员是来自11个国家的20个大型商业机构、非政府组织、工会、人权及儿童组织、学术团体、会计师事务所和认证机构。至此，SA8000成为世界上第一个社会道德责任标准，其作用是规范组织道德行为，评价企业是否保护人权。该标准同时也是对企业社会责任进行第三方认证的准则，并具有极大的广泛性，在全球所有的工商领域均可应用和实施。

随着社会责任标准的实施，越来越多的跨国公司已经认识到，为了塑造公司的品牌和争取消费者，公司必须担负社会责任，不能被那些反血汗工厂运动揭露出来的事实而弄得声名狼藉，越来越多的跨国公司公开承认它们有责任促使那些生产它们的品牌的制造商和供应商提高劳动标准，并雇有专人负责海外公司和供应商、制造商的劳动权和人权事务，从而带动了全球范围的企业社会责任运动。在发展中国家，越来越多的跨国公司供应商、分销商也在努力实施和认证，成为企业社会责任运动的中坚力量。

4.2 企业社会责任标准主要内容

企业社会责任标准SA8000文件（2001年版）由四个部分构成：目的与范围、规范与解释、定义和社会责任标准。

1. 目的与范围

该文件的目的与范围部分说明标准是为了发展、维持和加强公司的政策和程序，在公司可以控制或影响的范围内，管理有关社会责任的议题；标准向利益团体证明公司政策、程序和措施符合本标准的规定。标准规定具有普遍适用性，不受地域、产业类别和公司规模的限制。

2. 规范与解释

文件的该部分解释了企业应该遵守国家和其他适用的法律、公司签署的其他规章和本标准。

3. 定义

在文件的定义部分对公司、供货商和分包商、下级供货商、补救行动、纠正行动、利益团体、儿童、强迫性劳动、拯救儿童、居家工人等重要概念进行了定义，帮助企业正确理解社会责任的标准内涵和范围。

4. 社会责任标准

在文件社会责任标准部分分别对童工、强制雇用、健康安全、工会和集体谈判、差别待遇（歧视）、惩罚措施、工作时间、报酬、管理等就各部分进行了详细说明（附企业社会责任标准 SA8000 的 2001 年版本）。

4.3 企业社会责任标准的认证步骤

企业社会责任标准的认证步骤有准备计划、实施计划、检查计划和行动（持续改善）等四个步骤见图 8.7。

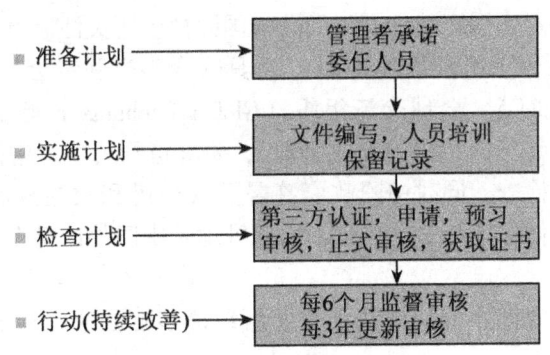

图 8.7 企业社会责任标准认证步骤

在制定计划行动中，企业要落实社会责任的执行情况，企业经营管理人员要公开承诺履行社会责任，同时确定完成认证任务的团体成员。在实施计划中，执行标准的团体要进行相关文件的编写，对有关部门人员进行培训，并注意保存有关部门的执行过程文件。在检查计划阶段，企业要对认证进行申请，还要在正式认证以前进行预习、审核，然后正式进行申请和审核，审查合格者可以获取该证书。

SA8000 认证授予那些拥有良好社会责任和规范企业行为的公司。总体上看，申请企业社会责任认证的企业包括：

要求对其社会责任记录进行独立认证的公司；

要求对其分销商的社会责任记录进行独立认证的公司；

要求对其采购活动与有不良社会责任记录公司无关的企业和多边组织；

要求为跨国公司加工制造产品并希望证明其维护员工权益的供应商和分包商。

显然，这些国际化企业认证的目的是维护企业道德形象，使企业能够可持续发展。

4.4 中国企业与企业社会责任

4.4.1 实施企业社会责任标准的必要性

随着市场经济和全球经济的发展，中国已经成为世界最大的直接投资接受国之一，成为跨国公司的供应商和分供商。

许多外向型企业多是劳动密集型企业；企业人力资源管理水平不高，更由于劳动力市场供大于求，转型经济道德价值体系的重构，以及现行的有关法律约束刚性不足，使得这些外向型企业的社会责任承担水平很低，发生多起损害员工利益的事件。中国企业的劳工问题被国际社会所关注。

1993 年国际劳工组织和 NGO 的"玩具安全生产联络会"、美国国际劳工权利基金会（ILRF）、全球交流组织（Global Exchange）等 21 个劳工组织、消费者组织联合起草的"中国商业原则"，要求跨国公司对中国供应商和分包商实施劳工标准检查，同时中国政府签署了《公民和政治权利公约》以及其他和企业社会责任标准相关的公约，由此推动了中国外向型企业的社会责任运动的开展。

目前中国成为世界上获得认证企业组织最多的国家，行业分布十分广泛（见图 8.8）。

自 2003 年起，中国获 SA8000 认证的企业，主要分布在东南沿海贸易较发达省份，其中广东最多，有 21 家，占中国通过认证的企业总量的 61.8%；香港、澳门和山东各有 3 家，分别占 8.8%；此外，上海和福州各有一家。从行业分布上看，玩具行业获得认证最多，有 11 家，占总量的 32.4%；其次是服装行业，有 9 家，占总量的 26.5%；珠宝、钟表行业有 3 家，占总量的 8.8%；

各种箱包、家用器皿、纺织品和房地产行业各有 2 家；电子、鞋类和包装行业分别有 1 家。获得认证企业多以生产型企业为主，除两家提供资产管理服务的房地产公司和一家专业贸易公司外，其他 32 家企业都是以生产和销售为主要业务的。

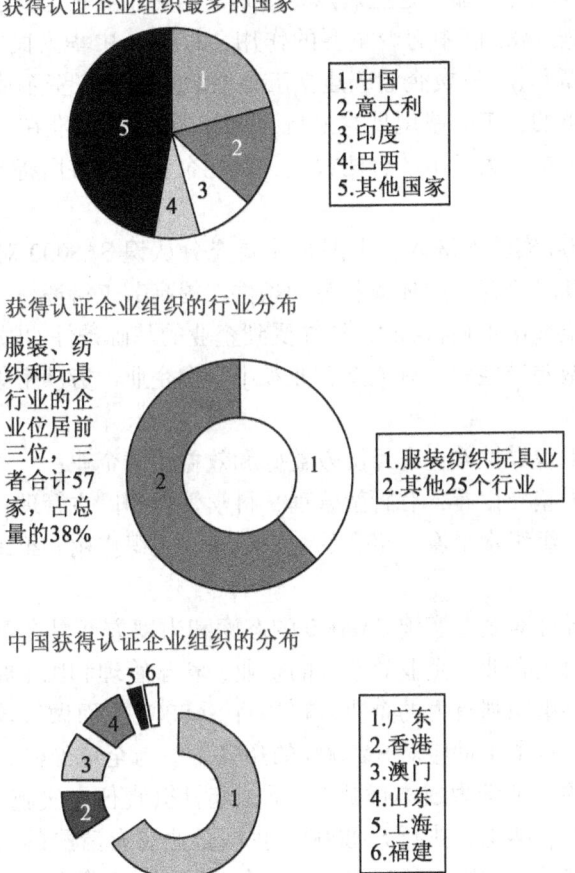

图 8.8　获得社会责任认证的国家和行业分布（数据截止日期 2002 年）

4.4.2　企业主动应对 SA8000

SA8000 的实施对企业发展具有重要意义，实施 SA8000（企业）可以降低事故发生率，从而降低企业成本，提高产品服务品质，对企业经济发展具有积极意义。另外，从道德义务上看，预防胜于治疗，满足利益相关者需求可以使消费者产生好感，为投资者带来更多的长期利益，还可以培养员工和客户对企业的忠诚度，使企业享有优良的社会知名度和国际信誉，为企业竞争优势服务。

但是也有许多企业对实施 SA8000 有顾虑。它们认为，社会责任标准是利用政治性标准来限制发展中国家劳动密集型产品的出口，执行该标准成本太高，冲淡企业主要目标，违反利润最大化原则，严格执行这一认证将使很多企业都陷入认证危机等。显然这些观点是短视的，对企业长远发展不利。

工会在实施 SA8000 中起着重要的作用，根据《中华人民共和国工会法》和《中国工会章程》，三资企业应建立工会组织。现有三资企业工会组织在中国的发展是健康的，工会威望日益提高。随着 SA8000 标准在中国企业的日益普及，工会在维护广大员工的合法权益，优化企业环境方面将起到更为积极的作用。

随着 SA8000 实施的深入，中国企业要充分认识 SA8000 对发展外向型经济的重要性，及时改善生产环境和劳动条件，提高劳工待遇。

企业在实施 SA8000 标准时，往往受到企业的基础条件的限制；

从企业类型差异性看，有大型企业和中小型企业、劳动密集型企业和高科技企业；

从经营水平差异性看，有经济效益好和效益差的企业；

从管理水平差异性看，有野蛮管理、科学管理和民主管理；

从企业工会组织水平看，工会的组织存在、组织作用和组织力度也具有差异性。

企业的差异性对企业实施 SA8000 的态度和力度方面具有重大影响。一般地说，大型高科技企业、企业效益好的企业、科学管理和民主管理水平高的企业，尤其是工会组织强有力的企业，在执行 SA8000 方面做得较好。目前我国企业已经初步具备了主动应对 SA8000 的条件。参与全球经济，中国企业必须重新定义自己的"劳动力成本优势"，承担起社会责任。实施 SA8000 的目标管理，从而走近、熟悉、执行 SA8000。我国企业要有清醒的认识，认真改善劳工标准，遵守游戏规则，从整体上提高企业的国际竞争力。

小　　结

经济全球化下的企业劳动关系十分复杂，多种文化因素的影响下，跨文化劳动关系具有复杂性和多元文化性特征。劳动关系由各个来自不同文化背景的利益团体构成，除了阶层利益还有文化利益、民族利益、企业利益和员工利益的综合制约。为了适应新的形势，建立跨文化劳动关系模型，应建设新型规则和文化意识。通过隐性和显性规则，处理好跨文化劳动关系。

对峙关系、心理契约关系和战略伙伴关系是跨文化劳动关系模型的三种形态，消除对峙关系，搞好心理契约和加强战略伙伴关系建设，是跨文化劳动关系管理的原则。集体协商是跨文化劳动关系的具体体现，按照有关法律和法规，企业应该按照要求进行谈判。

作为发展中国家，如何保障普通员工的利益是外向型经济发展中的重要课题，认真履行企业社会责任，提高道德标准，是健康劳动关系的最基本要求，也是跨文化人力资源管理的重要任务。

思 考 题

1. 什么是跨文化劳动关系管理？与国内劳动关系管理比较有何特征？
2. 如何认识跨文化劳动关系的三种模型？
3. 如何搞好跨文化集体协商制度的建设？如何进行劳动关系谈判？
4. 企业实施社会责任运动的意义是什么？

第九章 跨国公司研发人员管理

学习概要
1. 跨国公司研发战略
2. 跨国公司研发人员的特点和管理原则
3. 研发人员的管理过程

第一节 跨国公司研发战略

进入21世纪，设立跨国研发机构成为跨国公司的普遍战略，跨国公司设立研发机构已经成为直接投资中最成熟、最集中、最高级的形式。世界范围研发人才的流动不但促进了科技交流合作，而且促进了经济全球化发展。世界著名的跨国公司纷纷把国际性研发项目转移到国外，对研发人员尤其是东道国本土研发人才的需求在骤增，这不但刺激了东道国研发人才的成长，刺激了跨文化研发活动发展，而且也增加了对跨文化环境下研发人员管理开发的需求。研发机构跨文化人力资源管理已经成为促进企业科技进步、获取竞争优势的最重要手段。

1.1 跨国公司研发战略的转变

跨国公司在进行海外投资活动时，将资金的很大一部分投入到研发活动中去。对研发进行投资，借此展开经营活动，已经成为跨国公司开展国际竞争的重要途径。跨国研发正在成为跨国公司创造差别化的产品和服务，进而确立其新的竞争优势的源泉。

跨国公司研发战略主要有三种类型：
1. 母国中心，即以母公司研发为主导的途径；
2. 多国中心战略，以东道国市场需求为导向的研发活动；
3. 全球中心战略，以全球市场为导向，不区分、不强调母国和东道国特殊需求的研发战略。

与跨国公司研发战略相适应的是跨国公司研发活动历史已经经历了三个时期：集中式研发期，分散式研发期和全球中心研发期。

1.1.1 集中式研发期

在跨国公司发展前期，虽然许多跨国公司把生产、制造与营销等业务活动移向海外进行，实现国际化运作，但是研发活动仍然留在母国，实施研发活动母公司中心战略。这一时期，跨国公司开展集中式的企业研发活动。所有研发运作都集中在一个地区，研发机构主要设置在母国，或者在地理相近的国家，而海外公司则很少开展重大的研发活动。

传统的集中式研发活动在跨国公司的技术发展历程中曾起到重要作用。首先它有利于公司对研发预算的资金控制，降低研发活动中的通讯和管理的成本；其次，母国中心战略可以较好地防止信息的泄露，保持技术垄断优势；最后，母公司集中战略还可以避免由各国间文化差别所引起的在研究与开发协调中产生的问题。此外，将复杂的研究开发设计工作保留在发达国家，也是这一时期教育的特点。只有发达国家才拥有世界上最先进的教育和科技人才和能够供应最多最优秀研发人员的劳动力市场。根据一项统计，发达国家每千名居民中拥有的专利量和国家 RD 经费都是名列前茅（见图 9.1）。正是发达国家的发达教育、雄厚的人力资本和大量资金的投入保证了跨国公司研发活动的母公司中心战略实施。

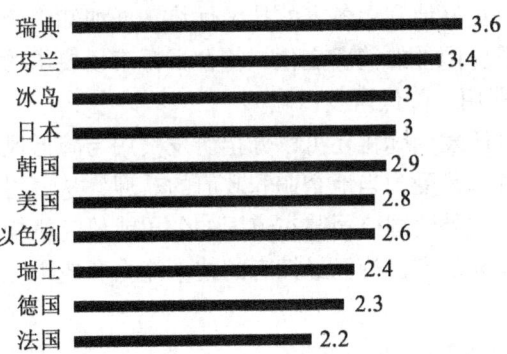

图 9.1　2002 年发达国家研发费用占国民生产总值 GDP 的百分比

1.1.2　分散式研发期

随着经济全球化的深入，跨国公司研发活动进入分散式研发期。研发重心逐渐转移到各个东道国公司进行，海外公司逐渐成为跨国公司实施研发战略的主要基地。研发活动分散化、国际化的主要原因有以下 5 个方面：

1. 促进研发活动靠近市场

在全球化市场竞争日趋激烈的情况下，谁最先将创新成果推向市场，谁就赢得市场。进入 21 世纪以后，科技产品销售市场在新地区如中欧、东欧、中国和印度的形成，使跨国公司需要以更快的步伐来适应全球各地对产品需求的变化与增长。

对大多数的研究开发活动而言，时间是关键要素，是保持市场竞争力的基础。虽然网络和信息交流系统的增长使跨国公司母公司的国际化研发活动更为容易，但是靠近市场总能够使研究开发的产品和服务效益更好。这不但有助于跨国公司了解和适应外的消费变化，获得当地需求的新信息，为跨国公司的产品顺利进入该国提供便利，抢得市场先机，而且也可以更快更及时地调整产品服务结构，保持本公司产品和服务的市场竞争力。许多跨国公司利用海外研发中心，转移母国的研发机构，从而为打开海外市场进行投资。如日本一些著名的大汽车生产厂商把其研发的部分设在美国，开展新车型的设计，使其新产品能够迅速进入美国市场。同样，美国通用汽车公司也通过把研究与开发的部分活动配置于中国上海，从而取得了在中国浦东新区设置生产厂的权利，从而更加有利于市场目标的完成。研发活动分散化使跨国公司对市场的开拓占据了有利地位。

2. 充分利用海外技术优势

众所周知，对任何一家企业来说，其知识是有限的。跨国公司研发的分散化、国际化，可以更好地利用各方的技术优势，增加知识量，从而缩短研发时间，创造出更加适应国外的消费变化、符合目标市场要求的产品和服务。

3. 分担研发费用，降低研发风险

跨国公司通过研发国际化还可以分担研发费用与降低风险。跨国公司到东道国进行研发投资总是受到当地企业和政府的欢迎，从而得到更多的优惠，降低了研发的风险。此外跨国公司与东道国的公司或研究机构开展合作，可以利用和分享当地企业和研究机构已经拥有的技术能力和成果，尤其是人才，从而做到一举两得。

4. 现代通讯技术的发展

信息技术的发展是研发国际化的物质基础。随着现代信息技术飞速发展，一个信息网络正在全球形成，这使跨国公司研发国际化的成本不断下降。在研发活动国际化中，利用先进数字网络技术，公司越来越有能力对研发活动进行项目分解，从而为研发等服务活动的贸易提供了可能。

5. 东道国研发人员的优势

东道国研发人员或知识员工的存量往往更大，价格更低，这些也刺激了跨

国公司向分散化的研发战略转移。

正是基于以上原因，各个跨国公司在对东道国生产项目和市场销售等各个环节进行投资的同时，也在对研发机构和活动进行投资，对本地研发人员进行投资，从而加强企业产品适应当地市场的能力。

1.1.3 全球中心研发期

随着国外直接投资从资本投资到技术投资的转移，研究开发国际化和研发人员国际化正在成为企业国际化经营主流，目前跨国公司研发战略正在向全球中心型发展。

全球研发机构的结构呈现非本地化和多样化的特点。如全球中心实验室，就可以不选在母国或东道国，而是建立在某一特定地区，利用公司总体技术和资源以研究出适合全球性特征的产品或服务（例如惠普数字示波器的整机开发研制等），通过在全球设立综合网络，涵盖一系列的国外研究开发部门，整合协调这些部门的科研活动，使具有不同类型、不同作用的研发机构联合起来，共同为企业全球战略服务。

1.2 跨国公司研发机构多国化

跨国公司研发机构的多国化是跨国公司研发活动发展到一定时期的产物。多国化将过去只属于母公司的知识和技术转化为国外公司开展研发的重要资源，公司组织内部的技术合作更加广泛，同时多国化还促进了东道国研发活动的开展和研发基础设施的建设。

然而，在研究开发多国化为跨国公司保持全球竞争力带来好处的同时，研发多国化也存在着各种风险，面临着挑战。

首先，在国外研究开发保持有效规模最小化是相当困难的事，多国化的结果可能降低研发的效率和效益，增加研发机构管理经费的支出，并最终提高跨国公司合作和控制的成本。其次，全球化的研究开发活动也可能使公司专利和知识受到安全威胁，从而丧失技术优势。最后，选择合适的东道国，选择合适的子公司或合资企业进行转移是一件很困难的事情，转移地点和公司选择不合适，会影响跨国公司研发活动区位优势的获取。因此，实施跨国公司研发活动的多国化，需要对研发机构和技术知识等转移要素进行战略规划，认真考虑各种外部因素和内部因素的影响，以保证研发转移和研发多国化的成功。

1.2.1 影响研发机构转移的因素

研发机构的转移首先是进行规划，选择研发部门的所在地，这是一个困难的任务，需要考虑诸多因素。跨国公司研究开发机构的转移需要从三个方面进行规划：

首先，根据母公司对研究开发部门的定位，确立未来研发机构的所在地。设在海外的研究开发机构有的属于母国公司研究开发活动的外延扩大，是一种基地扩张型机构，有的是为了在海外研究新的开发项目，是一种基地拓新型。前者是跨国研发活动集中在适合当地市场的新产品和服务上，后者是进行全球性的科研项目，这两种模式都反映了跨国公司研发战略的核心思路，涉及海外公司研发活动的有效性和如何利用当地研发人才，对研发机构多国化产生深远的影响。

其次，要考虑东道国环境要素对研发机构的影响，这些环境要素包括：当地政府的政策、当地政治经济法律制度、东道国当地的基础设施和技术水平、当地社会文化、东道国市场、当地人才优势和当地科技优势等。图9.2反映了对研发活动转移的影响要素。

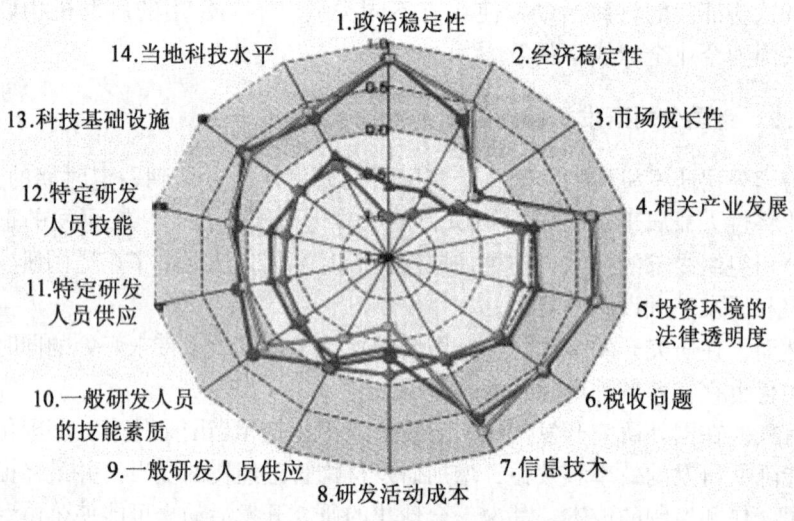

图 9.2　研发机构投资环境比较

最后要考虑跨国公司对海外研发公司提供的自治权限有多大，以及关系到研发转移的技术、资金资源。也要考虑研究开发机构或公司所覆盖的地理范围有多大、研究开发机构所在地的辐射影响力有多大等。

1.2.2　研发机构转移的基本程序

跨国公司研发机构的转移程序一般有下列步骤：

第一，在跨国公司内部建立技术指导委员会，以保证研发机构转移的科学性和合理性，并对海外公司研发机构的管理人员和核心人员进行审查。

第二，选择新的研发机构的合适模型，例如母国基地扩张型或者东道国拓新型等，以确定海外研发机构的未来发展方向和公司内部组织结构。

第三，为研发机构选择区位，建立机构。跨国公司应选择合适的研发机构所在地，确定优秀的研发人员和机构管理人员的岗位。大多数跨国公司的研究开发机构管理人员多为母公司外派人员，主要原因是母公司人员自身的业务能力所形成的优势所致，其次也是为了加强对海外研发机构的控制。

第四，确立新研发机构的最佳规模和研发机构运作管理制度。海外研发机构可以分为三种类型：建立附属海外企业的研发部门，建立独立的研发公司，以及建立主要以获取信息为主的研发网络，各种类型的机构规模有差异。如果海外研发机构规模较小，可以将管理权限设立在总部，以便于管理。

方便获取优秀人才是研发机构转移考虑的因素，越来越多的跨国公司把研发机构建立在中心城市、大学周边地区和科技园，以便于对东道国人才和知识进行汇集。例如早期进入中国的跨国公司在华科研机构主要集中在北京、上海的靠近大学校园的地区。

1.2.3 研发机构的组织特征

设置在各个国家和地区的研发机构的类型多种多样，包括公司技术部、特殊技术部、综合技术部、地区技术部和全球技术部。其中企业技术部门的主要目标是通过运用公司专利开展基础的长期的技术开发工作。地区技术开发部门的目标是发展一种特殊的技术或工艺流程，以满足全球和当地市场的需要。全球技术开发部则是为满足全球市场需求的新产品和新工艺的研究开发组织。技术输出部的主要目标是把总部的技术输出到分公司或合资公司。母国技术部主要任务是为满足当地市场特定需求而进行新产品的开发。由于研究机构的目的类型不一样，因此研发人员的工作任务和对研发人员的管理也有区别。

跨文化研发机构的组织结构在发展过程中是不断变化的，其结构变迁受到两个要素影响：一是研发机构自身的自治程度，二是跨国公司市场开拓的范围（见图9.3）。

当研发机构自治程度较低而且跨国公司市场范围狭窄时，研发机构的组织结构主要是母国中心，海外研发机构是母公司总部研发机构的延伸，主要由外派人员控制领导。随着自治程度的提高，组织向多中心分权结构和专业中心发展。当跨国公司加强控制以应付的市场范围越来越广泛时，研发机构的组织结构向全球中心实验室机构发展。当研发机构的自治程度提高而市场分布更加广泛时，研发机构就会采用整合型的网络结构。

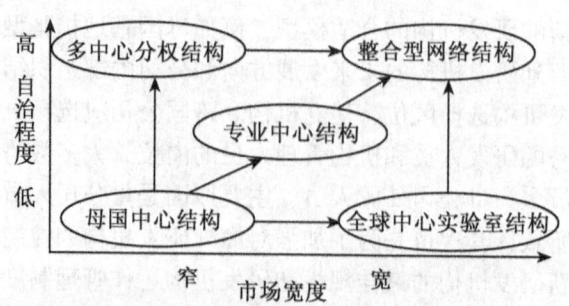

图 9.3　全球研发机构组织发展模式

1.3　跨文化研发人员管理的意义

1.3.1　增加跨国公司竞争优势

保持技术优势是跨国公司对外直接投资的前提条件，寻求技术创新是保持企业竞争优势的基础。

技术创新的本质是发现、创造、改革和发展。要保持研发优势，人才是技术创新的载体，跨国公司必须通过对不同文化背景的研发人员进行管理，来增加企业的研发创新能力。为此，优秀的跨国公司总是利用广泛的信息交流驱动企业创新氛围，以获得竞争优势和利润；通过掌握商业活动中的最新技术，促进变革；通过和大学以及政府合作进行研究开发，保持科技的领导地位。在大多数经济合作组织（OECD）国家，企业全部科研经费100%可以直接从利润中冲销，充分体现了研发在企业发展中的地位。

著名的雀巢公司（Nestle）就是一家研究开发活动的先行者，每年研究开发费用达到4亿欧元，公司研究开发涉及的学科有食品科学、生物科学、食品技术、食品安全、医药学、营养学等（图9.4）。公司还和实力强大的跨国公司研发机构建立战略联盟，以保证信息沟通畅通，减少重复建设浪费，节约成本。研究开发战略成为跨国公司经营战略的核心。跨国公司既是先进技术的创新者、垄断者，也是先进技术的转移与扩散主体。

发达国家跨国企业为了保证在全球市场上的竞争力，持续保持在研发上的高额投资。公司通过各国科技人员的跨文化管理，促进全球研发的顺利进行，从而满足全球客户需求，增强企业核心竞争力。全球研发活动，促进了多国、多地区子公司的研发活动，获得了更多的技术资源。

对于研发水平不高的国家来说，通过跨国公司在本国设立研发机构，进行研发活动，也能分享到研发的利益：吸引其他国家的技术人才，进行技术交流，获取研发经验。同时，通过实践，培养一批有研发能力、市场理念和国际

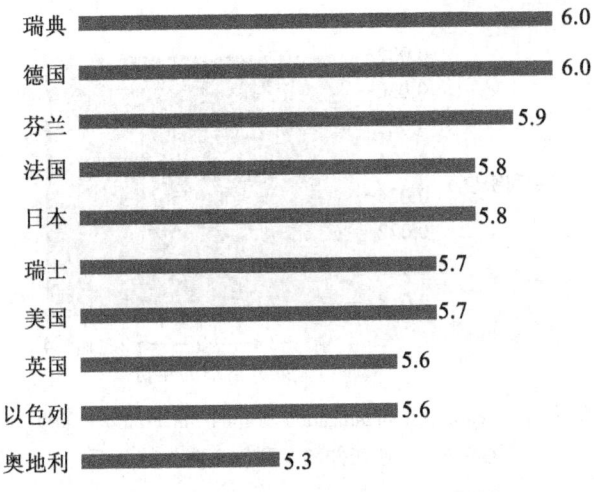

资料来源：Source：World Economic Forum，2003

图9.4　2003年发达国家创新能力比较

竞争力的本国科技人才。

通过跨国并购国外公司，可以获取相关技术，是跨国公司提高研发能力的重要途径。但是实践表明，企业兼并后一段时间里，企业原有的研发创新能力可能由于跨文化的冲突而失去动力甚至消失。这是并购企业面临的一个风险。见图9.5、图9.6。并购后，企业创新能力消失的表现有三个方面：一是失去生产专利的能力，二是失去生产力和研发能力，三是失去员工的创新热情。因此，要警惕部门整合和人员调整后的创新能力的消失，保持和培养并购后组织的创新能力是人力资源管理的重要课题。

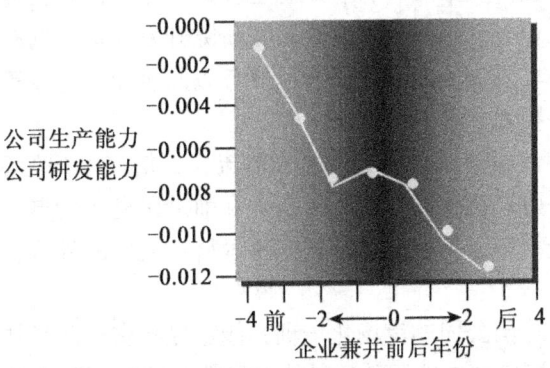

图9.5　企业兼并和专利创新能力的关系

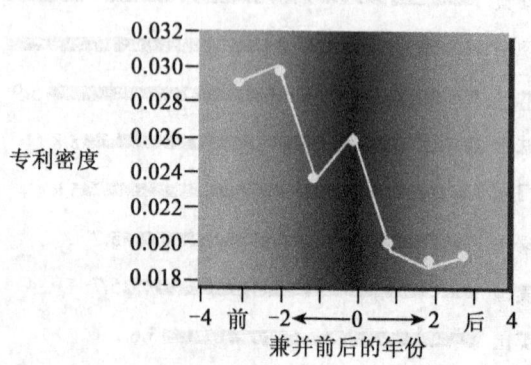

资料来源：Leading Reorganizations Tara Lynn Fulton，1999
图 9.6　企业兼并和专利创新能力的关系

创新推动跨国科研的发展。市场越是开放，竞争越是激烈，跨国公司越是重视技术的转移。资料统计显示，随着经济的进一步开放，跨国公司向外转移先进技术的速度也在加速。根据 2003 年的调查，在中国投资的 500 强跨国公司中，使用其母公司最先进技术的比重在 20 世纪 90 年代是 14%，2001 年是 43%，2003 年则是 80%。一些国际跨国公司，还在北京、上海、广州等大城市建立了研究与开发中心，随着外资在中国设立的研究与开发中心增多，研发性战略投资进一步增强，所产生的联动效应越来越明显。因此，充分利用跨国公司技术、管理的转移和外溢效应，加速企业间技术的流动，是提高企业和国家竞争力的重要手段。

1.3.2　提高东道国人才素质

跨国公司研究开发战略转移客观上也促进了东道国科技的发展。越来越多的被投资国家认识到，通过获得国外投资研究开发活动中的知识资本，利用先进的科学技术手段发展和改善本国产品服务以及企业工艺流程，可以提高本国的人才素质、科技水平和竞争能力。

研发的转移，还可以减少东道国人员流失，培养本国的研发和管理人才。跨国公司的海外研发机构往往具有高技术和前沿研究的特点，其优越的研发环境和诱人的薪金水平，不仅能够抑制东道国科技人才的外流，而且能够吸引全球研发工作者。

此外，通过跨国公司的市场化培训，能够提高东道国科技人员的市场化素质。如海外公司规定在本地招聘的科技人员都要进行为期数月的培训，让他们在良好的创新环境中锻炼成长，使本地人员经过锻炼成为技术骨干。

第二节 研发人员类型和管理原则

2.1 研发人员类型

基于研发机构的组织结构的特征：完成任务的差异、研发人员的工作类型，跨国公司研发人员活动类型可以分为模仿型、转化型和创新型三种。

2.1.1 模仿型

模仿型研发人员主要指那些通过模仿式学习，掌握和运用母公司提供的操作技术、工艺流程和设备的研发人员。

由于发达国家企业的技术创新表现为大量的研究与开发投入，处于尖端的高科技领域，引导技术发展的潮流，因此学习和掌握母公司提供的技术十分重要，那些具有"学习经验"和组织能力，掌握现有的生产技术的模仿型研发人员正是企业所需要的人才。

模仿型研发人员首先是一位快速的跟随者，并具有明确的追赶目标；其次，他们是技术的模仿者，能充分利用现有各种资源实现新的组合优势；最后，模仿型人才有较强的学习、消化、吸收能力，虽然不具有创新性，但是可以通过模仿学习活动达到创新的后发优势。

模仿型人才的基本能力主要有：（1）良好的理解力：对母公司的管理、技术和企业文化能够十分准确地予以理解；（2）突出的语言优势：精通母公司所在国语言，能够很好地和母公司总部的研发人员进行沟通；（3）优秀的学习吸收能力：对母公司具有的特定技术，主要是操作技术和组织技术如工艺流程和营销等的学习认识水平较高；（4）忠实的执行能力：能够忠实贯彻由母公司制定的相关的技术指标和管理指标等。

2.1.2 转化型

转化型研发人员的任务是把一个公司的技术转化到另一个公司，主要是把母公司的技术和工艺流程以及其他研发管理技能等创新地转移到本地公司，使之适合本地市场的需求。跨国技术转化是一个公司研发的转移过程，也是员工个人科研经验的转移。通过这种转移，不仅提高了本地公司科研人员对母公司技术的适应性，也提高了他们的创新能力，使海外公司的研发成果可以更好地适应当地市场的需求，获取更大的经济利益。

作为转化型人员，其工作任务主要是：

理解公司的业务以及技术方面的规划，积极参与公司发展规划的制定，加强同公司各个部门的沟通。

善于与人交流自己的观点和战略构思,主动地把有关设想告诉上级、同事。尽量争取公司内各部门的支持,包括人员、时间、资金等方面的支持。

时刻关注自己的研究工作是否实用,是否可以在适当的时候成功地将母公司技术成功地让当地公司吸收并转化为产品。

作为转化型研发人员,一般能力包括有:完成相应任务的业务能力,绝对的控制能力和一定的创造力。转化型人才的特殊能力有:对母公司和子公司技术、管理和文化特点的鉴别力;对母国和东道国市场及其社会文化的理解力,能将母公司的技术转化为当地市场所需要的产品的能力。

转化型人才有能力建立一种行之有效的机制,将母公司的研发成果迅速转化为适合当地公司的技术、产品和服务,通过各种沟通方式,争取公司其他部门对自己研究方向的认可。实践表明,如果公司其他部门不熟悉或不认同研发部门的研究方向,那么就很难将母公司的技术优势转化为海外公司实用的技术和产品了。

2.1.3 创新型

创新型研发人员是那些以世界市场为目标,站在本领域的前列,使技术具有全球辐射性的研发人员。他们能够帮助公司在相关领域建立专利库,拥有代表国际先进水平的专利成果。

创新型员工能够通过高水平的研究影响国际技术标准。他们的工作目标不仅仅要理解和跟踪国际标准,还要参与标准的制定过程,并对其施加影响。如果国际技术标准采用了他们的专利,沿着他们所定义的方向向前发展,他们的产品和技术就能真正保持在业界的领先地位。

创新型研发人员所做的研究能够切实改进现有产品的特性和功能,能够运用最新发展的最先进的设备,用最新技术武装公司现有的商业化产品,从而使产品在技术上长期保持领先地位。

更为重要的是,创新型研发人员还是那些努力成为公司新产品的孵化器的人员,他们具有犀利的眼光,能结合最新的技术发展趋势,为公司设计出技术领先的新产品。比如,Windows CE 所使用的技术就是微软研究院通过 8 年时间提出并成功发展的产品,通过创新型研发人员的努力,使当年的前沿技术成功转化成了商业化的优秀产品。

创新型研发人员的另一特点是对世界市场的了解很深入,自身已经居于研究开发的主流位置,思想影响力具有辐射性。他们的研究能力已达到世界先进水平,并有绝对的控制能力和很强的创造力。因此这种研发人员是企业的最宝贵的资源。

2.2 研发人员管理原则

2.2.1 平衡公正原则

全球研发部门的管理和运作，就是要有效地进行跨文化人力资源管理。由于研发活动是一个涉及企业内部各方利益和竞争优势的敏感问题，因此作为人力资源管理部门要对各国研发人员的管理活动进行平衡安排。所谓平衡是指在不同文化背景下的人员和部门之间的地位平衡和关系平衡。平衡原则包括三个部分：

第一，研发人员规划平衡，包括在海外公司人员自主安排和母公司人员安排之间进行平衡，在母公司和海外公司中对研发人员的管理计划进行平衡。例如争取母公司在人事安排上对东道国研发计划予以支持等。

第二，研发人员活动平衡。根据公司战略和公司研发活动在网络中的地位和作用，对研发人员进行统筹安排，包括对研发人员的时间管理、活动安排，帮助研发项目经理挑选相关人员，组织各国研究开发人员共同展开讨论；帮助研发部门解决研究技术难题、布置攻关任务时可能遇到的各种人事困难，组织安排各国研发人员的工作，提高参与性；检查研发小组成员的进展情况，加强激励和保持沟通等。

第三，公司部门平衡。人力资源管理部门要在东道国和母国之间进行平衡，保持母国和东道国研发部门之间的人事沟通，保持人力资源管理部门和研究开发部门之间的沟通，使研发部门之间联系畅通，减少冲突。

平衡原则的执行不但可以提高企业绩效，更反映企业人力资源管理的公正性，是满足来自不同文化背景员工公平需求的重要人事管理政策。

2.2.2 战略一致性原则

研发人员的管理应当与企业经营战略（含研发战略）相结合，使其成为实现战略目标的具体行动，使研发投入发挥最大的经济效益，以达到企业战略的近期和远期目标。企业跨国经营战略、研发战略制约了各种研发人员的需求和管理，其关系十分密切，见图9.7。

2.2.3 保护原则

市场的竞争是研发的竞争，也是企业之间研发人员的竞争，因此研发人员管理要在促进创新活动的同时，保护好企业研发成果，知识产权与专利。

随着研发人员的国际化，管理工作的复杂程度大大增加。为防止技术的扩散，保持本企业技术垄断优势，可以通过技术在内部人员的转移、技术在内部人员锁定等方式，尽量减小在海外设立研发机构的技术外溢。可以通过安排研发人员参加知识产权培训，向他们说明项目的知识产权管理政策，并就项目的

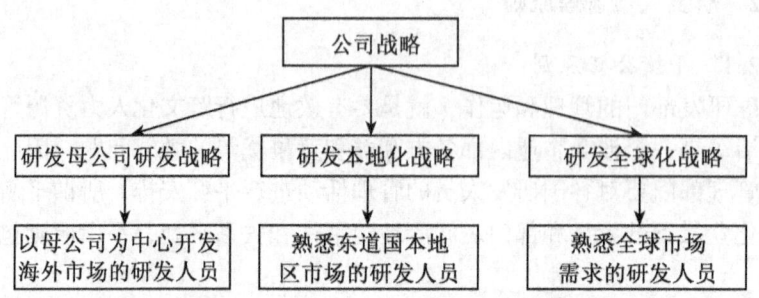

图 9.7 跨国经营战略、研发战略和研发人员需求关系

知识产权归属、资料和数据保管与使用、技术秘密的保密义务等进行训练,也可以通过与研发人员签订保密协议,使企业的研发成果不外流。

2.2.4 咨询原则

跨文化研发人员管理是一项高度知识化的咨询服务工作,包括对企业自身科技研发的人员创新行为和日常工作行为的了解,是一项涉及行为科学的管理。咨询服务工作包括以下几个方面:

分析科技研发活动的有关人员配置信息;

了解研发人员的工作行为;

建立跨文化人才信息库;

对研发人员工作绩效进行比较;

对员工无形资本进行评估;

相关咨询诊断和执行服务等。

2.2.5 增值原则

所谓增值是指从人力资源服务中创造出更多价值。人力资源管理部门要加强员工和客户的忠诚度,促进组织和个人的学习,加快组织能力和组织资本的成长,从而增加知识资本的价值。增值功能的管理包括三个方面:

第一,提高组织智商。组织智商不是企业每个个体的智商简单的相加,而是矢量的合成,即这一活动是指企业研发成果的方向,为提高企业竞争力服务的集体智慧。

人力资源管理部门通过对海外公司研发人员的管理,最大限度地把公司里所有员工,包括外派和本地知识员工的智力潜能发挥出来,并将这些能量往一个方向集中。知识员工管理的增值功能和企业文化相关,是一个参与的过程,在跨文化环境中,人力资源管理部门不能运用强迫手段增值,硬性驱使研发人员往某个方向发展。只有引导知识员工前进,让他们自觉地积极地去工作,才能开发出其潜能。

为强化研发人员沟通，提高集体智商能力，需要加强以语言为载体的不同文化的了解和沟通，加强对工艺流程和技术指标的改造能力，提高人员的思维灵活性和变通性，强化创新能力（见企业增值管理流程图9.8）。

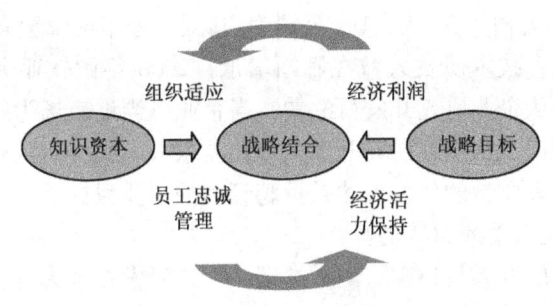

图9.8　企业增值管理流程图

第二，减少重复劳动。当企业组织处于一个封闭而分裂的状态时，员工之间和部门之间缺乏沟通，更缺乏合作，因此重复劳动极易发生。例如母公司和海外公司研究开发部门和员工之间各自为政，相互封闭信息，结果造成重复性研发工作，增加了研发成本，增加了科研部门管理经费，导致直接经济损失。只有加强组织沟通、团队建设和增加员工的沟通技能，才能减少重复劳动，提高效率和效益。

第三，防止组织失忆。所谓组织失忆是指随着某位知识员工的离职，把知识、用户的资料也带走的现象。组织失忆不但使企业蒙受经济损失，更使企业的研发能力遭受威胁。因此，帮助研发人员把这些专业知识和资料储存下来，并且在需要的时候再调出来，也是研发人员管理的重要内容。

第三节　跨国公司研发人员管理功能

跨国公司研究开发人员管理目标是将知识资本和市场战略快速结合。要保证在一切都不确定的研究开发环境中，研发项目能高质量地如期完成，研发人员管理是最重要的保证机制。

3.1　招聘管理

招聘是知识资本的吸引，也是价值创新的催化。海外招聘对象包括研究开发人员和研究开发管理经理人员。主要招聘途径有母公司外派、本地大学毕业生的招聘、本地企业研发人才招聘等。

国际企业人力资源管理的重要功能是如何通过招聘，寻找企业所需要的各类国际研发人员，为研发公司和部门组织配置相适应的研发人才。制约研发人员招聘数量的要素主要是以下几个方面：从研究开发组织或部门的发展阶段性看，一般企业在创建初期所需要的研究开发人员较少。例如微软中国研究院是70人左右，IBM公司为30人，UN公司为30人，松下电器公司则少于10人。随着组织的扩大，技术研发人数在不断增加，2006年微软亚洲研究院人数已经超过200人。从企业研究开发目的看，当企业以当地市场为经营目标时，将扩大研究开发规模，从而使研究开发人员的需求大大提升。从企业增加人力资本角度看，吸引高质量的研发人才是招聘管理的主要目标。

3.1.1 研发人员的招聘类型

跨国经营中研发人员招聘有两种类型：一是研发技术人员，一是研发管理人员。

1. 研发技术人员招聘

研发技术人员是开展研发工作的基本队伍。不同行业的研发机构对研发技术人员招聘有着不同的要求。以IT行业为例，研发技术人员的招聘标准是：

（1）与研发项目相互匹配的研究能力、技术能力；
（2）相应的教育和培训背景和相关的知识；
（3）良好的智商、创新能力和创造能力；
（4）具有研发工作经验背景（非针对全部应聘者，但是每一项目中都应包括有一定工作经验的人员）；
（5）强烈的跨文化意识，具有较好的沟通能力和语言能力；
（6）团队精神和合作能力，正直的人品。

跨文化环境中，技术研发人员招聘标准更加强调文化意识、团队精神和良好的个性品质。以IT行业为例，在计算机能力、研究能力、智商、人品这几种典型的招聘标准中，明确把人品放在第一位，在人才选拔中要求具有交流能力、正直诚实、动机正确的品质。例如微软公司在招聘研发技术人才时就强调，拥有技术的最终目的是为人服务，要求从业者能以人为本。

组织结构对本地研发人员招聘有较大的影响。当研发机构的性质是扩张型的时候，往往会招聘大量的杰出的当地科研人员，并通过这些招聘活动，将跨国公司研发机构与当地科研机构紧密地联系起来。例如，东芝公司利用其记忆芯片的合资企业与西门子公司在德国建立了地区合作关系。通过这个合资企业，东芝公司加入到西门子公司与当地大学的一些联合开发网络当中。这不仅能使东芝公司从当地的大学招聘到很多优秀工程技术毕业生，而且使东芝公司与德国当地的研发机构建立良好的合作开发关系。

跨国经营战略对研发人员的国别比例有较大的影响。在实施母公司中心战略的公司里，研究技术人员主要从母国公司选拔产生。这些外派的研究技术人员比较熟悉母国公司内部的文化及制度，能将跨国公司新的研究开发机构的科研目标与国外制造、当地营销的需求紧密联系在一起。通过外派人员的优势将研发的新技术从母公司向其海外研发机构传递，最大限度地将母公司的有关技术和意愿传输到海外的研究过程和制造与营销过程。例如，当一家美国石油公司在英国建立了母国基地开拓型研究开发机构以后，聘请的首席研发人员就是原先在美国母公司总部从事技术开发的专家。他不但负责过对美国当地的生产制造企业的产品制造质量监督工作，因而有良好的经验，而且本人对研发过程也十分熟悉，有很高的技术创新能力。这些素质使他在海外研发机构中能够有效地开展新的海外研发活动。

2. 研发管理人员的招聘选拔

成功的跨文化研发管理人员对于研发机构的组织文化、研发计划，以及未来的发展都有着重要的影响，是研发活动成本高低的关键。跨国公司全球研发管理人员的最佳候选人一般具有以下几个特征：

（1）他们是在工程技术方面有一定成绩和造诣的科研人员或工程师，同时又具有相当的管理经验。

（2）他们对于母公司以及东道国的文化有较为深刻的理解，能将全球研发人才有效地融入跨国公司已有的研发网络当中。

（3）在他们与当地的大学或科研机构接触时，能有效地克服各种跨文化矛盾与障碍，和这些机构建立长期联系，为本公司人才库的建设打好基础。

（4）他们对于技术的发展趋势具有敏锐的觉察力、判断力和理解能力，能促进跨文化研发活动和不同领域的科学知识凝结成新研究成果，进而开发出产品或服务。

（5）他们有着良好的团队管理能力和热情，能团结和激励团队成员共同为实现目标努力工作。

（6）有很强的风险承受力，敢于冒风险，有较强的工作领导能力与决策能力。

3.1.2　招聘途径和方法

如何在大量的应聘者中筛选出企业真正需要的人员，去掉企业认为不需要、不合适的应聘者是一项重要的任务，其解决的方法主要是采用合适的招聘途径和正确的招聘方法。

1. 研发人员招聘的途径

研发人才来源主要有总公司外派人才、本地人才（高校和企业）、其他国家人才和留学人员，相应的招聘途径有：

（1）网上招聘。网上招聘具有快速传达信息、范围覆盖全球的特点。为了广泛地从全球各地招聘合适的研发人员，网上招聘已经成为一种非常普遍的途径。

（2）通过熟人介绍。应聘人员一般素质较高，符合公司的文化。

（3）通过中介公司，例如通过猎头公司，可以招聘到合适的高级人才。

（4）通过校园招聘，可以从大量的毕业生中挑选具有潜能的研发人员。

（5）通过其他媒介进行招聘，例如电视、报纸、杂志等，既可以用于大批量人才的招聘，也可以用于个别人才的招聘。

2. 研发人员招聘测试的主要方法

（1）业绩考查：对应聘者的业绩或者学历和资历进行考查。这种考查是对应聘者未来研发能力的预见性测试。

（2）跨文化沟通测试：对应聘者是否具有在多元文化背景下工作的素质进行考查，例如语言表达能力的测试、对文化敏感性的测试以及个性测试（开放性）。

（3）智力测试：智力测试可以很好地了解应聘者的实际智力水平，是否达到公司对研发人员的特殊能力要求。例如，某跨国公司对研发人员的实际测试之一是运用通过办公室复杂结构的方法，让被试者穿过一条洞穴状的走廊，以测试应聘者的观察力和记忆力。该公司的每一幢大楼都有 X 形的双翼和各种各样的棱角，使每个办公室的窗户有增多的感觉，能很好地欣赏附近的山林和风景。但是，只有聪明的人，才能在过道里成功地找到自己的通道。

（4）面试：被面试者在一天之内将与多位（2~4位）面试者交谈，面试工作全部由研发机构相应部门的人承担，然后与雇用决策人交谈，面谈过程一般灵活机动。通过一次面试的比例为20%~30%；通过复试的人员比例为10%~15%。总体上雇用的人员占参加面试人员的5%~10%，高淘汰率可以保证被筛选出来的都是优秀人才，具备一定的才能和天资，以及独立思考问题的能力。

3. 高效招聘的特点

第一，研究开发战略服从公司战略，从公司战略相互匹配的人员中进行选取，以适应不同国家和地区市场的需求。

第二，对招聘过程中保持控制，包括招聘时间控制和招聘费用成本控制，以提高招聘的效益和效率。

3.2 沟通管理

3.2.1 研发人员沟通管理范围

研发活动中的沟通在跨文化环境下是一个知识技术分享的过程,有着重大的意义。除了和市场客户进行外部沟通以外,公司内部研发人员沟通管理包括三个层面:一是研究开发机构内部的沟通管理,在研发机构内部促进多国研发人员进行沟通。二是研发部门和其他部门之间的沟通。研发部门一般在跨国公司里属于一个相对独立的机构,研究机构的技术专家如何保持与公司内部其他单位和人员的沟通;如何将研发专家的经验和观点顺利传达给企业员工十分重要,是提高企业研发效益并最终提高经济效益的关键因素。三是研究开发部门人员和企业领导决策层的沟通,这一沟通可以帮助领导对新的研发产品特征有更为深刻的了解,也能使研发人员更好地了解企业的战略,为加快研发产品的市场化服务。

3.2.2 研发人员沟能管理的途径

在信息化时代,研发机构人员沟通管理的技术手段越来越丰富,既包括个体思维手段,例如能够充分运用刺激产生各种新思维的头脑风暴法,又包括物质技术手段,例如电子通讯手段。

跨文化研发活动的沟通特点是建立具有文化适应性的网络(文化特质),因此研发人员沟通管理渠道主要有两种:材料学习归纳法和人员讨论归纳法。前者是就某一技术方向的行业现状、发展情况、未来的趋势,作一个系统的介绍和深入分析的方法,该法通过将其观点写成技术白皮书,供公司决策层和相关技术人员参考。后者是使用电子邮件传递信息,或随时写技术备忘录,充分利用企业内部的"共享文化",在"头脑风暴"法的讨论中获取知识,进行归纳,解决问题。见图9.9。

3.2.3 研发人员沟通管理的特点

跨文化研发人员管理,主要任务是规划研发人员的工作目标,运用能在研发实验室、研发项目和研发活动之间进行有效信息交流的各种方法,在复杂的研究开发过程中建立联系桥梁,共同完成研发项目。

为充分利用多元文化的优势,防止冲突劣势,研究开发机构需要建立共同管理模型。共同管理模型的要素包括:人员的多元化参与界面和组织结构桥梁,以及树立通力合作才能获得效益的理念。

研发人员沟通管理的特点是:
(1)沟通者就是最新的潜在的多元知识共享者;
(2)部门领导是研发活动的支持者而不是指挥者;

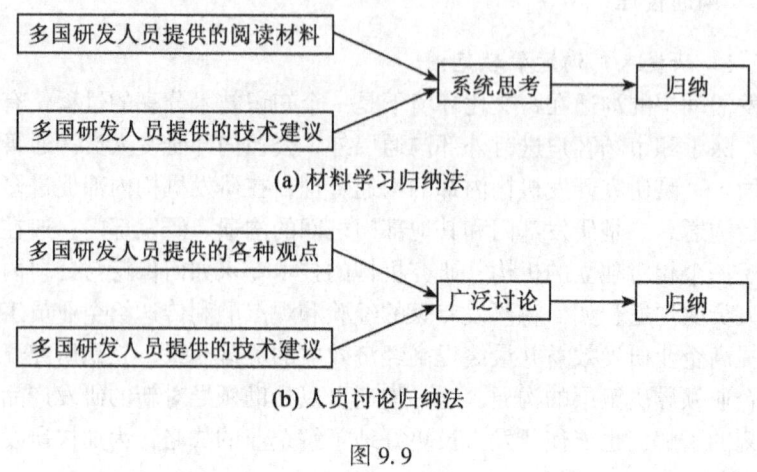

图 9.9

(3) 通过授权方法调动各国研发人员分享知识和技能的兴趣;

(4) 通过强化沟通并建立有效的规章制度,建立人员沟通的流程,促进思想知识的理解和转化。

3.3 活动管理

跨国公司研发活动和在单一文化环境中研发活动有很大的区别,环境更加复杂,参与要素更加多样化。跨文化研发不仅涉及科技难题,更要解决跨文化条件下研发人员管理问题。研发人员活动管理主要有活动过程管理和活动状态管理。

3.3.1 研发人员活动过程管理

跨文化研发人员活动过程有多种要素的参与,主要分为三个层面:领导系统、学科系统和实践系统。见表 9.1。

人力资源管理部门在进行研发活动过程管理时,必须了解以上三个系统的特征,帮助研发人员处理好系统之间的关系,解决由于文化差异带来的误解和冲突问题。在领导系统中,人力资源管理的任务是选拔和确定相应的管理人员,处理好管理人员和研究人员的关系;在学科系统中,人力资源管理的任务是确定相关学科的带头人,帮助组织有关的学科讨论和知识的共享;在实践系统中,人力资源管理的任务是促进研发人员的实际操作活动,包括物质奖励和精神奖励等。

表 9.1　　　　　　研发活动过程的系统和人力资源管理任务

研发活动系统	领导系统	学科系统	实践系统
研发活动重点	不同文化背景下研发领导系统的运作	与项目相关的研究领域	解决难题过程
研发活动内容	What——科研目标任务的确定，了解组织的战略 Who——谁来完成。各国研发人员对组织的价值，相关知识技能、项目匹配性 Why——了解和确定项目开发战略、组织结构和多国研发人员安排之间的关系 How——如何完成科研任务、人员的活动过程、跨文化沟通渠道	模仿 系统编辑 多学科研究 数据分析 计算机模拟进化	Know-What：了解技术和产品的有关知识 Know "What if…？提出假设，检验假设 Know-How：产生解决问题的有关知识 Know-When：解决问题的时间 Know-Where：解决问题的地点 Know-Who：解决问题的社会网络 Know-Why：如何从经验中学习
研发活动中人力资源管理主要任务	选拔和确定相应的管理人员，处理管理人员和研究人员的关系	确定相关学科的带头人，帮助组织有关的学科讨论和知识共享	促进研发人员的实际操作活动，包括物质奖励和精神奖励等。

3.3.2　研发人员活动状态管理

跨国公司研究开发活动总是与研发人员的行为状态密切联系，跨文化研发活动伴随有浓厚的团队活动氛围。研究开发人员的团队活动可以分为三种状态：活跃（active）、被解（resolved）和关闭（closed）状态。人力资源管理和研发活动状态密切联系，为其服务，见图9.10。

研发人员活跃状态指的是研发部门根据企业战略，组织有关部门和人员新建一个跨文化项目小组时的状态，此时，项目处于开发和纠正状态，而人力资源管理部门必须帮助研发部门共同参与多国人员的分派工作，组织成相应的

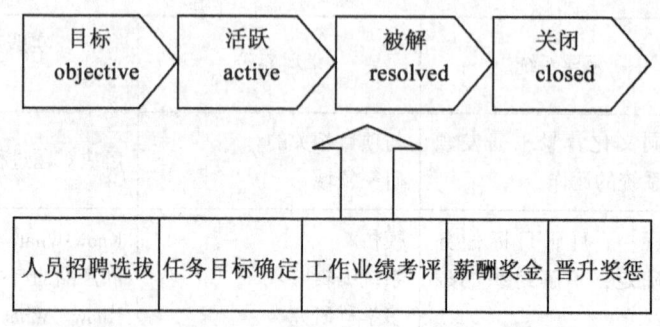

图 9.10 研发人员工作状态和人力资源管理功能

设计人员小组、开发人员小组或者是用户培训人员小组，以共同完成任务。

被解状态指的是设计人员、开发人员或者用户培训人员开发和修正项目后的状态。此时必须报告相关部门和人员，表明项目已经得到开发和修正，在等待校验。此时需要组织内部研发人员积极配合，主动自查以帮助有关部门进行修订和校验。

关闭状态指的是研发人员对项目进行校验，认定完成任务并关掉项目运行之后的状态。关闭状态表明项目已经开发并得到修正，完成了校验，此时需要组织相关人员进行总结。

如果研发机构再次获得研究项目，或者研发活动中再次出现同样的难题，研发团队还可以被重新激活成活跃状态，此时又开始了另一轮的状态循环。

在研发活动，有多种人员要素和其他管理文化要素参与，见图 9.11。

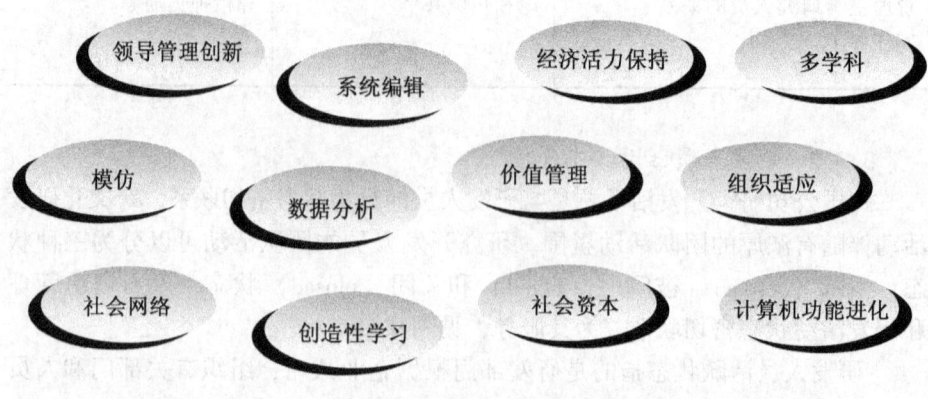

图 9.11 研发活动管理的要素

在跨文化环境下，研究开发是一个敏感性领域，既涉及知识的扩散和分享，也涉及不同文化背景研发人员的参与权和掌控权。研发部门领导要更多地运用跨文化人力资源管理的技能，在研究开发活动中既要鼓励创造性，又要最大限度地实现科学管理；同时，每个员工都能互相分享自己的经验和教训，彼此合作，通过健康的企业文化保证取得最大的成功。

3.4 职业生涯管理

为了激发研究开发人员工作热情，跨国公司人力资源管理有必要对研发人员给予职业生涯规划，提供发展的机会和平台。

3.4.1 建立公平晋升发展体系

1. 建立公平的晋升通路

晋升的通道是否畅通是职业生涯管理的重点。在传统的跨国公司人力资源管理中经常存在着"玻璃天花板"效应，虽然为本地技术人才晋升留有通道，但却设置了一定障碍，利用不明确的规则，使本地研发人员的晋升可望而不可及。天花板效应对于跨国公司研发十分不利，不但对于工作压力很大的东道国本地研发人员的士气是巨大打击，同时也会造成跨文化冲突。因此，跨国公司内部在建立晋升通道时应消除天花板效应，消除各种形式的歧视，以保证公司内部的公平合理性。

2. 建立双元的晋升通路

为保证研究人员加入跨国研发机构能获得一个很好的晋升机会，并拥有广阔的发展空间，跨国公司可以设立双元晋升机制。

双元体制是指管理层与专业层两条通路，是一种双通路的晋升机制。建立双元晋升体制打破了过去只有从管理层通路晋升的单一职业生涯发展模式，使喜欢或更适合技术研发工作的人员，可以在继续从事自己有兴趣的专业工作的同时不会失去晋升机会。双元晋升机制可以有效避免因众多研发技术人员只有管理一条晋升通路而造成的拥挤，使研发人员的职业生涯发展多元化，从而有利于企业保持核心竞争力，提高研发水平和管理水平。

专业晋升机制一般分为普通的研发人员、工程师、高级工程师、资深工程师等层级，也可以设立高级工程师、主任工程师、首席工程师、技术总监等职务和相应等级，视企业的技术特点和晋升通路的级别而设立，不同公司不同行业在职位名称的设置上可以有所不同。

管理层晋升机制一般包括项目主管和部门主管等职位。走管理通路的人员要求有敏锐的洞察力和协作能力。一般情况下，由普通研发人员晋升到部门主管需要2~3年，升至项目负责人大约需要3~5年。

双元晋升发展机制，不但可以打破长期以来的单通路带来的弊端，如研发人员不能得到最佳任用；而且还可以显示人力资源管理的公平性和竞争性。不论是外派研发人员还是本土科技人才，都可以通过双元通路竞争机制来开发自己，从而消除因晋升而引发的跨文化冲突。

3.4.2 研发人员流动管理

研发人员是企业宝贵的知识资本，知识资本的流动最优化是企业人力资源管理基础和管理目标，也是研发人员的职业生涯管理的任务。

当知识资本的流动和研发人员忠诚度进行挂钩的时候，流失率成为一个关键指标。人员忠诚度高，人事稳定，流失率低；反之人事不安，员工忠诚度低，则流失率高。流失率成为检验研发人员管理水平的重要标志。

流失率和企业信息分享的程度相互挂钩时，流失率反映了跨文化研发人员的管理水平。研发人员的流动管理分为两个方面：外部流动管理和内部流动管理。

1. 研发人员外部流动管理

研发人员的外部流动管理包括：吸收和接纳对企业有发展前途的公司外部优秀研发人员到本公司工作，将本公司研发人员派遣到其他公司进行工作交流、参与全球性研发机构的活动，促进研发人员在研发活动、研发成果等方面建立起不同研发机构间的直接联系和信息交流等。研发人员是知识的载体，研发人员的外部流动有利于知识的流动。知识流动是通过信息系统让大家分享知识的过程。通过组织信息系统，研发人员应做到有序流动，创造出强大的知识资本。

2. 研发人员内部流动管理

内部流动管理主要指建立适当的组织结构，制定管理政策，使科研人员在跨国公司内部各个研发机构之间进行流动。研发人员轮岗行为作为一种内部流动管理，有利于研发人员熟悉公司的整个研发业务过程，达到知识的内部分享。

在部门流动管理中，公司高层管理人员与高级研发管理人员应对本公司现在以及将来研发能力有详尽了解，以做好充分的战略准备。在整个研发计划以及研发任务的分配中要紧密合作、统一监督与统一考核。研发管理经理应准确地决定其研发的人选、活动时间表以及所需要的其他各种资源，帮助研发技术人员把科研成果更快地转化为产品。

3.5 激励管理

3.5.1 全面性激励

从马斯洛、赫兹伯格到当代学者，都十分重视劳动报酬的内在激励作用。

彼得·德鲁克认为，金钱激励在今天的社会已经不再是激发动力的主要源泉，对经济报酬的满意并不足以成为一种有效的激励因素，最好成绩的经济报酬并不一定能够换取员工对工作的责任心，经济激励只能在其他因素的辅助下发挥作用。显然全面激励被越来越多的人认为更加重要。美国的约翰·E.特鲁普曼教授在其《报酬方案》中提出了劳动报酬十种要素方案。[①] 这些要素包括：基本工资，附加工资，间接工资（福利），工作用品补贴，额外津贴，晋升机会，发展机会（培训和学习），心理收入（工作成就感和趣味性），生活质量（良好的工作环境，工作和家庭的平衡）和个人因素。

美国当代学者约瑟夫·J.马尔托奇奥则认为：劳动报酬应该分为两种类型：外在报酬和内在报酬。所谓外在报酬主要包括货币报酬和非货币报酬，前者主要指薪酬，后者指福利等；内在报酬和工作特征相关，如技能多样性、工作价值、工作重要性、工作自主权、工作反馈等。[②]

美国康奈尔大学乔治·T.米尔科维奇教授在其著作《报酬》一书中把员工渴望得到的劳动报酬分为三个部分：一是货币收益，如基本工资、奖金、红利等；二是非货币收益，如各种福利和企业提供的服务等；三是其他相关的收益，如雇用安全性、晋升机会、学习机会、工作的挑战性等。[③]

激励作为一种驱动机器，对于体力员工和知识员工都有作用，但是，激励的作用对象是有区别的。相对于体力员工而言，知识员工更期望工作的非经济回报。因此对知识员工的劳动报酬应该是能够满足母国公司外派知识员工和东道国本地知识员工的各种需求的报酬，包括内在报酬和外在报酬，经济报酬和非经济报酬。

研究开发人员的劳动报酬方案中，非经济报酬占有重要的位置。尽管这些非经济报酬和薪酬福利不同，其经济价值和经济效用很难用货币来直接进行衡量，需要个体的自我表现感受和因人而异的主观心理，但是非经济报酬和工作密切相联，特别是和工作生活质量密切相联是激励研发人员的重要途径。同时，研究开发人员是知识型员工，跨国公司的报酬结构应该是全面激励型的劳动报酬，包括经济报酬和非经济报酬两个部分。经济报酬包括直接经济报酬和

[①] ［美］约翰·E.特鲁普曼．薪酬方案——如何制定员工激励机制．上海交通大学出版社，2002

[②] ［美］约瑟夫·J.马尔托奇奥．战略薪酬——人力资源管理方法，第二版．社会科学文献出版社，2002

[③] 乔治·T.米尔科维奇，杰里·M.纽曼．薪酬管理，第六版．中国人民大学出版社，2002

间接经济报酬。直接经济报酬主要是基本薪酬和绩效薪酬（降级、红利和股票期权）。福利主要有社会保险、休假、带薪缺勤、津贴、商业保险、员工服务等。非经济报酬系统包括工作特征、工作环境两个部分。工作特征主要指工作本身具有的价值、典型的工作特征、趣味、重要、挑战、可学习、自主性、责任感、成就感、发展机会、晋升机会、技能多样性、工作反馈等。工作环境包括企业文化、人际关系、弹性工作时间、企业发展、工作条件、政策制度的规范性和公平性等。对于研究开发组织的人员，以上的劳动报酬分类具有典型的实践意义。见表9.2。

表 9.2　　　　　　　　　　理论家的劳动报酬分类

学者观点	马斯洛	赫兹伯格	约瑟夫·J.马尔托奇奥	约翰·E.特鲁普曼	乔治·T.米尔科维奇
分类	需要层次	保健和激励双因素	外在报酬和内在报酬	劳动报酬十要素	劳动报酬三个部分
具体要素	生理需要；安全需要；归属需要；尊重需要；自我实现需要	保健因素：工作环境；领导艺术；人际关系；工资报酬；劳动保护等激励因素：成就感；工作愉快感	外在报酬之货币报酬和非货币报酬，前者主要指薪酬，后者指福利等；内在报酬指与工作特征相关的报酬，如技能多样性、工作价值、工作重要性、工作自主权、工作反馈	基本工资，附加工资，间接工资（福利），工作用品补贴，额外津贴，晋升机会，发展机会（培训和学习），心理收入（工作成就感和趣味性），生活质量（良好的工作环境、工作和家庭的平衡），个人因素	第一部分是货币收益，如基本工资、奖金、红利等；第二部分是非货币收益，如各种福利和企业提供的服务等；第三部分是其他相关的收益，如雇用安全性、晋升机会、学习机会、工作的挑战性

3.5.2 差异性激励

跨国公司研究开发人员的薪酬管理既有普遍性问题也有特殊性问题。人们已经认识到，薪酬方案是否有效，要视方案是否满足研究开发人员的需求才能确定。针对发达国家研发人员薪酬方案的特点，跨国公司普遍认为金钱以外的因素对知识员工可能更具有激励性。

研究表明，对知识员工激励的要素按重要性依次为：个人发展、工作自主、工作成就和金钱财富。

这种方案对于研发人员应具有普遍意义，但是在跨文化的环境里，跨国公司薪酬激励方案不但包括以上全面激励特点，而且还要涉及研发人员的跨文化薪酬激励问题，即多元化的分配方案和激励效应。跨文化研发人员管理，需要重点解决在同一公司里、同一级别研发人员中，不同国家研究开发人员的工资差异问题。

大多数跨国公司里，发展中国家研发人员的工资成本远远低于发达国家的同行们，因此许多跨国公司解决差异性问题的办法是提高东道国研发人员的基本工资。但是，最近已经有专家提出质疑。一位专门研究跨国公司劳动报酬方案的专家 Eric Mosley 认为，跨国公司与其把注意力放在当地员工其他方面以调动工作积极性，还不如把百分之一的工资用于奖金发放，更可以取得良好的激励效果。① Eric Mosley 认为，发展中国家和发达国家之间的生活成本和工资水平存在差异，例如，中国上海和印度孟买的公司研究开发人员的生活水平和工资水平要比旧金山同行和巴黎同行低，因此跨国公司即使把在中国或印度的研发人员的薪酬按照当地生活水平提高 15%，也要比发达国家的研发人员薪酬水平低 26%。这对于研发人员的收入来说并不会有很大的改进，如果跨国公司将百分之一的人工成本用于奖金的激励手段，则不但对于研发人员具有良好的刺激作用而且对于企业来说是很合算的。

跨文化研发人员的薪酬方案的特殊性还反映在，不同文化背景的研发人员对物质激励的反应不同。例如，对一家分公司的研发人员奖励高级钢笔的激励作用，在另一家分公司就可能行不通。跨国公司研发人员的薪酬方案中应该体现跨文化的差异性，在注重全面激励的原则的同时，开发薪酬与福利等经济报酬的激励效能；通过适当调整基本薪酬和绩效薪酬的比例，强化经济报酬的激励作用；充分体现按绩效高低、贡献大小、能力强弱拉开研发人员经济报酬差距的激励政策。

3.6 学习管理

学习管理是对多国研发人员学习动机和学习行为、学习评价系统的管理。这一管理的特点是对学习型组织进行架构，包括学习管理的过程、结构、工具

---

① Eric Mosley, *Workforce Management*, November 21, 2005, pp.46-49

及方法等。跨国公司研发人员的学习管理内容包括研发机构领导学习能力、研发人员学习能力的管理。

学习管理分析是一项对研究开发人员学习目标进行评价的技术和方法论，提供了评估和管理学习型组织绩效的能力。学习管理分析通过对跨国公司多元文化分析，揭示组织的正式学习、非正式学习、社会资本和知识资本、社会网络的动力特征。

3.6.1 学习指导者

高绩效的研发机构是通过完美的知识系统和组织结构系统实现战略目标的组织。研发学习管理首先反映在对学习模型中担负指导者的能力的管理，明确指导者所应具有的关键知识能力点。它主要包括：跨文化社会实践知识、跨文化社会资本网络知识、应用学习、创造性学习、研发战略战术知识。

研发组织领导者在研发活动中是一个集组织、咨询和支持于一身的教练，发挥着多种功能。见图9.12。

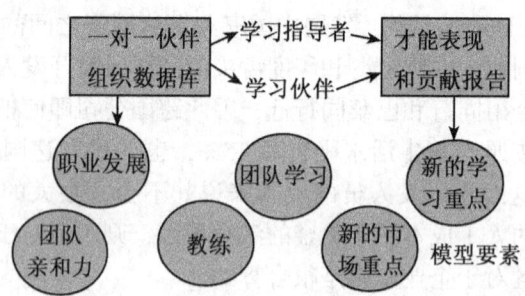

图 9.12 学习工作模型（培训）

在研发机构人员的学习活动中，组织培训指导者要通过以下四个步骤，完成培训学习任务：制定学习时间表、理解学习伙伴的需求、建立有效联系、设计学习计划。

3.6.2 学习伙伴

学习伙伴是对应学习指导者的学习个体。跨文化研发人员的学习活动强调平等和互动，指导者和学习者之间是学习的伙伴关系，而不是僵硬的等级关系。跨文化学习过程就是如何成为学习伙伴的过程。这一过程也包括四步：制定学习时间表、认识发展需求、获取新的观点、记录心得体会和进步。学习伙伴在学习过程中占有主体地位。

3.6.3 学习评价

研发人员学习动力和学习业绩的评价系统，实际上是对以目标为导向的组织学习、组织知识结构进行的测试和评价。跨国公司管理者对不同国籍和文化背景的研发人员进行的学习评价是多方面的，包括知识、能力和心理的评估。这一评估框架应用于组织和个人，可以提高工作绩效，同时得到心理满足。

鼓励不同文化背景科技人员开展学习合作，并对学习结果进行评估，有利于提高各国研发人员的素质水平，为他们职业生涯发展提供机遇。学习评价也为学习型伙伴的开发成长提供指导，强化了跨文化组织学习的氛围，加速了学习进程，以及知识转化的速度。

随着计算机技术的进步，以互联网为方向的通讯手段已成为员工和管理层之间进行沟通的工具。互联网络提供了可以分享才干、经验、知识和聪明才智的管理平台，为学习评估和学习反馈提供了高效手段。

小 结

全球研发组织的战略转移使跨文化研发人员管理更加必要，也更加复杂。研发人员管理应该遵守平衡原则、战略一致性原则、保护、增值和咨询原则，有效地调动研发人员的积极性。

按照全球研发的目的，研发人员可以分为模仿型、转化型和创新型，他们具有不同的个体素质和能力特征。针对研发人员的特征，人力资源管理包括招聘管理、沟通管理、活动管理、激励管理、职业生涯管理和学习管理，通过这些管理，可以有效地提高企业研发的效率，将知识转化为生产力，为获取企业可持续的国际竞争力服务。

思 考 题

1. 跨国经营中研发机构的转移对全球化具有影响吗？
2. 哪些因素制约了研发机构的跨国转移？为什么？
3. 研发机构的转移对研发人员的影响主要有哪些？
4. 跨文化研发人员管理的主要任务是什么？

第十章　虚拟企业跨文化人力资源管理

学习概要
1. 虚拟企业的特点和管理
2. 虚拟企业人力资源管理的特征
3. 虚拟企业薪酬方案的制定和实施
4. 虚拟企业员工的培训和开发

虚拟企业打破了不同国家、不同行业的距离，突破了地理局限性，已经成为当今世界发展最为重要的管理方式和经营模式。为此，企业需要对人才资源进行全球配置，通过信息网络把来自不同地区、国家的人员集合为一体，为一个共同的目标而协同工作。因此，跨文化人力资源的管理成为虚拟企业运作的重要组成部分。

通过本章的学习，你将了解虚拟企业的基本概念、虚拟企业人力资源的特点，掌握虚拟企业管理的基本功能，重点是虚拟企业员工招聘规划、绩效考评和利益分配方案以及培训开发等人力资源管理工作，从而明确和一般企业不同的虚拟企业人员管理的特色。

第一节　跨国虚拟企业的基本概念

随着世界统一市场的形成，消费需求日新月异，企业如何抓住经营机遇，在全球竞争中谋求发展，已成为企业共同追求的目标。只有敏锐把握市场脉搏，建立高度灵活、富有弹性的动态组织，才能在激烈的市场竞争中立于不败之地。以信息技术为基础，在全球范围内建立企业之间动态的、互利的合作，已成为越来越多企业的选择。虚拟企业的出现，为企业发展提供了全新的拓展空间。

1.1 虚拟企业的基本概念

1.1.1 虚拟企业的定义
虚拟企业(virtual enterprises, VE)又称动态联盟、虚拟组织(virtual organiza-

tion)、扩展企业(extended enterprise)或网络企业(net work of enterprise)。

虚拟企业是一种通过计算机网络相连、快速响应市场机遇而建立的,以外包、合作协议、战略联盟、特许经营等多种形式共享能力与资源的动态企业联盟。虚拟企业成员具有共同目标,但不在共同地点工作,成员很少或从未见面,主要通过电子通讯工具进行联系,是一种合作成员运行的企业组织形式。

有关虚拟企业的理论最早出现在美国。美国机械工程学会名誉理事肯尼思·普瑞斯(Kenneth Preiss)等于1991年和1994年首次提出了以虚拟企业为基础的敏捷制造(agile manufacturing)模式,研究了虚拟组织这一概念所涵盖的范畴。肯尼思·普瑞斯认为虚拟组织并非全新事物,而是使用了一个或多个现有的组织机制。1993年,美国管理学家约翰·伯恩(John A. Byrne)对虚拟企业进行了更为详细的描述,认为虚拟企业是一种依靠信息技术、基于特定目标的多个企业临时组成的公司联盟,联盟内各合作伙伴都贡献自己最擅长的能力,共同分享成本和技能,以把握快速变化的市场机遇。虚拟企业通过全球范围内的资源配置,开展合作研究、生产和服务,使各国企业利益均沾,项目参与各方分享利益成果。

1.1.2 虚拟企业的内部结构

虚拟企业是以计算机网络为支撑的诸种核心能力的动态联盟体。从信息的角度来看,虚拟企业是无形的,通过信息网络加以连接的组织,如网上商店、网上银行等;从组织关系的角度来看是由两个或者两个以上的单元构成的临时性网络组织,在合作的过程中组织成员互不干涉,共同分担风险、分享利益,在合作完成以后,组织就解体。虚拟企业虽然不具备一个完整企业全部必需的所有部门,但具有一个企业完整的功能(见表10.1)。制造业的虚拟企业经营方式有合作协议、战略联盟、外包、合资经营、特许经营和网络经营等;而在服务业的虚拟企业经营方式主要是特许经营。不论以何种方式经营,虚拟企业各个单元都处于相互联系的价值链系统之中,通过协同活动,增强单元群体的价值链的整体功能,通过沟通和整合,达到突破企业和企业间有形的界限,最终达到增值和延伸企业功能的目的。

表 10.1　　　　　　　　虚拟企业主要经营方式

产业	制造业	服务业
经营方式	合作协议、战略联盟、外包、合资经营、特许经营、网络经营	特许经营

1.1.3 影响虚拟企业的要素

跨国虚拟企业的网络成员遍布世界各地,相互合作关系是动态的。由于管理对象在时间和空间上有其特殊性,因此超越了一般跨国公司的管理范围。虚拟企业的运营中,各种要素对其有着深刻的影响。影响虚拟企业的要素有:国家政策是否稳定,政府是否支持,供销环境中客户市场是否稳定,企业和客户与伙伴关系是否友好,虚拟企业目标与供应商是否一致,竞争对手实力强弱,周边经济环境是否法制化,企业所在国家和地区是否具有完善的金融服务体系,虚拟企业内部伙伴之间是否存在广泛的信任和依赖关系等。这些要素影响虚拟企业的生存发展。虚拟企业是否能迅速集成各自专业领域的独特优势人群并进行有效沟通协调是虚拟企业经营能否取得机动性、获取企业竞争优势的根本。正是因为虚拟企业人员配置具有一般企业不具有的特点,因此人力资源管理具有其特殊性。

1.2 跨国虚拟企业的特征

虚拟企业和实体企业相互比较有许多差异,在经营和管理上具有以下特点:

1.2.1 敏捷反应特征

虚拟企业在运营中与实质企业比较具有更好的敏捷反应能力,体现在时间和柔性两大敏捷性反应指标上。时间指标包括从市场机遇出现到企业发现机遇的时间,从发现机遇到新产品研发成功的时间,从研发成功到新产品上市的时间,以及从新产品上市到最终取得销售收入的时间,以及企业制造提前期。这些指标表现出虚拟企业抓住市场机遇,并对市场作出快速反应的实力,因此虚拟企业的产品和服务具有上市快、生产周期短、交货及时的特点,可以较好地满足用户对产品服务各方面的需求。

虚拟企业的柔性指标包括组合柔性、产品服务柔性、管理柔性以及人员构成柔性等,这些柔性指标使虚拟企业具有良好的适应能力,不但对市场环境反应极为敏感,而且决策迅速,一旦有新产品的创意,就以各种方式(包括从互联网上寻找合适的合作伙伴、通过外包生产、专业化的营销、规模化的生产)在不建立自己完整的生产基地的前提下,跨国、跨地区、跨行业地开展经营,通过引进资金、设备、技术、人才等劳动要素进行产品生产和服务。当经营的某一部分遇到市场困难的时候,其他部分就可以根据自身利益条件,迅速调整,重组资源,寻找机会,从而减少风险。

1.2.2 虚拟化特征

虚拟企业是典型的无边界企业,具有突破企业的有形界限来延伸企业地域和功能的虚拟化特点，通过把不同国家地区的资源迅速组合成超越空间、没有边界、统一指挥、以网络通讯联系的价值链，虚拟企业得以最快地速度推出新产品和新服务。

虚拟企业组织边界经常被不断重新界定，被称为"无国籍"企业。从企业结构看，传统企业组织是金字塔式垂直管理，现代企业是扁平形状，而虚拟企业则采用网络式扁平状，从而减少了从价值产生到价值确认过程中管理层次和人员的数量。虚拟企业以信息技术和信息网络为依托，企业成员分散到世界各国，通过网络和计算机等以支持异地系统工作的通讯网络，充分发挥个人能动性，通过不断重组，将多方面的资源整合成统一的企业核心力，从而达到业务优势。和非虚拟企业相比，虚拟企业解体也是迅速的，当企业目标达成时，这些来自不同国家、地域、产业、企业，在职位和法律关系上互不归属的人员的合作关系即告结束。

1.2.3 组织动态性特征

虚拟经营由组建、生产、解体三个过程组成，其存在的时间完全取决于项目或产品的开发、生产和销售的状况，所以虚拟企业是动态的、暂时的，一旦项目完成，虚拟企业的使命就宣告结束，因而和实体企业的发展战略有明显不同。

虚拟企业的组织结构一般分为两类。一类是核心单元，它们是虚拟企业的发起者，在虚拟企业中起着核心领导作用；另一类是节点单元，它们如同卫星围绕着核心单元共同完成任务。虚拟企业的组织模式总是服从和服务于企业的整体战略目标，因而不断发展更新。传统企业的战略目标追求的是单一企业的长期发展，要求员工的长期合作与发展；而虚拟企业由于其战略目标是追求短期效益行为，因此虚拟企业的组织结构具有动态性，和员工的关系主要是短期和相互利用的关系。基于企业自身资源的有限性，虚拟企业内部的管理层级因对信息流的高度应变性而相应变得扁平；和传统的组织结构相比，具有较大的结构成本优势和敏捷反应优势。

第二节　虚拟企业人力资源战略

2.1　跨文化虚拟企业人员与组织特点

2.1.1　跨文化虚拟企业的人员特点

跨国虚拟企业是一种分布式的组织结构，通过信息网络把来自不同国家、地域和文化背景的人员集成在一起，为一个共同的目标而协同工作，将外部的智力资源与自身的智力资源进行优势互补。虚拟企业一旦解体，合作关系就宣告结束，那些来自不同企业、职位和法律关系互不归属的人员将分散。由于具有这样的特征，跨国虚拟企业人员主要有以下特征：

1. 超国界性。虚拟企业的人员超越国家、地区边界的限制，是无国界员工。企业成员可以跨地区、跨国界地进行合作，在全球范围内实现了人力资源组合。

2. 时间动态性。虚拟企业的人员要可以随时因生产订单的获得而进行迅速集结，当订单任务完成以后又可以迅速解散。

3. 多元化。跨国跨边界的虚拟企业成员来自不同的文化背景，具有不同的行为方式，具有多元文化特征。

4. 项目忠诚度。和固定实体企业相比，虚拟企业的员工具有隶属于多个组织结构的特点。忠实于每一个项目协议，而不是长期雇用的企业。

5. 独立自主性。虚拟企业的运作要求员工必须独立自治，每一个员工都应具有独立完成工作、独立决策的能力，都能够自觉围绕工作任务及目标主动进行工作，具有协作性。

总之，在虚拟企业中，传统人力资源的集中式、持久式结构已不再适应，代之而起的分布式和临时式、过渡式组织结构正在成为虚拟企业的主要模式。虚拟企业对外部环境要进行广泛考察，采用分权控制系统，对人力资源具有多样性要求，更加注重各种可马上工作而无需培训的人力资源，那些具有工作经验和较高工作绩效的员工被视为企业的潜在资源。见表 10.2。

表 10.2　　　　　　　　虚拟企业组织特征和人员特征

企业	企业战略	组织结构	人力资源战略
实体企业	产品市场狭窄稳定垄断，效率导向	内部稳定性，有限的环境侦察，集中化控制系统，标准化运作	累积型战略，追求员工最大化的参与，重视技能培训，获取员工的忠诚
虚拟企业	持续地寻求新市场 外部导向 产品市场创新者	不断改变性，广泛的环境侦察、分权控制系统、快速资源配置、非正式化组织结构	效用型战略，不承担员工技能的培训；只雇用具有岗位所需技能且能够立即工作的员工，短期合同

2.1.2　虚拟企业的组织特点

虚拟企业的员工可能来自本国招聘，也可能来自海外招聘。虚拟团队人员的文化具有多元化特点，人力资源管理部门无法实施传统单一的管理，而临时性的合作又缺乏充分时间来培育传统的组织文化，因此跨文化虚拟企业人力资源管理具有挑战性。

跨文化虚拟企业成员单位来自不同地区、不同国家，构成复杂，由于内部结构相对独立，各级管理者也存在责任权利不一致的现象，多头领导的现象是客观存在的。每个国家的员工都具有其独立的文化、价值观和工作管理风格，因此企业员工在各个方面都不可避免地打上了各国文化环境烙印，例如法律制度（经济法律、劳动法律、税收政策）以及商业习惯差异（商业习惯是长期形成并为大家所接受和遵守的从事商务活动的习惯和风俗）等，因此在多元文化下的人员沟通和组织管理成为跨文化虚拟企业重要的人力资源管理任务。

2.2 影响虚拟企业人员管理的要素

虚拟企业的生存发展环境使企业人员管理具有特殊性，多个要素影响了虚拟企业人员的沟通和组织管理。图 10.1 显示出工作时间和地点、组织目标、组织结构、技术媒介和信息沟通等是制约跨文化虚拟团队人力资源管理的最重要的要素。

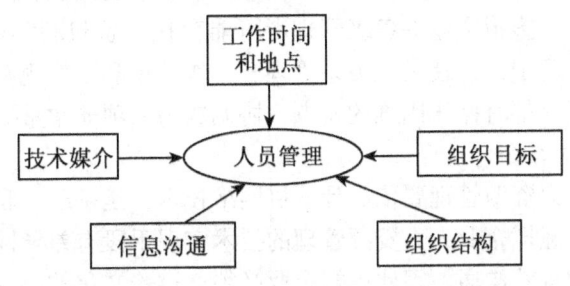

图 10.1　影响跨文化虚拟企业的要素

2.2.1　工作时间和地点

时间和地点对跨文化虚拟企业具有较大的影响。内部跨地区的差异使每个人员的工作时间具有轮换性，在工作活动安排的时间上有先后顺序，在完成任务的期限上有时间差异性。在地点上，不处于同一位置，工作场所、环境、条件都具有差异性。

2.2.2　组织目标

虚拟企业中的组织目标是根据一种市场机遇通过完成一定的企业活动以取得相应的经济效益或社会效益。由于虚拟企业人力资源规划一般追求的是短期效益，而员工目标则是获得相对稳定的物质回报和自我价值的实现，因此虚拟企业在实现员工长期发展目标方面具有一定难度，虚拟企业人力资源管理的首要任务是保证组织发展目标和员工发展目标的合理实现。

2.2.3 组织结构

在组织结构上，虚拟团队组织结构的多元化和多变性影响了人力资源规划，任何企业或组织模式的人力资源管理都要服从和服务于该企业或该组织模式的整体战略目标。传统企业人力资源管理规划追求稳定的组织与员工的长期合作与发展，而虚拟企业的员工则是在短期和多变的组织结构里工作和生存，对员工凝聚力具有较大的负面影响。

2.2.4 信息沟通

在沟通上，和传统企业相比，虚拟企业的文化差异性和地域时间性特点使员工协调更多依靠文字说明和远距离联系，而缺乏面对面的沟通。如何协调团队关系，如何通过互联网沟通内部成员，如何和虚拟上级和下级相处，如何以虚拟的方式合力完成生产服务的目标，都是企业管理的难题。由于虚拟企业的沟通，更多依靠解释和说明，因此逻辑和条理性十分重要。在解决各种难题、完成任务或改变结论等方面，由于受到企业内部关系的不确定性、人员文化背景的全球性、组织结构复杂性，以及在信息传输获取上蕴涵着高语义和低语义文化背景的影响，虚拟企业的各级管理者可能存在"责权利"不一致的现象。虚拟企业人员管理中，包括员工关系管理、工作效率和工作规范分析以及绩效评估和利益分配等都有操作困难的特点，协调成为一项非常重要的工作。

2.2.5 技术媒介

虚拟企业人力资源管理要依靠计算机网络技术，是基于互联网的人力资源管理系统。如果虚拟企业人力资源管理的技术实现手段有差异性，就必然影响人力资源管理的有效沟通，因此虚拟企业必须通过跨文化的协调沟通，保持企业管理的有效性。

2.3 虚拟企业人员管理阶段

2.3.1 规划期

在规划期，主要任务是考虑是否成立虚拟企业或采用虚拟经营的方式。通过对市场机遇的识别、自身核心能力识别和虚拟企业经营模式识别等三项相互关联的规划活动，考虑是否有必要进行实质性的企业活动。现有人力资源数量和质量与虚拟企业经营目标是否可以实现密切相关，因此核心单元不但是经营管理的主要策划者，而且也是人力资源质量和数量的主要提供者。

当核心单元捕捉到市场机遇时，首先要对自己的核心能力进行识别，包括技术能力、设备加工能力、管理能力和人力资源能力等。如果企业具有进入该市场的主要核心能力，但不具有全部核心能力时，企业会选择虚拟企业的经营模式。在企业的核心能力中，人力资源能力是最重要最基本的能力，核心企业会认真地评估自己的人力资源数量和质量能否适应市场机遇要求，并根据市场机遇和自身核心能力的情况，做出相应的组建虚拟企业的决定，一旦决策，核心单元会将自身的人才资源优劣和外部单元进行人才资源优势互补，开展人力资源集成化，即通过信息网络把来自不同企业的人员集成于一体，为一个共同的目标而协同工作。新成立的企业将根据经营目标进行分工规划。这一规划包含了工作分析和人力资源供需预测及平衡计划，形成专门的文件，同时和各个单元签订弹性而清晰的合同，为虚拟企业的下一阶段人力资源管理活动打下基础。

2.3.2 建设期

虚拟企业建设期的人力资源管理活动十分重要，包括虚拟企业合作伙伴选择、组织结构的选择、人力资源的重组、信息系统的建设和设置等多种活动。

建设期的第一项任务是选择合适成员。由于虚拟企业的竞争优势来源于各组成单元的可以互补的人力资源和人力资源集成的能力，选择合适的合作伙伴是虚拟企业成功的关键。建设阶段中，虚拟企业的人力资源信息机构建立十分必要，其任务主要是通过收集相关单元人员的信息，建立人员信息库，同时负责和协调虚拟企业合作过程中的人员的虚拟招聘、配置、使用、考核、激励和遣散等工作。建设期的工作重点是配合虚拟企业的组建，开展员工招聘与甄选、员工联络沟通和员工培训等项活动。

建设期的第二项重要任务是对企业的核心成员和领导者的确认。由于虚拟企业的规划一般由核心单元提出，因此人力资源管理的主要领导者也由核心单元推荐产生。除了要求候选人具有跨文化管理能力、专业技术知识、较强的领导才能和良好的敬业精神外，候选人还应该具有很强的外语能力以及沟通能力，能够引导核心单元和节点单元共同有效开展跨文化人力资源管理活动。

基于虚拟企业的特征，建设期阶段应制定相关的人力资源政策。例如，在一般员工招聘与甄选的时候除了考虑其基本素质和职业技能外，还要特别强调候选人的合作精神和跨文化意识与能力，在员工培训与开发方面应重点放在员工现行工作有关的内容，在职业生涯规划上明确在不影响现行工作进行的前提下，适当兼顾员工的个人职业发展。

建设期的第三项重要任务是规划组织结构，一般可以分为三个管理层次。第一个层次为企业间的组织结构，包括核心单元内部员工、节点单元外部员工，这一层次应建立单元间员工的信任关系，形成互动学习的良好氛围。第二个层次是单元内部的人员配置，主要是建立小组，做好小组成员的配置，明确组织目标，防止产生摩擦，优化利益结构，包括组织和个体利益的优化。第三个层次是员工个体自主管理，主要有掌握先进的技术、进行自主式管理、实施弹性工作时间、设置分配方案、开展员工沟通等。

2.3.3 运行期

虚拟企业在运行期内人力资源的管理包括工作任务的分配、完成、工作协调和运作监督等，重点是对员工工作任务的安排以及工作联络结构的设置、员工工作业绩考核和员工激励方案实施等方面的工作。虚拟企业管理主要运用小幅度增加的资源承诺法，强调制度的支持和信任。在员工安置与使用方面，应提倡公平竞争，避免只重视来自核心单元员工的提拔和使用，应给予所有员工同样的任用机会。在员工考核方面，应以工作绩效作为主要考核内容，充分考虑到员工的精神追求，对于优秀的员工，不论是来自哪一个国家，不论是核心单元或其他节点单元，都应该按照相关合同协议予以物质和精神奖励。精神奖励包括：将非核心员工转变成核心员工；优秀员工可以优先获得建立一种较为长期的合作关系的权利，从而在未来的虚拟团队中成为首先入选的团队成员等。

2.3.4 解散期

虚拟企业存在的时间完全取决于项目或产品的完成时间，因此虚拟企业是动态的、暂时的，一旦虚拟企业解体，这些来自不同企业、职位和法律关系互不归属的人员的合作关系即告结束。解散期的人力资源管理活动主要有：项目中止通知、利益分配、团队解体后事务处理、项目完成的综合绩效评价。同时，各成员为下一轮新的虚拟企业进行酝酿规划，对经过考察的优秀人员，通过多种方式保持联系以利于今后开展进一步合作。解散期的管理人员需要有风险意识，并善于进行关系管理，如员工利益的兑现、员工遣散、如何避免劳动争议等。虚拟企业的风险管理应是系统进行，在解体期之前相关的工作就要开展，包括：检查合同完成的情况，选择值得信任的未来组织成员，解决纠纷的合法程序，避免采用威胁手段，通过稳定组织结构、发展内部相互依赖性来结束工作，解散虚拟团队（见表 10.3）。

表 10.3　　　　　虚拟企业各个阶段人力资源管理活动内容

阶段	人力资源管理任务	管理任务承担者
规划阶段	伙伴选择、工作分析、人力资源规划	核心单元
建设阶段	人力资源信息机构设置和运作，员工招聘甄选、工作任务分配、员工沟通、员工培训	核心单元和节点单元

续表

阶段	人力资源管理任务	管理任务承担者
运行阶段	员工绩效考评、激励方案、核心员工的确定	核心单元和节点单元
解散阶段	通知和安置，下一阶段人力资源管理规划	核心单元和新虚拟企业

2.4 虚拟企业人员管理原则

由于跨文化虚拟企业自身的特点，在引进外部资源的同时也受到外来文化影响，因而会带来一系列的跨文化管理问题，例如文化冲突，信任度低，协调不畅，沟通困难，整合乏力等，需要实施跨文化协调管理。以下是人力资源管理应遵守的指导方针。

2.4.1 文化多元化

虚拟企业人员的文化背景多样化，各国和各地区的成员具有不同的工作方式，工作条件的差异性，都可能引起不适应和冲突。只有增加更多的信息通讯通道和手段，使不同文化间有更多交流和理解，文化的融合性才有可能实现，从而减少冲突。故应提倡在不影响工作业绩的情况下，允许不同文化和不同工作方式的共存，提倡各个单元的人员尊重他人的独特性和提倡文化的互补性。

2.4.2 重视合同契约关系

在虚拟企业中，人力资本的地位发生变化，员工和经营管理者的身份模糊，没有明显的区分，核心单元的经营管理者和非核心单元的员工之间并不存在着劳动关系，而是劳务关系。在虚拟企业中，传统企业的劳资关系已经为虚拟企业人员之间的盟约关系所取代，合同契约关系是企业员工之间的主要关系。此外，虚拟企业员工个体多为知识型员工，人员配置主要是小组，成员们在分散地点以网络化、数字化的沟通途径实现虚拟合作，合同是相互之间联系的基础，更提高了契约合同关系的重要作用。

2.4.3 功能最大化

虚拟企业的优点是"用最小的组织来实现最大的功能"。由于企业自身资源和组织结构功能有限，为实现某一市场战略而组成的虚拟企业其结构功能也是虚拟的集成结构。在整个虚拟联合体中，每个成员只充当其中某部分结构功能，是分布式动态虚拟联合结构。通过信息网络，各个企业员工共同支持着依空间分布的生产而设立的复杂的组织，包括后勤保障工作等，这样的企业结构和传统的组织结构相比，是虚拟的、小型的，具有较大的结构成本优势和专门化工作的功能。

2.4.4 以工作为中心的人际交往模式

虚拟企业的员工在工作方式、文化背景上有差异,相互间缺乏面对面的直接联系,而是靠网络式的间接联系,例如电子视频和文字说明进行沟通交流。相互之间的深入了解建立在电子通讯手段上,交往目的以任务为导向,小组成员虚拟化合作,通过工作相互结识、交流、合作和建立伙伴关系。

2.4.5 跨文化头脑风暴法

虚拟企业是由不同产业、不同所有制、不同地区、不同国家企业形成的战略联盟,各自具有独立的企业文化,在价值观、管理风格上表现各种差异性。这种跨文化特点有利于思想的碰撞和交流,利用头脑风暴法等方法,对同一问题进行多元文化和多角度思考,通过跨文化沟通和管理激励,帮助产生新观点、新思想,在体现不同员工不同的价值观和信念的基础上,使管理决策更加具有科学性和兼容性。

第三节 人员的规划和招聘

3.1 跨国虚拟企业组织结构

3.1.1 虚拟企业的组织特点

虚拟企业是根据市场机会构建的跨越国家、地区和组织边界的网络组织,它和传统的刚性直线式的静态组织不同,是扁平化的网络结构,具有柔性和动态性,对于市场信息的反馈更为灵敏。传统人力获取上,经常会出现一方面企业急于招聘一批员工,而通过人才市场、报纸广告、中介机构招聘却延时耽搁的情况,严重影响企业的敏捷性;另一方面,各种人才资源都有闲置、使用不充分和冗余的情况,有相当多的人在期盼新的工作任务。虚拟企业则可以较好地解决这一问题。

从组织体系角度看,虚拟企业是通过信息交互的方式将具体的成员企业联系起来构成虚拟经营的统一实体,当市场出现新的机遇时,具有开发某种新产品所需要的不同知识和技术的核心单元和节点单元组成一个临时的企业联盟,共同应付国际市场的挑战,联合参与全球竞争。这一联盟是参与者围绕特定产品服务建立起来的拥有共同利益的组织,包括产品开发方、生产方、供应方、销售方、咨询服务方和清算方,各方随着市场和产品的变化进行调整,每当项目完成以后,该联盟即解散。其组织结构如图10.2所示。

虚拟企业人员的管理需要采取一种系统和权变的管理方法,企业根据合作内容和模式要求而设置,在各个合作阶段动态地管理合作组织所使用的人力资

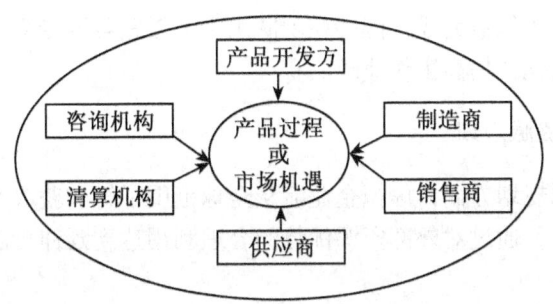

图 10.2 虚拟企业组织模式示意图

源,通过建立基于互联网的人力资源管理软件系统及计算机应用系统来解决及时沟通和考核等问题,保证虚拟企业能够有效地控制人力资源和实际工作进展,做到快速组合,优化管理。

3.1.2 虚拟团队的组织规模

和实体企业相比,虚拟企业是小组织、大功能。但是跨文化虚拟企业自身组织规模有多大才是合理的,是一个需要重视的问题。

虚拟企业的运行需要通过各个工作团队合作完成,工作团队规模的大小受到多种因素的制约,包括团队专家的人数、时间区域、行政管理过程、沟通渠道和技术媒介等。现有的研究表明,虚拟企业效率和虚拟团队的组织规模有直接关系。

规模太大的虚拟团队,因成员人数太多而无法得到参与的机会,难以培养团队参与精神,容易产生内部小团体,造成小团体之间成员的纷争。团队规模太大还会对团部队成员的业绩和技能的评价粗略草率,无法为每一个成员做好工作计划。当有重要安排时,员工无法到达,个体没有机会表达个人的思想观点。团队规模大,还会造成管理难度,例如时间不同步,难以实施有效合作。组织网络沟通太少,成员之间的分析讨论和参与机会较少等,从而减少了团队的能量和绩效。

规模太小的团队,员工可能要承担太多太大的责任,造成工作负荷超载,例如会议开得太长,个人经常要加班,员工经常会因为目标无法达成而感到挫折;更为严重的是如果团队规模太小还会引发成员之间为争夺资源优先权的冲突。

虚拟企业的团队规模应该是不大不小的团队,最适宜的虚拟团队规模是 10~15 人。这一规模的团队,可以有充分的时间资源进行沟通管理和参与管理。团队组织者一般拥有指挥决策权的资源（时间、媒介），能有效要求每一个成员的工作保质保量完成，能够在团队水平上鼓励各国专家共同参与，从而使沟通效果最大化，提高工作业绩。

3.2 人力资源规划

在人力资源规划方面，虚拟企业能从全球范围了解和获取人才资源，实现人才的优化整合，通过对外部资源优势的合理利用达到延伸自己企业功能的作用。

人力资源的规划应该按照组织效益和员工个体效益二者兼顾原则来制定，主要涉及人力资源管理方法的选择和制定，控制合理的投入，以及如何得到及时快捷的反馈等。虚拟企业人力资源规划有两种模式：一种是虚拟企业自身进行的人力资源规划模式，另一种是人力资源的外包管理。

3.2.1 内部管理模式

内部管理是由虚拟团队自己对团队成员进行的管理，主要是由核心单元和成员单位的人事主管负责对人力资源管理进行规划。

1. 内部管理任务规划

在虚拟企业的规划期、建设期、运行期和解散期的整个组织过程中，完成人力资源管理的目标，实施人力资源管理功能。包括选择伙伴、合同签订、成员雇用、沟通、培训、开发、学习支持计划、检查作业完成进度、业绩考评、按照合同协议进行利益分配、项目完成或企业解体的通知以及人员安置和法律咨询等。通过人力资源的规划管理，帮助其他单元成员了解最新的人事配置，使企业既能够专注于自己的核心能力，充分利用市场机会实现快速反应，又能够保证各个成员与企业整体目标保持一致性。

2. 内部规划的具体操作计划

虚拟企业的人力资源管理具体操作计划包括：根据组织结构的变化，确定人力资源职能的转换和创新，管理者不再专心于决策的特权，而是与团队其他成员建立一种教练式的关系。减少组织内部中间层次，将实体企业传统金字塔形的纵向体系转变为虚拟企业扁平横向体系。

根据企业目标，协调团队间的活动，积极参加到个人和团队工作中。通过合适的"视窗"软件，跟踪各任务团队的组织、主体、参与者，以及作业进展情况，将企业职员的背景、兴趣和能力等资料存入可存取的数据库中，通过人力资源信息库为各任务团队提供人事支持与协调。

推行授权管理。在扁平式的组织结构中，被授权的员工的自主权大大增加，对市场和顾客需求变化的反应速度加快。采用自我管理团队和微型企业式工作方式，提高员工的自主性和创造性。

强调跨文化管理功能，树立以人为中心的价值观和企业文化，突出以人为本的经营理念，鼓励员工扩大自己的工作内容，提高员工的通用性和灵活性。

提高员工成就感。虚拟企业扁平式的组织结构，减少了传统纵向的层级，员工的升迁机会减少。为满足不同文化背景员工的升迁成就感，可在每一层级中，对同种职位设立不同的职称等级，使员工在水平层级中仍然有职称晋升的机会。

注意人力资源管理技术设施的安全。人力资源管理的技术由于企业网络协议不同，不但给相互间的沟通带来硬件技术上的问题，而且在决策支持、同步管理等方面也提出挑战。此外网络的安全性也必须重视，企业间信息传输过程的安全、网络上的商业欺诈行为、信息安全标准、密码算法和协议、网络瘫痪、黑客攻击等无不对虚拟企业管理，包括人力资源管理带来挑战。

加强人员合同管理。虚拟企业加盟成员之间的关系不是法律意义上的经济实体，不具有法人资格，属于松散型组织结构，要重视合同签订，防范因员工不遵守合同协议而导致项目贻误的风险。

虚拟企业加盟成员只关心与联盟项目有关的经营问题，而对成员企业的其他管理问题，包括人力资源管理配置等均无权过问，成员企业有权利按照自己的经营目标和方针来管理自己的员工。因此，虚拟企业的人力资源管理对象是自身企业员工，而不是其他联盟企业，这使得企业和人员之间的关系简单化，但是约束力降低，因此要重视合同的签订和协议的遵守。

3.2.2 外包管理规划

1. 人力资源管理外包

业务外包是虚拟企业的一种有效的管理方式。业务外包可以充分利用公司外部优秀的专业化资源，达到降低成本、提高效率、降低风险、增强企业核心竞争力的目的。人力资源外包的本质是将企业人力资源进行虚拟管理，和其他外包一样，有利于企业把精力集中于自己的主营业务和核心竞争力，而诸如人力资源管理的各种职能由专业公司完成。

企业性质和规模与人力资源管理是否外包有很大相关。那些强调功能而非组织结构的企业更愿意人力资源管理外包，而企业规模对人力资源管理外包也具有一定的影响。美国印第安纳大学教授斯考特莱沃 1998 年 1~7 月曾对位于美国北部 500 家公司进行调查，发现中小企业比较大企业更多地实施人力资源管理外包。

虚拟企业是一种典型的强调功能的企业，企业目的是为了对市场反应更加快速，运营更加富有弹性，而且大多数虚拟企业是高科技中小企业，因此，虚拟企业将人力资源管理外包是一种符合逻辑的做法。

2. 人力资源外包管理决策

企业为实现外包，首先要选取合适的外包公司，然后将有关任务予以外包，将人力资源管理职能交由专业公司负责实施。作为客户，企业对外包专业公司自身如何运转一般不予关注，对外包公司自身的人员也没有管理权，对专业公司的事务一般不直接插手，但是作为客户，企业有权要求专业外包公司能够很好地完成人力资源管理任务，提高企业人员素质和工作业绩。

由于人力资源管理外包是一种特殊的外包，因此企业在人力资源管理外包决策上应该慎重，为此，在进行外包以前，应考虑以下问题：

第一，要把业务外包和企业战略联系，考虑人力资源管理外包是否符合企业战略需要，如果确实符合战略，外包可以使企业获得竞争优势。相反，如果外包仅仅是为了回避某些难题，而不是正视和解决人力资源管理的问题，那么外包将会失败。例如当海外公司的效益在下降的时候，不愿意对本地人员进行投资，而是外包给其他公司，以降低人力成本，转移矛盾，那么，这种人力资源管理的外包注定会引发跨文化冲突，导致失败。

第二，人力资源管理外包是否有助于改善企业的绩效。成功的外包是由于外部专业公司干得比内部要好，本公司人力资源管理的专业水平确实低于专业公司。因此在进行外包决策的时候，应确定外包是否可以改善跨文化人力资源管理效果。

第三，要确定人力资源管理外包以后，企业是否仍然可以保留优秀的人才。许多跨国公司把人力资源管理外包以后，具有评估人力资源管理外包效果的企业自身的人力资源专家也流失了。所以在外包决策时，要考虑是否可以保留优秀的专业人才，以保证企业管理目标的实现。

第四，成本问题。企业要考虑外包的成本，要能够理解各项人力资源管理外包项目的成本结构，知道人力资源管理外包成本计算是否精确。还要学会控制外包成本，同时也要明确，企业人力成本核算对企业员工的影响。

第五，要确认人力资源管理外包是否会影响企业组织的运作。任何企业组织结构的变化都会产生新的挑战，人力资源管理外包也是如此，企业要对这种变化有准备。

第六，当企业经营条件改变的时候，人力资源管理外包是否会损害企业和员工利益？例如当企业组织在未来三四年以后有很大的改变，企业有大批的成员离开企业时，组织结构有很大改变，并带动员工岗位、薪酬福利的改变，此时，外包就会对员工的利益产生较大的负面影响。

第七，外包以后，组织成员的文化是否有改变？组织成员如何看待外包？

外包以后的新人力资源管理系统，是积极的还是消极的？

第八，企业将人力资源管理外包后，谁来管理企业的财务效益和经济效益？如果没有人去评估外包工作，那么组织将什么都得不到。

最后，组织要考虑，除了外包，是否还有其他方法可以替代？毕竟外包使企业的人力资源管理风格、员工士气、业务技术以及环境等很多因素都会改变，因此人力资源管理外包应该慎重使用。

3.3 工作分析

工作分析是了解、描述、研究职务的责任和技能，确定该职务对任职者具体要求的过程。虚拟企业中的工作分析和实体企业有较大差异，主要体现在虚拟企业员工角色定位和角色胜任两个方面。

3.3.1 角色定位和工作分析

虚拟企业成员一般以知识型员工居多，组织对成员的跨国远程虚拟管理使得组织的监督与控制功能弱化，员工所代表的无形资产在很多企业中已经远远超过了有形资产的价值，他们可以轻易离开现在所处的团队。同时，虚拟企业的员工和企业的关系也有疏密之分，员工包含了核心员工和非核心员工、长期员工和短期员工、专职员工和兼职员工以及本国员工和非本国员工，这些都改变了传统工作分析中对人的角色定位。

虚拟企业在工作分析时，首先应该改变对员工的传统角色定位，对组织成员重新定位，把组织成员从被雇用的"劳动者"角色转变为合作协议的"会员"角色，组织和成员之间不存在劳动关系。作为会员，员工可以签订会员协议，具有相应权利和责任，有权参与管理。成员归属的对象不是某个"固定企业实体"，而是由所有组织成员组成的一个虚拟的"社区"。在虚拟企业里，个人在企业中的位置不再是按严格的等级秩序确定，而是根据项目所赋予的不同层次、不同类型的角色来确定员工的任职资格、行为标准和工作范围。

3.3.2 角色胜任和工作分析

员工的任职资格是工作分析的重要内容。虚拟企业员工的任职资格是根据工作系统分析的结果而确定的。虚拟企业在进行任职资格分析时，应搜寻"具有胜任力"的人才，建立人才网络，并使人才网络联盟不断扩大优化。

人才胜任的信息除了知识、技术、经验、业绩以外，还包括个性特征，如气质能力、性格以及难以直接测量的软素质，如团队精神、人格特点、沟通技巧等。既要考虑人才自身的素质，又要考虑与其他成员的素质与个性的互补，这是增强虚拟成员认同和团队内聚力的重要环节。

虚拟企业组成成员之间可能存在着参差不齐的现象，在进行岗位任职资格分析的时候，要区分不同类型的员工：如核心员工、合同员工、临时和兼职员工等。在进行人力资源规划预测时，按照不同层次和不同类别来确定各种岗位的任职资格、行为标准、工作规范和工作关系。

3.4 员工招聘

3.4.1 招聘工作特点

1. 合作经历

虚拟企业员工招聘的实质不是雇用，而是企业员工之间的协议合作，因此，合作经历在员工招聘中起到重要作用。虚拟企业作为嵌入在社会关系网络中的组织，信息交流共享和相互学习是企业活动的特征，员工的工作行为和合作经历是企业人员招聘（合作）的基础，以前存在的合作经历能够在成员企业间迅速传播，并在新的合作开始的时候被企业和员工所"继承"或被他人模仿。愉快的合作经历能够促进相互信任和招聘合作的继续，不愉快的合作经历则导致信任丧失和招聘合作的终结。

2. 企业声誉和个人声誉

被招聘合作伙伴行为的可预测性是虚拟企业最关心的事情，如果双方以前没有合作经历，就只有依赖彼此的声誉。一个企业拥有诚实、公平、可信赖的声誉，意味着它对被招聘合作的员工具有透明性，值得信任，被招聘合作的员工也是如此。声誉成为品质信任的功能等价物或替代物，良好的声誉与信任呈正相关，是虚拟企业人员招聘的基础。

3. 招聘承诺

承诺可以看成一种沉淀成本，它使得企业和员工之间相互信任而不会按机会主义行事。承诺为合作者提供了一种激励，使双方以共同利益而不是自我利益为目标采取行动，承诺减少了不确定性和机会主义，培养了员工和企业合作的可信赖性。

4. 人才效用

虚拟企业是随市场机遇的产生而产生，企业组织结构重组成为一种经常性行为。人才效用的标准是应聘人员具有和工作任务相互匹配的专业技术能力，公司不再担负培训任务，即员工应该是具备相当技能经验，能够立即适应工作环境，满足需要的人。企业招聘活动中，应制定一系列定性和定量框架标准，采用效用型模式。通过招聘适宜合作的伙伴缩短虚拟企业建设时间，控制成本。但是，人才效用型模式也可能限制员工来源。在一定时间和范围内，往往很难寻找到符合效用条件的人员来满足虚拟企业的需求。

5. 人才分布

虚拟企业的人力资源分布呈现临时性和多样化特点，企业招聘注重物色各种有才华的伙伴，并视之为企业的潜在资源。双方建立在合同关系上，虚拟企业的员工不是某一家固定公司的员工，而是整个行业领域的员工。通过招聘，全球各地人才被不断地迅速配置到各个工作地点，在国际团队之间流动。

3.4.2 虚拟团队成员的招聘标准

虚拟团队由于其特殊性，对成员的要求很高，增加了招聘工作的难度。

招聘拥有跨文化技能和专业技能的海外人员可以加速跨国团队的发展，增加成员的协同性。但是，招聘具有不同文化地理特征的成员也具有两重性，即既可能加速团队的发展，也可能阻碍发展，这主要依据他们在团队中的权力地位而定。

有效虚拟团队由三种成员构成，分别是团队领导者，团队员工和困难解决者。他们的工作任务和个性素质都各有特点，招聘标准也不一样。

1. 虚拟团队领导者

虚拟团队领导者的特征：

他首先是一位战略家，总是考虑企业的生存和发展问题、企业的各项事务、企业战略目标和项目的各个变量是什么，从不畏惧创新。优秀的虚拟团队领导者还注重平等，是一个计划者和支持者，而不是一个命令者，能保证团队成员分享每个目标，具有责任感和信任感以及远见卓识和敢于竞争、敢冒风险的特征。

虚拟团队领导者的类型：

一是符号型领导者，是虚拟团队的荣誉主席，具有号召力；

二是安排型领导，是虚拟团队轮值主席，是行政管理参与者，体现项目完成过程中各个企业的参与；

三是合作型领导，主要是跨专业联系沟通人员和项目技术专家。

虚拟团队领导者的标准：

无论是何种类型领导者都应该具有协调能力，能灵活协调各成员组织和员工关系，使组织间和成员间充分信任，气氛融洽。

作为跨文化虚拟团队领导，他们还具有国际商务运作的技能和经验。

具有决策能力，决策具有艺术性、科学性、权威性，能全面及时掌握市场动态。

具有合作伙伴价值观，包括战略一致和文化一致性，能有效地处理管理风格和企业文化的差异，培养跨国虚拟团队的共同风格与文化。

能够承担团队教练和咨询者角色，具有强大的沟通能力。

2. 虚拟团队员工

虚拟团队员工具有自我驱动性，随时做好完成任务的准备，具有完成任务的献身精神，喜欢发电子邮件，喜欢长时间使用电话交流。作为跨文化虚拟企业的员工，和同事的沟通主要是英语，但也可能使用不止一种语言。每天至少花两个小时在互联网上和同事们共同工作。他们虽然是虚拟企业分布在世界各地的棋子，但是雇主可能有多个，是多个虚拟企业的员工，为多个企业工作。

3. 虚拟团队困难解决者

虚拟团队的困难解决者是成员中比较特殊的群体，他们是国际商务的旅行者，总是在考虑团队问题是什么，发现问题，提出各种新点子。他们能跨空间、时间、地点，积极穿梭于各个国家和地区，解决团队存在的各种麻烦和难题。在个体特征上，他们喜欢使用工作手册，时时处处都按照工作手册指导行事，喜欢控制事物。

团队成员招聘标准：

虚拟团队成员必须在世界不同地点、不同时间区域里同时开展工作，应掌握良好的信息技术和信息处理能力，能准确无误处理各种信息，以便同时讨论解决一个共同的问题和项目。

他们还具有相应的技术能力，能广泛采用基于计算机的各类先进技术。

在心理素质上具有自我导向性，能主动学习，具有持续的学习能力和一定的决策能力。

跨文化团队成员大多具有不同的地理区域特征以及社会文化和商业背景，经常处于不同的组织环境中，应具有合作意愿和较高的合作潜能，有共有愿景和共同创造新的愿景的能力，能建立互信、共享信息、共享利益的文化，能建立有力的伙伴团队。同时，作为一个合作伙伴，他们应具有信息安全性。

3.4.3 招聘手段

虚拟企业的招聘手段主要有熟人推荐、中介公司介绍、网上招聘以及其他的方法。

1. 中介和熟人推荐

通过人力资源中介公司和熟人推荐进行招聘是虚拟企业招聘的重要手段。优点是可以及时可靠地提供各种人力资源信息。这些信息包括两类，一是应聘者基本情况：以往工作情况、工作态度、个性特征；二是应聘者工作信息：任务相互依存性、工作的时间、工作任务性质、以往工作评价、绩效考评成绩等。

2. 网上招聘

网上招聘是虚拟企业获取人才的主要方法，优点是招聘范围广泛，不受时空限制，反馈及时，成本相对低廉，而且互联网作为招聘媒介，也最受知识型应聘者的欢迎,因此虽然具有严重的信息不对称缺点,但仍然是虚拟企业跨国招聘的最重要手段。

网上招聘的双方达成合作意愿以后就可以开始签约行为,签约是保证网上招聘工作合法性的重要途径。

第四节 员工绩效评价和利益分配

4.1 绩效评价体系

虚拟企业的绩效评价是建立在合同契约和利益分配方案之上的。在进入运行期以后,就可以对成员企业领导和员工的工作任务进度、数量、质量等客观指标进行绩效评价。评价也是一种组织激励,是建立在双方平等地位上的合同契约的审核。依据合同,评价对员工行为进行导向和规范,具有激励作用。业绩标准在合同签订时就已经明确,例如完成任务的难度、质量、速度、协作精神、信誉等,以及预期的报酬要求,所以员工也可以进行自我评价。

基于跨国虚拟企业的特性,绩效评价的重点是对虚拟团队领导者的绩效评价,不论何种产业的虚拟企业,其评价方式包括运行过程评价和结果绩效评价(见表10.4)。

表10.4 虚拟企业领导绩效评估模型

评价方式 \ 评价要素	客观因素	主观因素
运行过程评价	工作结果,阶段性结果,工作的数量质量、任务完成的时间标准、成本控制	是否具有合作性、柔性、敏捷性
结果绩效评价	产品服务成本和收益等财务指标;产品服务的质量和数量,劳动生产率	最终用户对整个虚拟企业的满意度,企业伙伴的满意度,员工的满意度

由于虚拟企业的员工相对分散和一些员工具有多重人事工作关系,因此,绩效考核实施难度很大。绩效评估要同报酬激励结合起来,在虚拟企业,这一结合主要体现在接受评估的团队领导者、管理者或一般成员是否可以获得合同

规定的经济利益，以及在未来项目中，是否可以继续承担虚拟团队的工作和相应的职位，在未来的虚拟企业中是否仍然是领导者或核心成员。

4.2 虚拟企业领导者评价要素

虚拟企业的绩效评价指标体系由两部分构成：一是工作业绩指标，另一个是工作表现指标。其中，组织能力、文件综合能力、决策能力是评价一般虚拟企业领导的要素，跨文化沟通能力和语言能力则是评价跨文化虚拟企业领导最重要的指标。

4.2.1 跨文化管理组织能力

跨文化管理组织能力包括跨文化意识、多元文化的容忍度和理解力。优秀的领导者还应具有团队领导能力和强大的跨文化沟通能力，能较好理解组织目标和项目的各个变量，是团队的一个支持者而不仅仅是一个命令者。能保证分享目标，对前进和创新无所畏惧，具有较强的沟通能力，沟通中能坚持平等，对跨文化冲突有较好的解决方法，具有沟通技巧，例如友好的提醒、领导者的时间观念等。能倾听不同意见，对不同文化的暗示语义能理解，并能迅速作出反应，能遵守群体决策结果。同时，对不同国家、地区、民族的利益能够理解，对其他文化背景的同事十分尊重，没有文化歧视。当强势文化和弱势文化并存的时候，能避免跨文化的冲突。

4.2.2 语言交流能力

语言交流能力的核心是外语能力，即在跨文化环境中和不同国家、地区人员直接沟通的能力。这一能力包括书面写作能力和口头表达能力。虚拟企业领导者在听说读写四个方面都应具有较高的水平。

语言交流能力是评价领导者的重要指标。

4.2.3 文件文献工作

工作中文件和文献资料对虚拟企业十分重要，例如项目完成清单和团队成员的联系清单等，反映了虚拟企业管理水平。作为考察指标，文件文献工作指标应包括文件是否具有时效性、是否满足不同时间区域同事的需要；文件是否24小时公开；是否能按照小组决定、地区时间表和目标做好文件；是否拟定了对各种灾难的防御计划；工作论文能否在多元文化环境中进行广泛分享。

4.2.4 控制力

虚拟企业的领导者应该具有控制力，包括，对各个国家、民族的法律和规定的认知，对私人财产的保护，对组织规定和规则的执行，对企业组织所有权的控制，对个人私密性的控制等。

4.2.5 决策能力

领导者决策评价包括两个方面。一是决策能力要素评价。领导决策力包括果敢性，例如决策是否有实施的必要，还是保留目前状况；跨文化决策能力，包括协调和沟通的实施方法，例如在低文化背景下可以依据规定进行决策；而在高文化背景中则不适宜，而要通过暗箱操作进行等；领导者决策偏向：优先考虑人际关系还是考虑任务，以及对风险的认识、决策管理、方案抉择、冲突管理等的掌握能力。二是决策结果评估，从两个方面对跨国虚拟公司决策进行评价：（1）方案挑选/选择是否使企业获得正面结果；（2）决策方案是否逐步增强团队士气，获得下属的理解；决策是否影响了不同文化背景员工的思想和行为。

4.3 薪酬分配特点

虚拟企业是由众多的经济实体组成的利益共同体，利益共同体各成员在具体的合作项目上签订合同，分担义务并共享权益。虚拟企业要建立合理公正的收益分配机制，使在一定时期内实现的利益能依据合同协议在各参与伙伴之间进行公正分配。

虚拟企业分配方案的制定，一要考虑虚拟企业中各个伙伴承担的风险，并将收益和风险联系起来；二要具有一定的激励作用，制定合理的分配比例，使合作伙伴得到的收益与其承担的投资成正比；三要保证分配比例恰当，实际分配结果与各参与方的预期收益值应该尽量吻合，从而有助于提高员工工作积极性。

虚拟企业通过合同谈判完成劳动报酬管理，在合同签订中规定对员工劳动报酬。在项目招标和投标谈判过程中，投标方根据自己已有数据，如工作业绩、工作难度、质量、速度、协作、信誉等，提出预期报酬要求；招标方根据初期的任务完成质量和预期付出报酬与前者协商谈判。通过调整预算，使预期报酬方案符合现实。

4.4 利益分配原则

4.4.1 谈判协商原则

虚拟企业的分配方案是一个由众多成员企业群体决策的过程，建立在参与经营各方的谈判协商基础之上，通过谈判寻找最佳的利益分配方案。成员企业可以从自身的角度提出初始的利益分配方案，而核心企业则引导成员企业对所有初始方案进行选择或修改，使得最后制定的利益分配方案更容易让成员企业和员工接受。

4.4.2 风险匹配原则

虚拟企业一般具有较高的经营风险，这种风险是由核心企业和成员企业共同承担的，所以虚拟企业是一种优势互补、风险分担、收益共享的网络组织，其收益分配与风险分担息息相关。虚拟企业分配方法应建立在合理的风险分担的基础上，企业和员工所承担的风险越大，所得到的收益也应增加。

4.4.3 双赢原则

虚拟企业分配活动要保证各企业和各位员工都能从企业经营中获取相应的利益，并保证参与方获取利益时不以其他参与方利益损失为前提。

4.4.4 投资匹配原则

在虚拟企业建立之初和运作过程中各企业和员工付出的投入不同，包括资金、物质与人力资本投资，因此在收益分配时也应有所不同。按照投资收益原则进行分配，能更好地激励企业与员工的工作热情和进一步投资。

4.5 利益分配程序

虚拟企业的利益分配程序主要包括：收益分析、谈判协商、方案确定、虚拟企业运行、员工工作运行、企业和员工绩效评价、补充调整、企业和员工实质性利益分配等步骤。在这一过程中，收益分析、谈判协商、方案确定和补充调整是最重要的环节。

4.5.1 收益分析

虚拟企业利益分配工作的前提是对虚拟企业在一定时期经营所获利益的预测和确定，对未来收益进行分析。全面、准确的收益分析是建立科学的利益分配方案的基础，可以减少虚拟企业运营过程中因利益分配而导致的分歧和冲突。

虚拟企业的利益按可获得性分为直接收益和间接收益。直接收益表现为现金收入，比如，项目完成费用中人工费用；而间接收益为非现金收入，如项目冠名权、项目完成者的排名顺序等。在进行收益分析的时候应该予以讨论。

4.5.2 谈判协商

分配方案确定前要对伙伴投入的劳动要素进行识别、分析、评估、估算，这是一个谈判协商的过程，其主要内容有：

1. 确定哪些劳动要素在机遇、产品、开发、生产、经营中发挥作用。
2. 估算这些要素在实现利益过程中所占比重与程度。

由于资源整合结构和虚拟合作模式具有多样性和复杂性，各方投入的劳动价值很少相等，各伙伴企业和企业内部的员工投入的是各种不同性质和贡献价值的劳动，这决定了计算各伙伴要素贡献价值的工作十分复杂。

4.5.3 方案确定

在谈判协商以后，应以合同或契约的形式加以确认，形成令各方满意的契约方案。

4.5.4 补充调整

基于虚拟企业的特性，契约性利益分配方案不可能在虚拟企业运行之初就细致入微地把将来所有需要的劳动投入要素和利益都考虑进去。因此，对薪酬的分配应是随时进行补充调整。由于对虚拟企业和员工实际运行过程中后继投入的规模、数量、市场价值均不容易确定，因此劳动报酬方案应该在确定和评价劳动投入要素并在利益实现之后最终完成。实质性利益分配建立在评估比较实际和可行的基础之上，这种薪酬分配过程称为调整补充型利益分配。

第五节 虚拟企业的学习

虚拟企业作为企业动态联盟，将分散在全球不同地域的企业和个人的知识纳入生产服务过程中，在保持分散知识的优越性前提下，使知识集成跨越了时间和空间的限制。

虚拟企业的知识具有其特殊性。首先，企业员工个体拥有的知识是一种高度个体化的知识，隐藏于员工个人的行动、经验、价值观和心智模式之中，不易言传和模仿；其次虚拟企业团队，包括项目组和各个部门所拥有的知识需要通过协作沟通、配合默契才能充分体现出来；最后，虚拟企业的核心企业和成员企业拥有的知识，不但表现为技术知识，同时也包含各自具有的企业文化、价值体系以及企业惯例。总体上看虚拟企业的知识难以模仿、复制和窃取，是企业的核心竞争力的源泉。

基于虚拟企业知识的特殊性和虚拟企业发展的需求性，员工和企业都需要进行自我学习。虚拟企业学习是干中学，利用各种先进的技术手段，在工作中学习实践，其目的是加强跨文化沟通，提高虚拟企业工作效益与效率。

5.1 虚拟企业的学习手段

跨文化虚拟企业学习主要是通过远程教育和网络平台实施。学习手段主要包括网络通讯技术平台和各种电子沟通技术，以及产学研结合方式。

5.1.1 网络通讯技术平台

利用网络技术平台开展知识库建设，员工可以获取新知识、新信息，提高员工理论文化素质，同时还可以了解市场行情，开发适合市场的新产品，提高员工信息化素养。

5.1.2 电子沟通技术

电子沟通技术包括电子邮件、语音邮件、传真、电话、非实时大会、在线电话会议、视频会议和协同书写等。通过各种电子通讯技术，员工可以同步或异步沟通联系，获取各种知识。表 10.5 展示了各种电子通讯技术在虚拟企业培训中的作用。

表 10.5　　　　　　　　　　电子沟通技术的功能分析

电子技术	时间特点	功能分析
电子邮件	异步进行	使用方便，速度快，坦诚，信息深度加工，有时缺乏线索，容易误解
语音邮件	异步进行	信息熟悉，容易使用，缺乏视觉线索
传真	异步进行	熟悉书面信息、容易使用，效率，信息长度受到限制，缺乏视觉线索
电话	同步进行	语音和画面熟悉，即刻回答，迅速方便，信息深度加工受到限制
实时视频会议	同步进行	实时互动，背景丰富，多方参与，需要特殊设备
非实时视频会议	异步进行	便利，信息发送可以存档，协调，有时会混淆，缺乏直接沟通
协同书写	异步进行	多作者，协调合作，效率高，无视觉线索
在线聊天	同步进行	效率高，即刻回答，大量无关信息参入，时间可能难以控制

5.2　跨文化沟通学习

跨国虚拟团队员工不具有相同的背景，在跨文化背景中，员工的多国背景增加了管理的复杂性和挑战性。如何协调世界各地员工的关系，是虚拟企业管理的重要内容。有关研究表明，如果没有直接面对面的对话接触，语言沟通的信息会损失 70%；书面词汇意义方面的理解也因文化差异带来障碍。沟通对于虚拟合作关系是非常重要的，良好沟通能够加强合作的稳定性，提高对伙伴行为的宽容程度，提高伙伴之间的互动水平，是虚拟企业员工协调合作的重要指标，反映企业员工为实现共同目标而相互合作的意愿。

跨文化沟通的重要途径之一是召开虚拟会议。缺乏面对面机会的跨国虚拟企业如何开会、如何提高会议效果，是涉及虚拟企业经营管理水平的重要问题。通过学习,掌握虚拟企业会议的正确方法和程序十分重要。

已有的经验表明,完美的虚拟企业会议要素主要有以下几个方面:

5.2.1 虚拟会议通知

虚拟会议通知必须注明会议时间、虚拟会议地点、会议讨论的问题,以及相关文件和会议讨论要点,并明确规定每一参加会议者都要发言,确定会议总结人选。通知还应要求参加会议的每一个成员都拥有相应的文件,并在会议召开之前做好研究和准备。

5.2.2 跨国碰头会

碰头会是虚拟企业的常规会议,是虚拟企业管理的重要方法。

虚拟碰头会会议的程序如下:发布会议通知,宣布开会,讨论小组研究调查结果,讨论其他会议内容,小组决策被反复说明,下一步工作安排,宣布会议结束。碰头会议应该满足参加者的期望,会议内容应该清楚确定、解释说明并做好相应安排。总之,有效的虚拟企业碰头会议应该是一种运动,每一个会议成员都要积极参与会议目标的确定,参加会议的每一个成员都有收获,每一个成员都要接受任务安排。

5.2.3 跨文化电子邮件会议

和视频会议比较,电子邮件会议是不同步的沟通,可以克服由于时间差异带来的沟通困难。电子邮件沟通要求成员按时接收电子邮件,然后按时进行回复。参加人员通过阅读会议电子邮件从而了解会议内容。

为开好电子邮件会议,成员之间需要建立一种电子邮件的格式规定,使具有团队特点的电子邮件在各个成员电脑显示时,独一无二,十分醒目,从而帮助会议成员可以在众多的电子邮件中迅速辨别出会议邮件。

电子邮件会议一般用于不太复杂的会议内容,如果事情过于复杂,应使用电话会议或视频会议。此外,通过电子邮件传达的人事消息应该是正面的、积极的,以避免会议环境的污染。

5.2.4 虚拟沟通的表现路径

跨国虚拟企业会议具有跨文化沟通的特点,在进行文件性决议和讨论时,应注意会议内容的文化敏感性,要体现对多元文化的尊重,包括对各国问候语的正确表达,注意各种表达方式的差异,以及不同社会文化背景和幽默方式的差异等。另外,在虚拟会议期间,各位成员应遵守网络礼节。

5.2.5 电子会议的安全性

基于虚拟企业的核心企业和成员企业具有的相对独立性,会议沟通交流时,某些内容能够分享,某些内容不能分享,例如企业技术和商业机密、员工个人的私密信息等属于不可分享的信息,不应在电子会议上公开。

5.3 学习联盟

所谓学习联盟是指虚拟企业利用网络通讯技术，将各个企业，包括核心企业和节点企业的核心技术知识有机集成，与合作伙伴共同创造新知识的动态联盟。虚拟企业"学习联盟"理论是美国麻省理工大学（MIT）斯隆管理学院的组织学习研究中心提出的，他们从福特汽车公司合作开发新概念汽车、松下电器工业公司成功研制"家庭面包机"等案例提出了学习联盟的概念。

虚拟企业是基于"项目型合作团队"方式形成的动态联盟组织，项目型合作团队能否成功，并带来经济利润，关键是其能否成为学习联盟。学习联盟的主要特点一是学习联盟的知识性共享。它强调的是知识和能力等无形资本要素的合作，而不仅仅是资本、劳动、设备等有形物质要素的合并。二是联盟的创造性。一般联盟过程中，有形的物质资本只能被单独使用，在其过程中，只发生增值不大的价值转移，并被逐渐消耗掉。学习联盟是知识的合作过程，无形的知识不仅能够实现"共享"，而且能创造更多的价值，即具有创造性。三是学习联盟的紧密性。知识"共享"带来"双赢"，可以消除各国企业间各个单元之间的敌对情绪。同时，通过信息技术开发（尤其计算机网络技术）使得企业间交流更加方便，结合得更加紧密。四是联盟的超时空性。由于学习联盟基于网络技术而形成，网络的触角可以全天候渗透到世界各地的任何单元和时空，从而使得学习联盟可以超越时空。

虚拟企业的项目团队不仅仅是完成生产科研任务的团队，也是一种学习联盟的组织，团队的宗旨就是学习和掌握合作伙伴的知识技能和能力，成为支持公司核心技术持续创新发展的基地。学习联盟组织里没有固定人员，只有从各合作单位选拔来的科研人员，他们为完成某项目，成立临时性研究小组——项目团队，并利用通讯网络进行各种研讨会，促使成员之间的相互学习和共同研究，进行知识交流和合作，以期创造出新知识，研制出新产品。学习联盟的知识流动过程有两类：成员企业的知识管理业务系统为私有部分，一般仅与本企业的员工发生联系，该知识在本企业组织内部传播和应用，是"内向型"知识流动；另一种是知识在成员企业之间的传播和应用，是"外向型"知识流动。为了"外向型"知识的顺畅流动，可建立通讯协调层，通过该层各成员企业就可以和其他企业进行显性知识和隐性知识的共享、交流与互动。

虚拟企业学习联盟的一般过程模式主要由四个步骤构成：一是形成基本知识点，二是在其基础上，不断积累；三是形成相关的生产服务能力，最终建立创新能力。图10.3是学习联盟形成模式：

学习联盟过程中，要通过多次循环往复。将相关知识有机集成为基本知识

图 10.3　虚拟企业学习联盟形成过程

点,在此基础上,不断学习积累,并将所要研发的产品概念具体化,建立产品原型,然后科研人员回到工作实践中进行"学中用"探索,将这个产品原型"实物化"。

小　　结

跨国虚拟企业是基于信息技术和网络平台的企业联盟,需要自我导向型、知识型、技术型且充分可靠的员工。由于虚拟企业的产品或服务是由合作方式完成,要求员工具备持续的学习能力和团队精神,在多元文化为基础的人力资源管理活动中培养诚实信任的企业文化。

虚拟企业人力资源管理功能有其特殊性,应把握文化差异对人力资源管理功能实施中的影响,注重跨文化沟通、领导和激励,依靠技术手段实施个性化管理,建立共同愿景,对不同文化背景和不同需求的员工进行个性化管理,包括实行不同的招聘方式、不同的薪酬激励制度。鉴于虚拟企业的特点,跨文化人力资源管理要完善契约制度,强化契约的严肃性、明确性,规范虚拟企业人力资源管理的运作。同时还要不断地进行学习,提高员工与企业的工作绩效。

思　考　题

1. 虚拟企业的运作过程和功能和一般非虚拟企业有何不同?
2. 虚拟企业的组织结构特征是如何约束人力资源管理的?
3. 虚拟团队中成员具有哪些个性特征?
4. 如何建立一个虚拟学习联盟?
5. 虚拟企业会议具有哪些特点?

参考文献

中文部分

1. 余建年. 在华跨国公司外派人员管理的发展趋势. *Cross Cultural Communication*, 2005（1）
2. 余建年. 社会变迁中的欧盟劳动就业政策. 武汉大学学报, 2000（5）
3. 余建年, 俞钰凡. 中国对外直接投资中人力资源管理遭遇的挑战及其战略取向. 科技进步与对策, 2003（7）
4. 李元勋, 王子哲, 唐炎钊等. 跨文化人力资源管理理论. 甘肃农业杂志, 2005（11）
5. 张玉柯. 中日合资企业的跨文化管理的新趋势. 河北大学成教学院学报, 1999（1）
6. 肖兴政. 跨文化人力资源管理探讨. 四川理工学院学报, 2005（2）
7. 武亚航. 中国企业跨文化人力资源管理方略. 企业研究, 2005（2）
8. 郭惠蓉, 刘欣. 美国跨国公司外派人员管理及其启示. 商业研究, 2000（11）
9. 王明景. 国际旅游企业外派人员人力资源管理. 安徽工业大学学报, 2002（5）
10. 秦晓蕾. 跨国公司的文化冲突与规避策略. 企业改革与管理, 2002（6）
11. 丁义. 外资企业人才本地化问题研究. 人力资源开发与管理, 2002（3）
12. 彭水冲. 在华跨国公司实施人才本土化战略及其对我国的影响. 中国科技论坛, 2003（3）
13. 蔡雯, 蔡斌. 略论企业跨国经营中的跨文化管理. 经济与管理, 2002（1）
14. 聂冲. 论跨国公司人才本地化战略. 广西商业高等专科学校学报, 2003（3）
15. 秦斌. 论跨国公司的人员当地化趋势. 国际贸易问题, 1998（6）

16. 臧红雨．跨国公司人力资源管理系统的建立和发展．商业研究，1997（2）

17. 范征，张灵．试论基于动态平衡模型的跨文化培训．外国经济与管理，2003（5）

18. 范明，董洪年．美日西欧顶级跨国公司人才开发及对我国的启示．管理现代化，2000（6）

19. 范徽，张灵．上海大众的跨文化培训．中国外资杂志，2002（10）

20. 胡庆江，马丽兵．海外企业跨文化冲突管理．商业时代，2005（5）

21. 赵世伟．跨国企业的跨文化冲突管理．人力资源开发杂志，2005（9）

22. 尹盛焕．韩国制造企业进入中国的模式．亚太经济杂志，2005（1）

23. 方家平．企业并购谨防"人事地震"，人事整合是关键．通信信息报，2005（3）

24. 杨开然，马梅芳．工会风波影响恶劣，沃尔玛总裁紧急来华救火．京华时报，2004—11—3

25. 张汉林．跨国公司对世界经济的影响．求是杂志，2003（1）

26. 郭惠容，刘欣．美国公司对外派人员的管理启示．商业研究，2003（11）

27. 陈亚文．经济全球化与跨国公司的新战略．经济问题研究，2001（2）

28. 刘成银．国际化经营企业集团迈向21世纪．上海企业，2003（2）

29. 王春阳．入世后跨国并购国企的走势和对策．经济师，2003（4）

30. 章海荣．论企业人力资源的跨文化管理．贵州财经学院学报，2002（5）

31. 王林生，范黎波．跨国公司经营理论与战略．北京对外经济与贸易大学出版社，2004

32. 刘易斯·威尔斯著，叶刚、杨宇光译．第三世界跨国公司．上海翻译出版公司，1996

33. 克里斯托夫·巴特力特、休曼特拉·戈歇尔，朱力安·伯金绍著，范黎波译．跨国管理．中国财政经济出版社，2005

34. 吴江霖．心理学论文集．广东人民出版社，1991

35. 郭纪金．企业文化．中山大学出版社，1995

36. 沙因．企业文化与领导．中国友谊出版社，1989

37. 加里·德斯勒．人力资源管理．中国人民大学出版社，1999

38. 赵曙明等．跨国公司人力资源管理．中国人民大学出版社，2000

39. 劳伦斯克雷曼等著，孙非等译．人力资源管理：获取竞争优势的工

具.机械工业出版社,1999

外文部分

40.余建年,刘丹(2005) *The Change Trend of Expatriate Management in Multinational Companies in China*. International Conference on Innovation and Management. 武汉理工大学出版社

41.Graeme Mitchell (2004) "Human resource management, Professional Recruitment, Expatriate Employees, Relocating Personnel, Classification Codes", *Asia & the Pacific*, Oct., Vol.10

42.P.J. Dowling (1986) "Human resource management in international business", *Journal of International Law and Commerce*, Vol.13, No.2

43.Harvey, M. (1997) "Focusing the International Personnel Performanve Appraisal Process", *Human Development Quarterly*. Vol.8, No.1

44.Werner H. Braun, Malcolm Warner (2002) "Strategic human resource management in western multinationals in China", *Personnel Review*, Vol.31, No.5

45.Wolf (1997) "International Human Resource and Cross Cultural Management", *Management International Review*. Vol 37. Special Issue, Jan.

46.Harvey MG Milorad Mnvicevic, Cheri Speier(2000) "An Innovative Global Management Staffing System: A Competency Based Perspective", *Human resource management*, Vol.39, No.4

47.Simcha Ronen and Oded Shenkar (July 1985) "Clustering Countries on Attitudinal Dimensions: A Review and Synthesis", *Academy of Management Review*, Vol.10, No.3

48.Tung, R.L. (1981) "Selection and training of personnel for overseas assignments", *Columbia Journal of World Business*, Vol.16, No.1

49.Oviatt, B.M and P.P. Mcdougall (1994) "Towards a Theory of International New Bentures", *Journal of International Business Studies*, Vol.25, No.1

50.Wolf, J. (1997) "From Starworks to Networks and Neterarchies?" *Management International Review*, Vol.37, No.1

51.Tung, R.L. (1981) Selection and training of personnel for overseas assignments, *Columbia Journal of World Business*, Vol.16, No.1

52.Tung, R. L. (1984) Strategic management of human resource in the multinational enterprise. *HR Management*, Vol.23, No.2

53.Tung, R.L. (1987) Expatriate assignments: enhancing success and minimising failure, *Academy of Management Executive*, Vol.1, No.2

54. Tung, R.L. (1998) A Contingency framework of selection and training of expatriates revisited, *Human Resource Management Review*, Vol.8, No.1

55. Tung, R.L. (1998) American expatriates abroad: from neophytes to cosmopolitans, *Journal of World Business*, Vol.33, No.2

56. Black, J.S. & Mendenhall, M. (1990) Cross-cultural training effectiveness: a review and a theoretical framework for future research, *Academy of Management Review*, Vol.15, No.1

图书在版编目(CIP)数据

跨文化人力资源管理/余建年编著. —武汉：武汉大学出版社,2007.1
(2019.1 重印)
　21 世纪人力资源管理系列教材
　ISBN 978-7-307-05405-9

　Ⅰ.跨…　Ⅱ.余…　Ⅲ.劳动力资源—资源管理—高等学校—教材
Ⅳ.F241

中国版本图书馆 CIP 数据核字(2006)第 153046 号

责任编辑:范绪泉　　责任校对:黄添生　　版式设计:支　笛

出版发行：武汉大学出版社　（430072　武昌　珞珈山）
　　　　　（电子邮件：cbs22@whu.edu.cn　网址：www.wdp.com.cn）
印刷：北京虎彩文化传播有限公司
开本：720×1000　1/16　印张：20　字数：363 千字
版次：2007 年 1 月第 1 版　　2019 年 1 月第 5 次印刷
ISBN 978-7-307-05405-9/F·1025　　定价：39.00 元

版权所有，不得翻印；凡购我社的图书，如有质量问题，请与当地图书销售部门联系调换。